寶島暖實力

在臺灣真切活著的36顆心

陳德愉 著

目錄

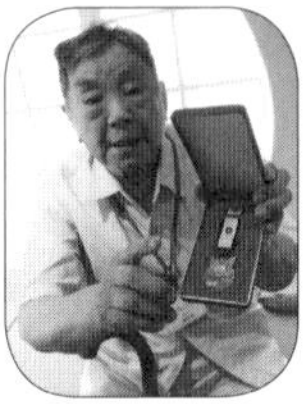
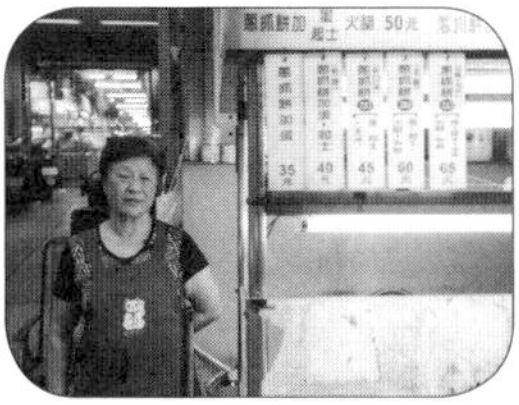
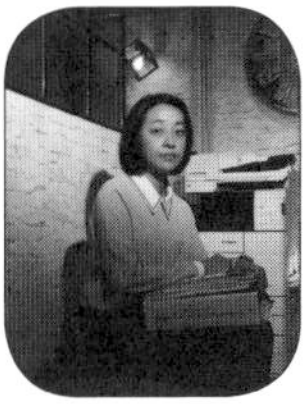
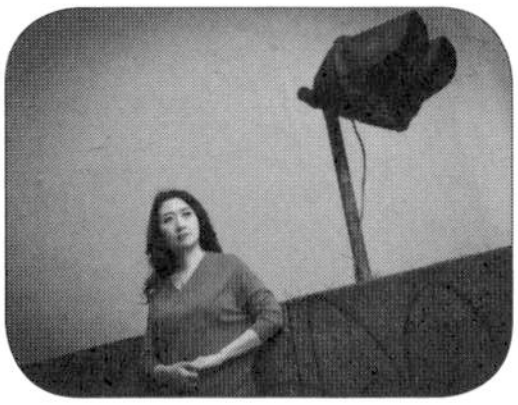

輯二

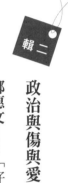

目錄

輯三

輯四

天鵝之歌 347

自序　小小姑娘

許多人告訴我，我是一個會講故事的人，可以把許多人的人生故事講得很感人、很好聽。其實，故事都是人講給我聽的，人的生命都是不完美的，過日子的時候覺得日子很長，但是回頭一看，卻又是匆匆忙忙地過了一輩子，留下許多遺憾。

我很幸運地擁有能紀錄許多事的能力，每次我在電腦鍵盤前重述那些曾發生過的事實時，感覺也像是過了這些人的一生。人生的打擊襲來時，絕大多數人都忙於努力抵擋全神專注在被打的位置上，被打很痛，傷口癒合了記憶還是痛，結果，就這樣痛了一輩子。

可是，當我將這些疼痛化成文字，當那些恨海難填愛憎情仇第二次來過的時候，一個字一個字走著，回憶被文字撐大了，多出來的空間能夠反省，能夠思索，思想比任何藥物都更加療癒；閱讀者被安慰了，人生也就沒有遺憾。

我筆下的人們如此，其實，我也是一樣。

現在，我要寫的，便是我這一生聽過的第一個故事……

二〇一九年起，父親經常身體不適，某天他突然倒下，救護車將他送進急診室，經過醫師會診，發現他有腎、心臟等多重器官問題；從此，父親開始了頻繁搭乘救護車進出醫院的日子。

有一次洗腎管感染，發燒不退，送進急診室時已經意識不清了，他在急診室的床上不停地燥動，眼睛圓睜，瞪視著天花板，身體左翻右翻兩手四下亂抓，想拔掉身上的管子，家人和看護都束手無策。護士說，如果老先生繼續有拔管行為，最好約束他的雙手，將他綁在床上以免危險。

兩手綁在床欄上嗎？剎時間我感覺到自己的雙手也被綁在這三尺不到的急診床上了，對一個身體失控的人，取走最後一絲絲控制身體的能力，那是將一切對疾病的恐懼推向瘋狂。我伸手抓住父親的手，他轉頭過來眼神迷茫地看住我。

「爸爸，我是佳佳。」我輕聲報上小名。

軍校畢業的父親一向嚴肅，信仰一切權威的管理方式，小時候我和妹妹晚餐在餐桌上大聲聊天，筷子被他丟到桌下去——但是，此時此刻，他看起來就像是一隻補獸夾上的老獸，扯著滲血的傷口不停地掙扎著，滿臉驚慌的表情。

突然，我的腦中浮起一首歌，那是小時候父親哄我的兒歌。父親有三個女兒，兩個外孫女，通通是聽這首歌長大的（父親有嚴重的性別刻板印象，不唱歌哄男孩的），他會唱的兒歌就只有這一首。

《小小姑娘》

小小姑娘 清早起床
提著花籃上市場
賣花賣花 賣花賣花 賣花賣花聲聲唱
花兒雖美 花兒雖香 沒有人買怎麼辦
滿滿花籃 空空錢囊 如何回去見爹娘

父親聽到我的歌聲，身體不再扭動了，他轉過頭，一雙褐色佈滿血絲，半透明的大眼睛楞楞地看著我。

突然，他用盡氣力將身體挪到床欄，然後將頭靠在我的肩膀上。

從小我就常向母親抱怨，這首兒歌也太恐怖了吧，叫小女孩去菜場賣花，賣不完不敢回家，這不是明顯的虐童嗎？母親總是一臉「她也覺得何必呢」的表情對我猛點頭。母親出身富裕家庭，對於這首瀰漫著滿滿灰暗色彩的兒歌難以想像。

小學一、二年級，與我睡同房的妹妹常常跑去跟父母擠雙人床，三個人睡不下的時候，父親就被擠到兒童房來睡妹妹的床。兒童房裡兩張單人小床中間夾著茶几，在黑暗中，隔著三十公分的距離，我要求父親為我講故事。

父親講的第一個故事是：「從前從前，有一個國王，他有一個女兒，就是公主囉。有一天，公主要求國王為她講故事，國王就說——從前，從前，有一個國王，他有一個女兒，就是公主囉。有一天，公主要求國王為她講故事……」

這故事可以沒完沒了地永遠講下去，所以叫做「永遠講不完的故事」。

我說：「不行啦！老是這一個，講別的講別的。」

有一天，父親真的說了一個故事。

「從前從前，有一個小男孩，他的家裡很窮，兄弟姐妹很多，經常沒有米下鍋。家裡要斷炊的時候，媽媽只能出門去向過去的老朋友們借錢，媽媽從前是個千金小姐，如今落難了，每次出門借錢前，都會在家裡哭一場。

這一天，他又聽見媽媽在哭了，他想，不要讓媽媽太為難吧，於是他自己跑去鄰居阿姨家，想要替媽媽去借錢。

他走到那一家的門口，看到窗戶旁人影一閃，知道裡面有人，而且剛剛看見他來了。男孩站在門口敲門，大門文風不動，裡面的人怎樣都不開門，他知道鄰居阿姨是不想借錢給他們。

如果借不到錢，全家人都會沒飯吃，所以他站在外面一直等、一直等。

那一天的太陽特別大，曬得他頭都暈了，左右鄰舍看到他站在這一家的門前，都用憐憫的眼光看著他，交頭接耳的。他覺得好羞恥。

終於，門開了，鄰居阿姨板著臉探出頭來，伸手往他的手上塞了幾張鈔票。小男孩捧著錢轉身飛快地跑回家，眼淚，一顆一顆地滴在鈔票上。」

「後來，他這一生再也沒有跟人借過錢。」

這是父親唯一講過的故事，也是我第一個採訪到的人物故事，小男孩就是他本人。

故事雖然簡單，卻是父親人生的基調，那張沾著眼淚的鈔票是一個見不到底的黑洞，他的生命便從這個黑洞開始生長出來。不安全感、羞恥感……以及，對這些感覺的恐懼，隨著父親長大了強壯了，終於成為不可挑戰的人生信念。比如，他對財務的穩定非常看重，他心目中的家庭生活是安定而規律的……不停地延伸下去，全家人——甚至包括家裡的狗狗貓貓——都應該有其規範，我們手牽手地頂住這個家，我們共築安全感的每個部份。

每一件我們需要用到的東西都預先備好在那兒，父親的工具箱好像哆啦A夢的口袋；颱風來了忽然刮斷電線停電，他也能拿出手電筒蠟燭發電機。在漆黑一片刮著暴風的海面上，我家客廳是亮著燈的小船，大家擠在窗邊看外面雷電交加，啪啦一聲路樹斷了飛過馬路，我們連連驚呼「哇好可怕啊」；但是，內心感到安全，到了睡覺時間，媽媽把我們轟進被窩裡，而我們確確實實知道第二天張開眼睛又是新的一天，平安無事的一天。

小男孩終於建立了心目中那堅不可摧的城堡了，一個足以為八零年代理想模範的家庭，但是這理想家庭的開始是個男孩的悲劇，所以無論多麼理想，根基總是悲哀。

父親個子矮小，容貌清俊身材精壯，他是機械技師，擁有專業工程人員的穩定豐裕收入。每日穿著整齊制服坐著公司的交通車上下班，在吃完母親準備的豐盛晚餐後，他有時散散步，有時在書房聽貝多芬研究音響，有時候，父親會唱「小小姑娘」給我們聽。

那是他心中最可憐的小女孩兒，一個要為生計在街頭奔波的賣花女，他終其一生擔心我們變成「小小姑娘」。

他說，自己當年考上大學卻去念軍校，是希望反攻大陸時能為國家製造飛機大砲，可是，這個夢想最後卻為小小姑娘們而放棄了。

那個時代軍人待遇微薄，父親說：「每次奶粉罐空了，就要翻箱倒櫃，湊出最後一塊錢才能去買奶粉。」

「有一天妳又餓得大哭，妳媽媽在旁啜泣，我就想，我雖然有報國的理想，但這可憐的小女孩，老天爺讓妳生在我家，妳沒有做錯事啊。」於是父親放棄了救國夢，從軍中退伍，轉至工程公司工作。

每天早上六點半出門，傍晚六點交通車準時把他載到家附近的集合站，天晴時父親會在六點十五分轉動鐵門鑰匙口，如果下雨，媽媽就會交給我一把傘，要我去接父親。我打著小傘提著一把大黑傘站在巴士站牌下，六點正，一台灰色巴士停住，父親嚴肅的面孔在下車的人流裡出現，然後我們父女無言地一同撐傘回家。父親是比太陽還要規律的人。

父親寡言內斂，但是他仍然說了自己的故事給我聽。我想我一定是從那時候起就喜歡聽人講故事吧，我想像人是一座魔衣櫥，背後連接著一個無邊際的世界，那世界裡有冰雪女王與獅子，撥開衣櫥裡掛著的層層厚厚的衣服，往深處走去，一個嶄新的傳奇便會展現。而我是那個特別幸運的小女孩，總是在與人談話間，得到了開啟這座魔衣櫥的金鑰匙。

那把金鑰匙解答了人為何而活著，展示了人抵抗一切挫折壓力的能量來源。

我想，父親擔心小小姑娘們受風吹雨淋，重蹈他的貧困童年，他努力半生兢兢業業地撐住這屋頂，這就是他一生力量的來源吧。

今年以來，父親的身體越來越虛弱，漸漸長住醫院。我去醫院看他，父親身上接著監測器，鼻孔下接著氧氣管，眼睛半閉，不斷地喘氣。

我握住他冰冷的手，父親睜開眼睛。

「我是誰？」我問。

「佳佳。」父親回答。

他突然不喘了，嘴巴憋著兩角上揚，給我一個輕輕的微笑。

他的女兒們終於過著他童年夢想著的生活，誰說人生不能重來呢，我們讓父親的回憶得以被覆寫，雖然花了好長好長的時間，但是小小姑娘們終於沒有流落街頭。

我握著他的手，與他互相凝視，直到他闔上眼睛。

這就是我這一生第一個聽過的人物故事，我自己的故事，卻是父親用一生來完成。如果，我的文字能夠給予閱讀者一點點溫暖撫慰，那都要感謝父親，他贈與我這把打開故事之門的金鑰匙。我是一個在安全感裡長大的孩子，從來不畏懼踏入魔衣櫥的世界，不擔心冒險的路途上將與怪獸搏鬥；因為，我知道我是來自一個安全的地方，即便全世界的光都熄滅了，父親仍會為我亮著一盞燈。

所以，這本小書獻給他——我的父親陳其澤先生。

輯一

藝文宇宙

帶來光與信物

——雷光夏

李景濤 攝

幾年前，雷光夏一家人從居住三十年的山上老房子，搬進了市區的公寓裡。從一個夜晚只有蟲鳴鳥叫的地方，遷到公車站牌樓上。巨大的環境變化，雷光夏的父親畫家及詩人雷驤注意到女兒變得抑鬱了。他在文章裡寫到：「不知道什麼時候起，她變得緘默，在工作室裡十分隱密，我們不能輕易聽到她新創的旋律了。」

「現在雷光夏的工作室不到三坪」，「在舊家時代，那間座落在庭院裡獨立的工作室，有十八坪大，另附門廊，扶疏的林木自天窗玻璃板映聳出來」，雷驤「為女兒感到委屈」。

我去過雷光夏的老家，那是一間在北投山上的老房子，四周圍繞著粉紅色、黃色、白色的小花，上頭頂著藍色的天空。雷光夏的鋼琴旁，是一整面玻璃窗，方便那些顏色們流進來，若是下雨天，便有扣扣的敲門聲響亮地打在玻璃上。頭頂上的玻璃天窗不時有小鳥停駐聽她彈琴，雷光夏說，電影配樂專輯《第36個故事》就是和「小鳥們一同完成的」：「我先彈了一段音樂，想著：『這樣是好聽嗎？』」

雷光夏在我面前模擬當時的場景，歪著頭，聚精會神地考慮著。這時候，頭頂上飛來一群小鳥跟隨琴音啾啾叫起來——「好像在說：『好聽好聽。』」她笑著告訴我：「嗯，那就是這樣（彈）吧！」

一起工作的還有院子裡的各種小昆蟲，家裡的兩隻狗，「常常我要走出工作室，一推門推不動，原來狗狗們都擠在門邊聽我彈琴。」

她在這個角落作曲，父親雷驤在那個角落作畫，那不是一棟普通的房子。它有手有腳，能在花叢嬉戲，也能唱歌。雷光夏為這房子錄了「房子的歌聲」，收錄在她《不想忘記的聲音》專輯裡。裡面有小鳥、有狗、有蟬鳴、有蒼蠅繞室、有樹葉落下，還有鋼琴。

眼睛閉起，那些聲音就環繞在耳朵旁，在腦海裡畫出一幅清晰的風景。

雷光夏一直以來都是一位用聲音畫畫的畫家，畫出她的那個宇宙，裡面還可以住，放下聽著音樂的你。

我十六歲時第一次見到雷光夏，那是高中的社團迎新。她是吉他社的學姐，抱著一把吉他，坐在活動中心大禮堂的臺上，唱自己寫的歌。及肩的直髮，橢圓框眼鏡，低頭專心地看著自己捏著撥片的手指頭。

我還記得，她唱的是〈逝〉：

五月的陽光灑下
五月的風吹起
便是年輕的故事最瀟灑的註腳

眼前的雷光夏，一樣的及肩長髮，戴著眼鏡，脂粉不施，瘦瘦高高，竟然仍是三十年前的那個少女。

這些年來，她持續在電臺主持音樂節目，也持續創作。她的創作很慢，四、五年才出一張專輯，但是獨特的詞、曲、演唱、配樂、專輯都包含著獨特的詩意與影像感，充滿著「我的宇宙」（雷光夏語）裡那些新生與毀滅的隱喻。

雷光夏的粉絲與其說是樂迷，更不如說是「她的宇宙裡的成員」：他們是一群經過世道艱難，但生活中仍擁有許多小溫暖的人，默默地佇立在她歌聲裡所描繪的那個海邊，看著潮水在月光下流動著，彷彿一隻小手輕輕撫摸著他們的心，告訴他們：

現在你很安全。
現在你可以好好地休息了。

那片海是雷光夏高中時常常去的地方。

「請假單上面寫『肚子痛』，就跑去海邊了。」她笑著說。去踩水，撿貝殼，當灰色的浪撲撲地拍上來，看著遠方天空的邊界沉入海面，那確是這顆星星上的一種奇景，讓少女感覺自己能漂浮起來。

我們學校的校風很自由，似乎特別適合愛胡思亂想的孩子。雷光夏在學校的桌上擺著一個奶粉鐵罐，養著小烏龜。「上課上累了，就把小烏龜拿出來……」雷光夏兩手抱胸，一個虛空中的小伙伴便在她的兩手臂上走來走去，還走到肩膀上觀看老師上課。

「教官跟我爸媽說，你們女兒把高中當大學在念。」她說。

但是那也是雷光夏第一次感覺到壓力，「我喜歡音樂，卻要把時間花在讀書考大學上。」「真的覺得很痛苦。」於是她開始創作，許多歌都是與當時的心情有關，像〈榜外〉、〈逝〉等等。

她的歌總是環繞著自己的生活經驗，有一首歌寫的是自己的家庭故事——〈明朗俱樂部〉。

「我的外祖父，是白色恐怖受難者。」她說。外祖父在二戰時代，以臺灣兵的身份，被日軍送至南洋，從南洋回來後在鐵路局工作。「他在鐵路局組讀書會，那個組織的名稱，就叫做『明朗俱樂部』。」

「後來，國民黨政府以這個組織未經准許為由，將他們通通逮捕。」一九五〇年，雷光夏的外祖父李漢湖以「共黨外圍組織」罪名被槍決，得年僅三十七歲。十七歲的舅舅去為外公收屍時，看到外公身上都是刑求的痕跡。

「白色恐怖檔案開放後，我們去查閱，看到外公雖然受盡刑求，但是在死前沒有供出任何一個人名來。」雷光夏說。

不過，雖然外公死於白色恐怖，雷光夏的媽媽卻沒有受到牽連，「因為，外公從南洋回臺灣時，帶著一個海南島女人回來，便與我外婆離婚了。」

外婆帶著三個孩子，改嫁給國民黨老兵，絕口不提過去。雷光夏的媽媽是最小的女兒，從小在眷村長大，完全不知道自己的家世背景。

直到前幾年，有個研究生為了研究白色恐怖找上雷驤，他們全家人才知道這個家族的秘密。

已經解密的白色恐怖資料裡，屬於外祖父的「謀反」事蹟，實在少得可憐。雷驤寫過：「所謂『明朗俱樂部』，不過是職工之間的互助團體罷了！他們所做過的事，頂多是向機關反映勞務不均、交涉薪資與制服的事情而已。」

他們所擁有的唯一一張外公的照片，是當年查案的存檔照。照片中，外祖父與明朗俱樂部的朋友們，一排十六個年輕人站在碧潭吊橋邊，仰頭明朗的笑著，他們應該是出去玩吧。照片下方，十六個人被一一寫上編號註上名姓，後來，三個判死，其餘十五年以上，只有一個逃亡不知所蹤。自由，是他們仰望而終生不可即的東西。

檔案裡還留有一封遺書，經過六十多年終於到了家人的手中，上面寫著：「要我的妻女自由的生活。」

他高高站起，翅膀在拍擊

臉上是堅決道別的表情
早一秒看見，誰又能避開危險？
時間的咒語，是否真將一切都改變？
我看著他飛，那昨日青年
如今霧散去，航線是晴天
〈明朗俱樂部〉

新家的樓下是公車站牌，白天人聲車聲洶湧，晚上大媽們在樓下大聲聊天；沒有小鳥也沒有蟲鳴，兩隻小狗也因為新的大樓不能養狗，被送到臺東的朋友家去了。抬頭看不到天空，也看不到雨滴，環顧四面只剩下牆壁與器材——我可以想像，那種想念的道別。

直到有一天，「我在作曲，突然聽到外面傳來領角鴞的叫聲。」雷光夏臉上發光，她大學參加野鳥社，所以對鳥類的叫聲很熟悉。急急地打開手機給我看她的新鄰居的照相：一隻領角鴞睜著兩顆漆黑的大眼珠，站在樹枝上望著我，像隻頭特別大的貓咪。

遇見熟悉的朋友，讓她安心許多，從此，只要聽到領角鴞「喔——喔——」的聲音，雷光夏就覺得心情愉快。有一段時間，突然聽不到領角鴞的叫聲了，雷光夏又焦急起來，不知道牠怎麼了，「後來，有一天我又聽到牠叫了，心裡覺得非常安慰，」雷光夏用手摸著自己的胸口：「牠又回來跟我們在一起了！」

有了心靈相通的新鄰居，日子漸漸順暢起來，雷光夏一一細數她的「都市生活」新發現：「晚上到很晚了，還是可以看見許多人，騎著摩托車就可以到很熱鬧的地方……」這些一般被視為「臺灣人生活」的種種，對雷光夏而言，竟是哥倫布發現新大陸。

去年雷光夏為電影《范保德》創作主題曲〈深無情〉，情感滿溢到流出畫布，與雷光夏過去大量留白的作品完全不同。我問雷光夏：「妳變了嗎？」

「不是不是，」她笑了：「那是我去描述別人，我會用音樂去描述我所看到的。」

偶爾，她會離開自己的星球，到別人的星球上去走走，「我這幾年會接受一些可以到遠方去寫音樂的案子，」她說：「比如說，我接受了一個旅館的委託，為他們寫主題曲，因為他們位於三、四千公尺高的西藏，所以我就到那裡住了一段時間，感覺那裡的生活，又是一個新的世界……」

「當地人送我一個很好的禮物，」她慎重地對我說：「一個牛鈴。」

不過，大部分的時間，雷光夏還是在自己的星球上。她細細地說著：她本來是為自己年底即將到來的演唱會命名為「光與信物」的，可是所有參與的伙伴通通反對，因為沒人聽得懂……說著說著，她自嘲笑了一聲：「呵——」。

我問她，什麼是「光與信物」？

「當一切消逝之後，我相信仍有什麼會留下來。光代表了人的靈魂、記憶，而信物就是人消逝後所留下的東西……」她輕聲說著。

講完了，她對我微微一笑，她的星球，漂浮於地球之上，是一個溫暖、安慰人的地方。

那是一個堅信生命有其價值的地方——長大了、衰老了，渡過千山萬水，我們終於還是沒有能成為自己想像中的樣子；儘管如此，我們仍然可以在時間之流裡留下一點，被我們的生命打磨過的鵝卵石。

出生年：一九六八年
出生地：高雄市
學　歷：交通大學傳播科技研究所
經　歷：出版音樂專輯《我是雷光夏》、《臉頰貼緊月球》、《二〇〇三 逝》、《時間的密語》、《黑暗之光》、《她的改變》、《不想忘記的聲音》
獎　項：《第36個故事》獲金馬獎最佳原創電影歌曲

真誠地編織謊言

——陳玉慧

張哲偉 攝

採訪陳玉慧的前兩天，她在臉書上公開了自己曾被兩度性侵的往事。一次是在巴黎，對方尾隨她，用刀子架在她的背頸；另一次在西班牙，外表看來友善的男人讓她搭便車，然後直接把車開上山，事後把陳玉慧丟在山路上。

這是她即將出版的新書《德國丈夫》裡的一篇，文章被許多媒體報導轉載，陳玉慧成了這島上唯一一個膽敢說出自己不幸遭遇的，勇敢的女人。許許多多網民們開始對她品頭論足，以偏見分析她文字中種種漏洞，這些大多數過去不曾閱讀過陳玉慧的人，在她的臉書與網路新聞下方留言。這些留言有陰暗有光明，還有獵奇窺私的竊喜，而陳玉慧和她的電影導演處女作「愛上卡夫卡」也就一夕爆紅了。

陳玉慧上一次爆紅是她在報紙上登「徵婚啟事」，與四十二個男人相親，然後寫下她的「徵婚經過」。這故事改編成電影、電視，也改編成舞臺劇，原著「至今仍然是陳玉慧最暢銷的書」。

二十五年了，陳玉慧此時正與我對坐，啜飲著面前的咖啡。從公開徵婚的行動藝術者，然後結婚，離婚，經歷了人生的種種風霜。我打量著眼前的女子——她還是那麼消瘦，一對大眼睛，滿臉「顫抖的靈魂」，聽著她滔滔不絕自己的人生，彷佛目睹二十五年歲月在我們之間轟隆流過。

講起自己剛引起軒然大波的「Me Too」發文，她輕描淡寫地說：「我是想安慰走過這些路的人。」

雖然，她年輕時兩度被性侵；雖然，下面的「陳玉慧的人生故事」，是所有家庭悲劇的總和；可是，陳玉慧對我叮嚀再叮嚀：

「我的人生並不悲慘，我的人生很豐富。」

陳玉慧以家族史詩小說《海神家族》奠定文壇地位。小說裡的海神觀看著主角三代的家族史，宛如臺灣島自身的故事。真實的世界中，在她自己的故事裡，做一個勇敢的女人也是一場永不休止的奮鬥。

「臺灣就像我，我就像臺灣啊！」她對我喊著。

「我是一個，同情心特別強的人。」她說：「走在路上，我總是會特別注意到乞丐、流浪漢，可憐的人……」

一個具體的例子是，「在我父母爭吵時，我總是站在媽媽這一邊。」陳玉慧說，十分無奈地：「但那是他們大人的事，不是嗎？」

「花名在外」的父親，每每陷入熱戀後就忘了她們母女。

「有一天我們母女在家吃晚飯，突然間一個非常矮小，穿著很高的高跟鞋的女人，衝進我們家來，拿著我們家的房契，告訴我們，我爸已經把這個房子送給她當作禮物了……」

無論父親外遇多少次，母親堅持不離婚，「父親把整隻椅子砸向母親，或是用皮帶抽打她……」

有一年父親整年不在家，搬去和情人同住，甚至為那個女人買了一棟房子。

「後來長大後回想，我媽在那個時候應該是有憂鬱症。」陳玉慧說。

「我們每天早上起來，桌上總是擺著一杯克寧牛奶和一個十元，媽媽把自己反鎖在房間裡。」

缺席的父親，失去照顧子女能力的母親，就是她心中這個坎坷的島嶼故事的開端。

陳玉慧的祖父是北京同仁堂的股東，祖母是眾多的妾之一。父親是這一房的長子，祖母擔心戰亂，給了父親許多金條讓他帶著去臺灣避難，說好父親安定後便接祖母到臺灣。不多久國共內戰爆發，父親便匆匆忙忙地買了一張兵役證，頂替了一個姓陳的軍人，以一個虛假的身份在臺灣安家落戶。

「我們本姓謝，不姓陳。」陳玉慧說。

母親十八歲時逃家嫁給三十歲的父親，從此開始他們愛恨糾纏的一輩子。

陳玉慧的父親是個隨時可以陷入戀情的男人，「祖母給他的金條，他在來臺灣的船上認識一個女人，就可以全部花在她的身上。」他的戀情不需負責，任意地送女人們金子、房子，在每場戀情中他都是以一個情聖的身份重新做人，重新陳述一個故事。

「在他人生最後階段，被宣布為癌症末期，只有半年可活。但他在醫院認識一個女人，我的情聖父親告訴她，他是肺癌初期，醫生說他很快就會好轉，父親成功地與女人交往了五、六年。最後一年，女人選擇了子女放棄了他，父親的病情才急轉直下。」

「我爸是個說謊家。他和我媽、我妹、我、還有他大陸的親戚，每個人都說一個不同版本的故事。」陳玉慧說，「當然，最美好的謊言一定是與情人共同編織的，父親甚至可以靠說故事抵抗癌症活下去。」

陳玉慧十歲時第一次發現父親是個說謊家。

「他那時候離開軍隊，參加了後備軍人組織，父親告訴我們他在辦大型活動。他說，他會在我們家附近的中和戲院放電影，我們全家都可以去看。我帶了許多同學去，在門口耐心地等到電影放映的時刻，但是收票員不讓我們進去。我說，這電影活動是我爸爸辦的啊！那個人看著我，問我，妳父親是誰？」

父親一生都活在自己的虛構中，只是他沒有寫小說的本事。他對身邊的女人們吹噓，於是父親變成一個拋家棄子不負責任的壞男人。

「直到現在，我在路上看到爸爸抱小孩或是照顧小孩，都還是會有一種很難過的感覺。」陳玉慧看著我，不，她的眼神穿透了我，我急急朝她的目光看去——那不過是一個咖啡廳的角落，猛地回頭，卻看到陳玉慧的眼角紅了，五十年了，她還是那個被父親遺忘的小女孩。

但她從沒有遺忘過父親，「我和父親其實很像，他是說謊家，我是小說家，我們都沈迷於說故事。」陳玉慧說。

來來去去於情人家的父親，在陳玉慧念國中時突然不再回家了。直到一些年後，她才知道父親因為朋友的緣故，被牽連進白色恐怖，關入景美看守所。父親坐牢，母親忙於家計，青春期的陳玉慧整天泡在書店與圖書館。陳玉慧告訴我，十六歲時她看了赫塞的《徬徨少年時》，這是諾貝爾文學獎得主的經典成長小說。主角的名言是：「覺醒的人只有一項義務，找到自我，固守自我，沿著自己的路向前走，不管它通向哪裡。」

「那是我的啟蒙之書。」她說，從此，「做自己」就是陳玉慧這一生永不停止的奮鬥。

大學畢業，她前往巴黎學習表演，到外百老匯當導演，開始大量的文字與劇場創作。與德國丈夫明夏結婚後，擔任《聯合報》駐歐特派員，去過許多戰爭和國際新聞的現場，訪問過無數國際領袖與菁英。

明夏與她在電影院認識，認識十六天後結婚。

他們的婚姻是奇遇，「婚姻改變了我，」陳玉慧說：「他是我生命中最重要的人，男人、情人、朋友，他的重要性超過我的父親，我沒有得過父愛，而明夏給了我一切，父愛、母愛、對妻子的愛，給我一個家。」

這樣一個童話，也如同所有童話故事一樣，最經不起的就是時間。王子公主也有齒搖髮禿中年危機的一天，每個人到了中年都會去看自己人生的缺憾，那些為了追求理想而失去的東西——終於有一天，王子說他要走了。

陳玉慧嘆息：「我們結婚十五年，十五年間都非常美好，然後分分合合三年，離婚到現在兩年了。」她即將出版的新書《德國丈夫》，就是一本懺情錄。

與明夏離婚，讓她的人生斷裂，是陳玉慧「人生最大最大的考驗」。

那時陳玉慧與明夏在慕尼黑絕美的史坦伯格湖邊造了一棟房子，才住了兩年，明夏就走了，留陳玉慧獨個兒住在那棟房子裡。地處荒涼，陳玉慧不開車，從家裡走路到家庭醫生那裡都要一個小時，於是她幾乎不出門，每天吃水煮馬鈴薯，吞安眠藥過日子。

有一天陳玉慧讀到美國詩人普拉絲，她三十歲自殺，「我就想，我還在——啊！還好，我度過了。」

說度過，其實是非常苦澀的，「有些人說婚姻愛情需要經營，我現在懂得，不是經營，而是要覺知自己與他人的關係，而非無知或無感，只是『做自己』。」

十六歲決心「做自己」，那是一條為自己寫史詩的道路。為了「做自己」，陳玉慧走遍世界，歷經無數冒險，甚至被性侵被傷害，身體的挫折都不能擋住這女人的勇敢。六十歲的時候，「愛情」卻讓她停下腳步，自我反省起來了。

其實，最後的分手是極其痛苦的，打官司、第三者……什麼劇情都出現了，夢幻童話落到現實就是一點藝術性也沒有的八點檔。

這部分最讓她痛苦。

「和他分手，我失去了對人的信任，那種純真、百分之百的信任。我覺得未來不會再有這種信任了，我不可能再這樣去愛一個人了。」陳玉慧喃喃地說。

啊！純愛！

原來，這勇敢女人是純愛的信徒。陳玉慧的父親何嘗不是一路尋找真愛，也一路編故事，他尋找得那麼急促，以致於都顧不到自己的女兒。

「父親是第一個應該愛妳的人，如果他不愛妳，妳終生對愛都會有困難……」

陳玉慧嚴肅地看著我。這些讓她終生受傷的男人們，在她的成長過程中總是消失在自己的虛構故事裡：缺席的爸爸、給予她一切又消失的王子……在陳玉慧的創作中，影影綽綽。她的新電影「愛上卡夫卡」裡面也有個缺席的爸爸，突然失蹤的男友。

「父親過世前，我和明夏去療養院看他。父親拿出一大盒我從小到大文章的剪報，還有我小時候的作文。他跟明夏說，他一直知道我會是個大作家……」

陳玉慧張大眼睛看著我，滿臉的不可思議。也許多少年來，父親都愛著她，只是她感覺不出來？

然後陳玉慧開始對我碎碎念起來：「我外表看來外向，其實是害羞又遲鈍的……我得罪了一大筐人……」

這不就是島嶼的現況嗎？我們願意相信愛，卻找不到愛，握在手上的我們輕易打碎，能夠獲得的我們永不滿足，最終我們永遠處於嫌東嫌西嘮嘮叨叨的局面，在太陽底下抱著哀愁過日子。這時我又想起她說的：「我就是臺灣。」

「無論如何，我會勇敢的活下去，而且，活得很好！」陳玉慧再次叮嚀我。

出生年：一九五七年
出生地：臺中市
學　歷：巴黎社會科學高等學院語言系及歷史系
經　歷：紐約外外百老匯導演、聯合報駐歐特派員、作家、編劇、導演
作　品：散文、小說等著作二十餘種，舞臺劇十餘部，執導電影「愛上卡夫卡」

被噤聲的雲豹

——杜寒菘

蔣銀珊 攝

我是一個來自山林的小孩
帶著老鷹的羽毛在山中徘徊
我是一個來自山林的小孩
頭上的百合花代表我唯一的愛
我是一個來自山林的小孩
身上黑皮膚是我美麗的色彩
我是一個來自山林的小孩
哭泣的大地讓我走出了山脈
只有窗外的月亮明白
這想家的無奈　想家的無奈
出門在外的山林小孩　別忘了回來　屬於我們的魯凱
如果大家要回家的話
那麼大家一起回家吧！

杜寒菘〈山林的小孩〉

家，在哪裡呢？

這首歌，是魯凱族藝術家杜寒菘寫的。他的家，現在在屏東的禮納里部落。禮納里是個熱門的新景點，觀光網站上的介紹是：「臺灣的普羅旺斯。」「（民國）九十八年莫拉克風災造成重大災情，因此政府將瑪家鄉瑪家村、霧臺鄉好茶村及三地門鄉大社村三村的災民遷至瑪家農場安置，並請世界展望會來援興建永久屋……」

遠遠看去，一排排整齊的歐式房屋比鄰而居，像一個個精巧的木頭盒子，青色山脈環抱著這群積木般的小房子，頂上飄著幾朵小白雲——若不是每一家門口畫著各自的圖騰，街角豎立著雕刻石板，你一定會以為這是歐洲哪個山脈裡的小村莊。

村落入口處有遊客中心，對面是可以停大型遊覽車的停車場。我們抵達的那一天不是假日，偌大的停車場空空蕩蕩，只有幾隻花貓躺在遊客中心外的壁畫「無言的抗議」前面曬太陽。

壁畫的創作者杜寒菘就住在村子裡。這幾年，他以山林、祖靈、族人為主題創作，兩次得到原住民Pulima藝術大獎。我照著他給我的地址在禮納里的木屋別墅群裡尋找著。三個幾百年來各自獨立的部落，到了這裡只剩下個街名。杜寒菘的門牌上寫著「古茶柏安街」。

「古茶柏安」，這是舊好茶部落的名字，它在一千多公尺高的大武山懸崖上，是魯凱族居住了七百年的地方。據說，祖先Puraruyan從臺東帶著一隻雲豹前來霧頭山狩獵。雲豹喝了甘甜的山泉水後，不願再度啟程前行。於是Puraruyan在當地勘查環境後回到部落，帶領族人翻越中央山脈，前來這個被稱為Kucapungane（古茶柏安）的地方定居。從此，這裡被稱為「雲豹的故鄉」，當地的魯凱族人也自稱「雲豹的子孫」。

來自「古茶柏安」的雲豹之子啊！杜寒菘家的客廳牆上掛著一幅他親手畫的大型水墨雲豹，牠凝望著我，凜然裡帶著深沉的哀愁，姿態是詢問而不是威嚇，像是一個親切的長輩：

孩子們，你們還好嗎？

牠的孩子坐在下首，和牠一樣，有一對深邃的眼睛，可是看起來狀況並不好。

「我這兩年少畫了，」杜寒菘煩躁地搖搖頭：「這裡變得很吵。」

遊覽車帶來觀光客與生機，也帶來噪音與困擾。我隨口答道：「那是因為『臺灣的普羅旺斯』名氣越來越大了。」沒想到話才出口，對面坐著的杜寒菘與太太余威璇臉色就變了，「妳不覺得，叫『臺灣的普羅旺斯』，這個稱呼本身就是……就是……」她停住，兩個人低下頭，陷入沉默。

余威璇曾擔任人體模特兒，也長期擔任藝術行政工作，三年前嫁到好茶來，如今負責打理工作室的大小事。

觀光客在部落裡四處遊走，「參觀大家的家」，從窗戶外窺看，還有人會大剌剌地走進耆老的屋子裡，嘖嘖地稱讚：「你們的房子很漂亮啊。」

「我們是不得已才住到這裡來的！我們是災民耶！」杜寒菘突然抬起頭，爆出怒氣：「他們以為在稱讚我們，不知道這是我們的痛！」

這漂亮的房子，從來都不是魯凱的家，「我們的家是石板屋啊！」他說，指著牆上的一幅素描。素描分為上下兩闋，上方是他與父親，下方是一座石板屋，那是杜寒菘真正的家，魯凱的家。

民國六十六年，林洋港擔任臺灣省主席時，以「地形不適合居住」為由，將整個部落從一千多公尺高的舊好茶（古茶柏安），強制遷至山脊的新好茶，迫使他們離開居住了七百年的祖靈所在地。省政府為他們選擇的新土地，地處偏僻且有嚴重的土石流問題，一九九六年賀伯颱風，八戶人家遭毀，兩對夫妻被沖走。二〇〇五年海棠颱風導致河岸潰堤，兩處橋樑沖斷，從此族人無法下去平地。二〇〇七年聖帕颱風迫使好茶村撤村，土石流隨後衝進三十戶住家。二〇〇九年的莫拉克颱風更讓好茶全村遭土石流淹沒。

雲豹眼看自己的孩子失去祖靈的保護，流離失所，也要哭泣吧！

杜寒菘凝視著自己手繪的石板屋素描，那是他們唯一僅存的舊好茶的回憶，所有的照片都在土石流埋沒新好茶時，全部失去了。

「阿嬤編織的布，媽媽出嫁時外婆送給她傳家的琉璃珠……一切有意義的回憶，全部在一夜之間被土石流沖走了。」雖然此時正住在漂亮的歐式木屋裡，可是，「老人們想到家就會流淚啊！」杜寒菘痛苦地說。

那幅畫，是杜寒菘在牢獄裡畫的，寄給父親；上面沒有一個字，但是勝過千言萬語。杜寒菘曾經為了兄弟義氣一時逞兇鬥狠，但是內心裡，還是那個山林的孩子。

杜寒菘告訴我，自己是怎麼樣走上傳承文化這條道路的。

「我的父親是鄉公所的公務員，我念國小時就被送到平地去讀書，但是，我在平地讀書的狀況並不好，所以高中時又回到部落來。」

有好朋友，也遇到霸凌，「就會有人幫我取綽號小黑、黑豬——哎！這個不要再講了吧！」他搖搖頭。

「我要避免被欺負，就是去交很多朋友。從高中開始，便在外面跟朋友在一起，忽略了家庭，那時候讓我的父母很傷心。」

他抬眼看著妻子忙碌的背影，非常自責地，近乎自言自語：「我也讓她很傷心，讓她等了很久。」

我問他是如何拿起畫筆的？

「我從小就很會畫畫，每次畫圖，都有人會站在我後面看。」小時候只覺得自己常用錯顏色，直到報考軍警時作體檢，才發現自己天生色盲。這個缺陷讓他自卑地放棄作畫，四處逞兇鬥狠，直至身陷囹圄。獄中八年裡，杜寒菘思念故鄉，畫了上百張畫寄回家。

「只是，原稿都被水沖走了。」他說。

三十幾歲才開始作畫，他嘆息，真的很辛苦，「浪費了十幾年的時間。」

杜寒菘開始細碎地告訴我，自己是怎樣讓人傷心的，「我父親是村裡很有名望的人，無論是婚禮還是集會，都會請他上去講話。可是我出事的那段時間，阿姨告訴我，父親都是在門口包了紅包後，轉頭就走……」

「我也讓妻子非常傷心，喔，我不能再說了，我不能勾起她的傷口讓她再難過了……」他喃喃地說。

父母、妻子始終沒有放棄他，他也以愛回報他們，他的畫就是他對家人、族人的愛。

「我最高興的一件事，就是我接受臺北捷運彩繪車廂的工作。車廂啟用的那一天，我們全家人——包括爸爸、媽媽、姑姑們——全部都上臺北去參觀。當列車啟動時，我看到媽媽在擦眼淚，我讓他們驕傲了！」

「我的名字是Panchake（音「巴查克」），從小長輩就告訴我，這個名字是個會不得了的名字。」這是一個榮耀祖靈的名字。

他告訴我，這一生對他影響最大的一件事，就是「民國九十一年，我父親帶著我回到舊好茶蓋石板屋，我在沒水沒電的山上住了一年。」杜寒菘說。

父親杜冬振（前原委會族群委員、石板屋匠師）曾對他說：「有肩膀、有責任感的魯凱族男人，一定想辦法擁有和建造一棟石板屋。它不只是石頭和木板而已，而是象徵『祖先的容顏』。」

一九七七年，族人陸續遷至新好茶，許多人將石板屋的木樑拆下、搬到新好茶蓋房。父親與爺爺一同拆除祖先留下的石板屋，父親知道爺爺非常難過，於是承諾爺爺，總有一天，會回到古茶柏安重建祖屋。

「那時候是哭著上山去的，」杜寒菘回憶：「真的是累得掉眼淚！沒想到『家』有那麼遠，要翻過那麼多的山。」

「重建過程非常辛苦，光是要找到堪用的木樑，已經翻過好幾個山頭。好幾次，我都想放棄回山下。」

「落成的那一天，我們全家族都回去慶祝，父親與他的兄弟姐妹站在家門口，述說對家的想念，所有人都哭了。」

父親說，家屋已經重建，他已經完成自己的責任了，他已吩咐孩子代代相傳。剩下的，就是杜寒菘的事了。

家，那麼遠，又那麼近。

父親在古茶柏安建造了一個石板屋，也在杜寒菘的心裡建造了一個堅固不破的家，颱風吹不動，土石流沖不走。家，就是杜寒菘的創作內容，來自這些親身體驗，以及老人家告訴他的故事。

「我的父親是一個智慧而無所不能的人。」杜寒菘記得，童年時曾與父親在溪邊看到一棵巨大的漂流木，「以他們兩人的力量，絕對不可能搬得動。」杜寒菘正呆望著眼前的木頭，父親已經頭也不回地走向前去，要求杜寒菘幫忙推到溪邊，並在自己的身上綁上很長的繩子，接著把木頭拉到溪裡，讓木頭順著溪水流到部落。而這塊漂流木，最後就變成杜寒菘家的桌子。

杜寒菘的筆下常常充滿夢幻色彩與童趣，就是這些不可思議的日常，組成了杜寒菘作品裡，那個瑰麗的家的形象。

我們出門去拍攝他在部落裡的創作，現在，禮納里就是他們的家了。走到大型壁畫「無言的抗議」前面時，杜寒菘突然「咦——」一聲，我循著他的眼光往前看，原來，壁畫前的步道最近正在重鋪石板，原來的地板剛剛被打掉，結果壁畫也被施工器材撞得坑坑洞洞的了。

他衝上前去，口裡唸著：「怎麼這樣呢？怎麼這樣呢……」

我環顧四周，空無一人，施工的人做完今天的工作就下山了、回家了，留下傷口，就像我們（漢人）對他們做的一樣。

我看著杜寒菘的背影，他傷心地用手指撫摸那一個個小洞，好像撫摸孩子的傷口，身邊立著一塊告示，那是這幅畫的解說：

> 無言的抗議：作品中的長輩沒有嘴巴，延伸而出牆面的煙斗，代表長輩們無言的抗議，提醒族人及到訪的遊客自省，是否我們的言行又讓長輩們失望了？

一陣風從山峽裡吹來，帶來青草與樹木的氣息，在山林孩子的面前，這幅受傷的壁畫面前，我卻一陣鼻酸，羞愧地抬不起頭來，只能在心裡對著北大武山默默地說：

「Lrikulau（音「里古烙」，魯凱語雲豹之意）！對不起！」

雲豹的故鄉，始終是古茶柏安啊！

出生年：一九七七年
家　庭：已婚
學　歷：機工科畢業
經　歷：二〇一二年Pulima藝術獎入選《芭嫩公主》、二〇一四年Pulima藝術獎入選《百步蛇與百合花的對唱》、二〇一三年魯凱語故事繪本《伍姆的嘛喳》、二〇一六年魯凱語故事繪本《里古烙》

影像、記憶與忘卻

——張作驥

王志元 攝

導演張作驥告訴我，在獄中時，八十八歲的老母親去看他。

隔著會面室的玻璃，母親崩潰了。

「母親已經不能走路了，但是她撲在玻璃前大哭大叫，拼命拍打玻璃……」

「她哭著告訴我，她會等我回來。」

母親遵守了與他的約定。

「我媽一直撐到我回家。」「回家後一個月，她就失智了，再也不認得我這個兒子。」然後，母親的身體急轉直下，為了照顧她，張作驥停下正拍到一半的電影，搬回老家睡在母親身旁。半年後，母親走了。

二〇一五年張作驥因性侵官司入獄，入獄前的作品「醉生夢死」裡面有一幕，兒子回家時發現母親已經死亡許久，身上爬滿了蛆。那是他的噩夢，最害怕發生的事。

他剛剛完成的新片「那個我最親愛的陌生人」，原本想講「出獄的心情」，但是，現在我看來，卻是一部可稱之為「我的母親」的作品：由一個小男孩阿全娓娓道來自己的「家」事，媽媽出獄回家了！回到這個由爺爺、阿嬤、舅舅組成的家。這個家雖然離完美非常遙遠，經常瀕臨支離破碎，可是，強悍的阿嬤卻牽住了大家，讓這個家經歷風吹雨打，仍然能夠接住所有的人。

電影中出現過幾位女神級的阿嬤，現實世界裡就是張作驥的母親。「呂雪鳳（飾演阿全的阿嬤）講的許多話，都是我媽講過的。」張作驥說。

張作驥在工作室裡，一邊喝茶，一邊天南地北地聊著這幾年來的心情。經過牢獄，他變得溫柔了，雖然一樣是滿頭怒刺的一吋短髮、赤黑臉皮、身形彪壯。可是，人變了，周圍的空氣也就變了；過去那種尖銳得像刀子一樣的大哥氣場，變成鄰居阿北那種帶著親切的粗獷感。

鄰居阿北常談家事，現在的張作驥也一樣。他告訴我，這部電影是在母親闔眼的地方剪接完成的。「如果不是這樣，我一定剪不完的。」他喃喃地說。

然後，張作驥開始絮絮地告訴我，他的家、他的家人。

「我的母親是一個富家女，嫁給軍人父親，一路跟著逃難來到臺灣。」

來到臺灣後，張作驥的父親在公家機關擔任一個小雇員，為了幫助家計，母親開始去工廠上班，「母親努力適應環境，臺語講得非常溜」。

張作驥前面還有兩個姐姐，都童年夭折，這件事情給母親非常大的打擊，「我對姐姐還有一點點模糊的印象，有個女生抱著我，但是不是我媽媽。」

對僅存的獨子，夫妻倆愛甚性命。張作驥童年玩耍時不小心掉進糞坑差點淹死，意識模糊之際，腦海裡浮起的畫面竟然是爸爸抱著幼年哭鬧的自己，在橋上來回踱步，眼前那一搖一晃的街景。

父親是個小雇員，他們家住在永和的大陳新村，經濟窘迫，但是母親仍然送張作驥去念學費貴松松的私立學校。

「我媽每天中午吃飯，就是一顆蛋拌飯，吃了十幾年。」，「她告訴我，雞腿給我吃，她吃的是全雞。」

母親管教嚴格，可是男孩調皮搗蛋。每天母親去工廠上班後，張作驥就溜出去玩，母親把圍牆加高還加上鐵絲網，不過這個很皮的小男孩照樣爬出去，爽快地各處闖闖再溜回家，母親知道了便是一陣打，但張作驥依然故我。男孩就這樣讓母親擔心了一輩子，母親對他永遠有無盡的憂慮。

張作驥考上文化戲劇系，母親逼著他撕掉錄取通知，「她怕我去當戲子要餓死。」擔心他的婚姻，「她覺得我結婚結得太隨便。」擔心他出國坐飛機，飛機會掉下來，「我出國參加影展從來不敢讓她知道，因為她會天天去拜拜，拜那個飛機。」

張作驥結婚二十年了，這二十年來，他每天打電話給母親，聽她講一兩個小時，「我去國外參加影展時，也要算好時差打電話回家。」他說。媽媽有時責怪、有時抱怨。我問張作驥，「兒子結婚」這件事對媽媽影響這麼大嗎？

他臉色十分為難，喏喏道：「有些長輩覺得媳婦就是要來照顧老人家的……我妻子又不是這樣的人……」

張作驥的妻子是著名編劇、製作人呂蒔媛，今年因為編劇作品「我們與惡的距離」而紅了一整年。妻子才華洋溢，卻不得母親歡心，「我們結婚後第一年過年，爸媽早上四點就起來灑掃，我出來幫忙。那時兒子還很小，妻子照顧他，八點才走出房間，她看到我媽在門口拿著掃把在掃地，隨口說：『老媽別掃了！這種事情叫張作驥去做就好啦！』」

這真是「一句話得罪婆婆」的範例。然後，還有生活上的無數摩擦，「我媽來我家，看到都是我在煮飯做菜，其實我是喜歡做菜——不過她很生氣……」

母親個性本就強悍。張作驥告訴我，小時候媽媽帶他去菜市場買菜，「她問完價錢後，就帶我去大水溝旁邊聊聊天講講話，再回去殺價，她可以很有耐心不斷地來來回回，直到菜販肯用她開的價錢賣給她。」

父母結婚紀念日，張作驥帶他們去高檔茶樓慶祝，服務生送上來的菜多了一份，母親勃然大怒，不但堅持要退，還把經理找來訓話，「最終我們只吃了一盤馬來糕。」

與母親剛好相反，父親是溫柔的男人，「我媽強迫我把錄取通知書撕掉後，我回到房間，爸爸走進來問我，是不是真的想去念？如果想去就去，媽媽那邊他可以幫忙說話。」

離開軍隊後，父親終其一生在僑委會做個小雇員，「那時候國慶日會邀請僑胞回臺，爸爸負責在遊覽車上發零用錢給他們，一個人總有幾百塊，所以在前幾天就會看到我爸帶著好多袋現金回家堆在牆角，我從來沒有看過那麼多錢。」

這個老實人從來沒想到要捲款潛逃，很守分地發著零用錢，就這樣發了一輩子。

我想這不只是老實的緣故，也因為愛國吧，覺得自己在幫國家做事，即使這只是一件小小的事情。張作驥告訴我，他是獨子，父母年老，本來是可以申請當國民兵的，「但是我爸來問我，你不當兵喔？老爸希望你去當兵。」「我去問我媽，我媽低著頭做事，只迸出一句話：『你還是男人嗎？』」於是，張作驥摸摸頭就去服兵役了。

沒想到，「當兵」卻改變了他的人生。

「我在軍隊裡是政戰單位，經常要幫軍隊拍照，拍著拍著，拍出興趣來。我本來念電子科，那時在臺灣很好找工作，可是我卻想去當攝影師。」

退伍後，張作驥跑去幾個相關科系的大學參觀，一見到文化大學就愛上了，「簡直是武俠片的場景。」他說，自己完全沒有電影背景，考前唯一做的準備，就是把影評人李幼鸚鵡鵪鶉（李幼新）的那本名著《坎城威尼斯影展》從頭到尾背起來，就去考試了。

「考試題目我記得是『何謂電影藝術？』我就把書裡寫的得獎片全部默寫出來。」

張作驥興高彩烈地說，他能夠走上電影這條路，李幼鸚鵡鵪鶉是他的第一個貴人。

所以，在「那個我最親愛的陌生人」裡，他不但放進了自己的母親，也把貴人放進去，邀請李幼鸚鵡鵪鶉在裡面演出象徵自由的「火雞哥」，一個載著火雞，自由自在四處飄盪的拾荒老人。

我問他，電影的主角小男孩阿全，是兒子的童年嗎？

兒子國中前都是由他照顧的，所以張作驥對於「男孩」應該是非常熟悉的，一個小男孩怎麼樣變成大人，怎麼樣去表達自己的喜怒哀樂……

「我從來沒有打過他，他做錯事我要處罰他，就把他放在桌子上或者是樓梯上。妳想，一個小孩在高的地方，一定會害怕。」

兒子現在念大學了，離家住在外面，這老爸變得十分囉唆，「我就一直line他，問他吃飽了沒。」

「我的事情，一定傷害他，讓他在外面有很多不好受……」張作驥的眼睛圓圓地，像一隻哀傷的大狗。

電影裡的男孩阿全，每天背著一臺沒有放底片的相機到處拍照，乍看之下，以為是楊德昌的「一一」，看到最後，才知道是完全不同的寓意。阿全拍來拍去，最後，那些有框的影像，都是記憶。

記憶是什麼樣子的呢？當一切都消逝後，到底，記憶會以什麼形狀、味道存在呢？

張作驥在電影裡重現了他與母親相處的最後時光，照顧母親的記憶。

「媽媽失智了，認不得我，可是她不停地找我，大叫我的名字。」

在那半年間，母親彷彿不停的穿越時光裡的各個房間，把張作驥帶到各處場景，「有一天她告訴我她懷孕了，原來她把我當作父親，正告訴我她懷了我姐姐的事情。」

「又有一次她大叫不要打她，把我當作她的哥哥。」

「有一天她把雨傘、棉被什麼的都拖到客廳，放進垃圾袋裡，指著窗外告訴我，船來了。」

以前張作驥喜歡收集東西，鋼筆、墨水筆、茶壺啦！母親過世後，他把這些東西通通送人，「看到母親的狀況，我知道這一切最後是沒有意義的。」

那麼，什麼是有意義的呢？

張作驥說起兒子，「我跟我兒子以前每次出去玩，都會拍很多相片，可是，幾年後拿出那些相片，我們兩個卻都想不起來那些是什麼地方。」「有一年我們就決定，不要拍照了，」他睜大眼睛看著我：「後來我們聊起那次旅行，卻發現我們把過程都記得很清楚。」

他告訴我，房東要把房子收回去，工作室最近要搬家了，「我們現在在找房子。我說，哪裡都可以，但是一定要在菜市場的旁邊。」「去菜市場買東西，你買每一樣東西，老闆都可以告訴你，這是什麼東西……我不能沒有菜市場的……我根本不懂這個東西我怎麼能夠買呢。」

買東西長知識兼交朋友，張作驥從小就跟著媽媽一起上菜市場，在家與市場間來來去去，家的附近，都是他熟悉的人、熟悉的風景。

張作驥直著眼睛看著我：「我只能拍我自己熟悉的東西。」「打開窗戶就能看到的東西。」接著，他抬頭看了一眼工作室的窗戶。馬路上傳來轟隆隆的車聲，工作伙伴們在距離我們五十公分的地方大聲對腳本，我們旁邊的走道不停地有人進進出出，過來大聲打招呼，樓下鐵門開開關關發出「哐啷啷」的聲音……

他生活在吵吵鬧鬧的人間，有愛有恨有感激有愧疚，這些便是記憶了——有意義的東西從來都不是具體的，而是那互動片刻留存在心裡的感受，那便是張作驥最愛的東西。

出生年：一九六一年

出生地：嘉義縣

學　歷：文化大學系戲劇系影劇組

獎　項：二〇一五年《醉．生夢死》金馬獎最佳剪輯、臺北電影獎百萬首獎；二〇一一年國家文藝獎電影類得主；二〇一〇年《當愛來的時候》金馬獎最佳影片；二〇〇二年《美麗時光》金馬獎最佳影片；一九九九年《黑暗之光》東京影展最佳影片、金馬獎評審團大獎、最佳原著劇本；一九九六年《忠仔》釜山影展評審團特別推薦獎、鐵撒隆尼卡影展最佳導演

斜槓「耕」生人

——鄭性澤

陳沛妤 攝

過年前，在朋友的辦公室裡看到一個別緻的年節禮盒：小包裝兩公斤白米，上面還貼著可愛的插圖，一個戴著斗笠的農夫抱著愛心。

「這是鄭性澤種的，他現在在苗栗當農夫呢。」朋友說。

朋友要送我，我說，不用不用，我去看他吧！從二〇一七年宣判無罪以後，好久沒有阿澤的消息了。

阿澤的老家在田中央，導航上沒有這個門牌號碼，所以我們約在附近的宮廟見面。

蓋著紅磚頂的水泥洋房，上面立著燈箱，彩色繪柱前的廣場上擺著許多塑膠椅子——這是鄰里的信仰中心、農民的客廳，也是鄭性澤現在每天生活的地方。初春溫溫的陽光灑在廣場上，一陣陣青草味的風刮過空空的田野，稻子都收完了，現在正是「農閒」的時候。不過，農民鄭性澤一點也不閒。

鄭性澤匆匆趕來，解釋說，早上去幫朋友的忙，下午回來「招待我們」，「如果朋友有事要人一起做的，我就會去幫忙。」他說：「朋友互相幫忙很重要咧。」

朋友都叫鄭性澤「阿澤」。「很多人說同行相忌，說那個人也在賣米，我們不要去幫忙他，我告訴你，這種想法會害死他。」他嚴肅地告訴我。

他現在和父母、弟弟一家人同住在祖厝邊的鐵皮屋。祖厝是座坐北朝南的三合院，左進坍了一角，阿澤指著那間去了屋頂，光禿禿露出肚子的廂房說：「我就是在這裡出生的。」

三合院如今已經荒棄，如同枯木，而新的樹芽散在枯萎的老幹旁長出新枝。臨著三合院，鄭家大房佔著「龍邊」，蓋了一棟氣派的四層樓獨棟公寓；二房佔著「虎邊」，是一棟新式粉紅外牆別墅住宅，三房搬去別處蓋房子，唯有一座矮矮的鐵皮屋緊貼著坍塌的三合院邊，那就是鄭性澤的家。

鄭性澤是四房長子。他告訴我，自己當兵退伍時，家裡花了一百多萬，緊貼著他出生的房間，蓋了這座長條型的鐵皮屋。

那時候的他，是一個活潑愛四處走闖的少年，國中畢業後不愛唸書沒有升學，跑去花蓮找表兄弟玩耍，喜歡花蓮的生活，便留在花蓮的市場一邊賣雞肉，一邊念補校。當完兵，回到苗栗故鄉，先是全臺灣跑廟會擺攤，跑了兩年「覺得很累」，便到離家不遠的夜市擺射氣球攤。

我問鄭性澤，少年時，有什麼夢想嗎？

他呵呵笑起來，眼睛皺成兩條下彎的弧線，嘴角上彎成為一條更大的上弦月。鄭性澤臉上有許多皺紋，他一笑，那些小細紋就四處流動，好像是漾在水面的波紋，隨著他談話間不停的笑聲一圈圈盪開。皺紋本來是生命在皮膚上的刻痕，血跡被沖刷掉了，非常奇異地，如今卻像鄭性澤笑語的迴聲。

「年輕的時候喔，就是想賺錢啦！」他笑嘻嘻地說。那時候的鄭性澤工作不穩定，擺過地攤、當過油漆工、去媽媽承包的遊樂區餐廳幫忙。「因為覺得沒有賺到錢，所以也沒有結婚。」他說。沒有工作的時候，他到處交朋友。

這個「快樂羅漢腳」的人生，卻在二〇〇二年一月五日那天變色。

那一天，鄭性澤與友人在臺中豐原十三姨KTV飲酒，酒醉的羅武雄因包廂與小姐等問題，開鎗射擊天花板及地上空瓶滋事。警方獲報前往現場，第一位衝進包廂的蘇姓員警與羅武雄槍戰，兩人雙雙斃命。同在現場，但坐在與羅不同邊的鄭性澤被查出身上有槍枝，警方懷疑他就是補槍導致蘇姓員警死亡的兇手。

法院認定鄭性澤開鎗擊斃警察，將鄭性澤判處死刑，完全無視於鄭性澤的槍枝沒有擊火反應，羅的槍枝上也沒有鄭性澤的指紋。小腿中彈骨折的鄭性澤必須拖著小腿，跨過兩個身邊的朋友，走到另一側，拿起羅的槍枝，對員警開鎗。這個推論既不合常理，兩個證人也作證前面沒有人經過。

鄭性澤在法院翻供，表示自己遭到刑求。鄭性澤被收押進入看守所的身體檢查表上，明顯地看出身體受傷，有刑求痕跡，甚至記載著：「收容人自述下體遭到電擊」。

二〇〇六年，鄭性澤死刑定讞，二〇〇九年，長期參與冤案救援的作家張娟芬發現鄭性澤案有諸多疑點，研判此案可能有冤情，於是奔走成立救援團。在人權團體、律師、監察院、檢察官多年請命下，二〇一六年臺中高分院終於裁定重啟再審，鄭性澤結束五二三一天的關押，二〇一七年十月二十六日，臺中高分院宣判他無罪。他被無辜羈押十二年，得到一千七百二十八萬元的冤獄賠償。

十四年冤獄，每天都活在等待執行的恐懼中，他應該要怨恨這個世界吧！

但是，鄭性澤現在笑瞇瞇地坐在我面前，泡茶給我喝，一直講笑話給我聽，對於這一切，他從頭到尾只說了兩句話：

怨恨它（司法），卻還是要靠它（司法），這是人生最大的無奈。人生，都是因緣。

鄭性澤在獄中學習書法及水墨畫，他家的客廳裡有一面牆，滿滿布置著他的作品。他指著最旁邊的一幅告訴我：「這是我在裡面的朋友畫的，他也是一個死囚，他對我說：『阿澤，你要出去了，這幅畫給你當紀念吧。』」

人在最深沉的無奈裡，最終會感覺到的，還是人間的感情，那就是因緣。

鄭性澤的義務辯護律師邱顯智，在營救期間為了鼓勵他繼續堅持下去，每個星期都騎著機車沿著大肚溪河畔去臺中看守所看他。

邱顯智有一次對鄭性澤說：「徐自強（冤案死囚，於二〇一二年獲釋）來我臉書按讚，不知道什麼時候你也可以來按我一個讚呢。」

「什麼是臉書？」二〇〇二年就入獄的鄭性澤，沒聽過「臉書」這玩意，疑惑地問。

邱顯智為鄭性澤解釋了一番，幾週後的聖誕節，邱顯智收到鄭性澤從獄中寄給他的明信片，上面寫著：「顯智，我來幫你按一個讚！」

邱顯智說，鄭性澤是非常「貼心、幽默」的人，他記得所有救援團裡每一個人的生日，會為他們製作卡片。

有一次，邱顯智在面會時問鄭性澤如果能夠出獄，想做什麼？

鄭性澤停了一陣，然後說：「不敢想。」

「想一下啦！」邱顯智說。

鄭性澤又停了一下，這一次，他哽咽了，「我要孝順父母。」

鄭性澤告訴我，其實他回家種田，就是為了「陪伴父母」。

「父母八十多歲了，我已經少了這麼多年不在父母身邊的時間。」「住在家裡，總不能無事可做，我家有三分半的田，就想要來種田。」

我們聊著，鄭性澤的爸爸蹣跚地從房間踱步出來，在他身旁的椅子坐下，咧開嘴，上排牙齒已經掉光了，笑呵呵地盯著兒子。

「阿伯，阿澤做得好嗎？」我問。

「好啊好啊！」他睜著睫毛稀疏的眼睛，裡面濕濕的，喜悅地看著阿澤。

「他說我做得好，是因為我的做法跟他不一樣啦！」阿澤有些害羞地說，從房間裡取出他的「產品」，有米、有芭樂乾、還有年節禮盒。

「以前他們就是收米，賣給農會，」他說：「我現在一條龍做啦！」

從種米、日曬、到包裝、販賣，鄭性澤都親力為之，還註冊了自己的品牌「進澤米」。

「因為，我現在就是在對父母盡責任。」他嚴肅地看著我說。

現代的農夫收割稻米後，就將稻米送進碾米廠機器烘乾，可是阿澤還是用傳統的日曬方式來「曬米」。

日曬米要「看天吃飯」，好不容易把割收來的稻穀鋪好，「一陣西北雨下來，米都濕了，還不能用帆布蓋著，米會發芽。」阿澤抱怨著，天氣如何，稻穀的乾燥程度，完全要靠農民的經驗與判斷。

可是，這種半世紀前的傳統作法製作出來的米就是不一樣，陽光曬出來的米有特殊的米香，特別的黏Q，是機器烘乾的米完全比不上的。

我問鄭性澤為什麼要用這麼麻煩的方式來製米？他認真地看著我，說：「人家為什麼要來跟你買？那就是你的產品有特色啊。」

除了米之外，鄭性澤還把田邊的野芭樂做成芭樂乾，田裡的蘿蔔做成蘿蔔乾……越講越高興，他站起來說：「來，我們一起去看看！」

他的田在離家走路十多分鐘的地方，阿澤戴著斗笠走在前頭，我跟在後面。轉頭一看，八十幾歲的鄭阿伯竟然也跟來了，還提著一個大鐵桶。風很大，鄭性澤一手押著斗笠，對爸爸大喊：「啊！你來做啥？」

阿伯面紅紅地咧著嘴不講話，「他要去給菜澆水啦。」阿澤說。

到了菜園，阿澤蹲下去掘了一條蘿蔔出來，「妳看，這是一個愛心ㄟ。」兩顆小蘿蔔尾巴長在一起，阿澤把蘿蔔放在胸口，「跟我的LOGO一樣。」他很高興地說。

他的衣服上畫著自己的LOGO，這是救援團的朋友們，用剪紙為他作的。

拿著蘿蔔，他高興地跟我講起蘿蔔：「我要把它們做成蘿蔔乾……而且，我有一個想法喔，我要去定做很大的甕，把蘿蔔乾放在裡面，大家可以把甕帶回家，越擺越久，就變成老蘿蔔乾……」他滔滔不絕地講下去，語畢，得意地看著我，「我這是『活動企劃』的概念！」他說。

鄭性澤也彷彿是被甕密封了好久好久，打開甕的那一剎那，新鮮空氣流進甕裡，蘿蔔成了老蘿蔔乾，清水變了難能一見的老酒；從「臉書的第一個讚」開始，所有的資訊快速進入他的腦袋裡，如今，鄭性澤成為一個「走在時代前端」的人。

「我現在是斜槓（指同時具備多種專業的年輕人）喔！」他得意地告訴我，有位律師自費出專輯，還找他當MV男主角，到三合院來取景。

「我的身份是農民／畫家／MV藝人／廚師。」鄭性澤說。

當然，還有冤獄無辜者的代表，他拉拉身上的T恤，無辜者協會在美國召開年會，他與冤獄平反協會一同去開會，在現場擺攤賣自己LOGO的衣服，「我賣給美國人ㄟ，一件二十五元美金。」

他把愛心蘿蔔送給我，指著「進澤米」上面的包裝文案（那也是他自己寫的）——「有愛耕作！」鄭性澤高興地說。

不遠處，爸爸提著鐵桶蹣跚地在田裡走著，正抬起頭來，叫喚著他的名字。

出生年：一九六八年
家　庭：未婚，一弟一妹
學　歷：花蓮高商、臺中空中商專企管科

孤獨的幸福
快樂的離別

——鄭如晴

李智為 攝

我不認識明星張鈞甯，但是我相信，她是一個可親、溫暖、充滿自我要求的人。因為，她的媽媽鄭如晴是這樣的人。她親手把女兒帶大，與女兒非常親密，諄諄教誨。

鄭如晴是小說家、散文家、兒童文學作家，擔任過《國語日報》主編，這一生都在文學與孩子裡度過。她坐在我面前，兩隻小手交疊放在膝蓋上，身體微微前傾，笑瞇瞇地對我說：「我覺得我的孩子一定是很溫暖的，因為我告訴她們，要善待身旁的人。」

「遇到不愉快，可以矇起被子大哭一場，或是跑去山上吼叫。千萬不要把自己的不愉快、殘缺示人，那只是讓自己的人際關係落空。」

「我告訴我的孩子，沒有人欠我們。」

鄭如晴個子小小的，圓臉、兩隻大眼睛長得很開，小小的鼻尖與嘴巴，給臉上添了幾分稚氣。她是個優雅的美人，女兒都繼承了她的美貌，但是我一看到她就覺得非常面熟，到底這長相氣質是哪裡看過呢？端視半晌，突然恍然大悟——啊！迪士尼卡通裡的神仙教母！

不過，這個神仙教母不變南瓜馬車不信玻璃鞋。和鄭如晴聊天，好像在喝「心靈雞湯」，剎時讓我變成了一個趴在神仙教母的膝頭上，聽她諄諄善誘的小女孩。「人生不如意事十之八九，若是手上拿到一副不好的牌，就認真地把它打好，（不要抱怨或發怒），要情緒管理，找個精神寄託，對人要寬容……」她對我唸著。

看著她溫暖的笑容，我馬上信服了——她就是這麼地可信，因為，每個字都是她自己親身走過來的。在人生的牌局裡，鄭如晴自己拿到的就是一副超級不好的牌。

鄭如晴的曾祖鄭鴻猷是鹿港著名的書法家，曾在鹿港武廟文祠內設寫字室，現今武廟右廊尚保存其昔日使用的文房四寶。鹿港知名糕餅店「玉珍齋」三個字即出鄭鴻猷之手。父親鄭光宗東京帝國大學國貿系畢業，是當年臺灣少見的菁英。

父親年輕時至鄭如晴外婆於高雄所開設的「永清浴室」泡湯，外婆看這少年人「白晢英挺」、「上無父母亦無家室」，便從中搓合，將唯一的女兒——也就是鄭如晴的母親——嫁給了他。

鄭如晴的母親是個美女，父親想必也一見鍾情。可是，外婆卻隱瞞了母親少女期間就感染肺病的事。為了照顧女兒，外婆甚至將父母留住家裡，到鄭如晴的大姊出生，外婆開始「婆代母職」，為母親照顧大姊、二姊。等到老三鄭如晴出生，外婆分身乏術，於是，外婆將剛剛出生的鄭如晴交給自己的嫂子，也就是鄭如晴的「妗婆」撫養。

鄭如晴三歲時，母親過世了，父親離開高雄，回到臺中發展，開設當年臺中數一數二的電影院——「安由戲院」。鄭如晴曾寫過一篇文章，回憶這段童年歲月，「也許是自覺對父親的虧欠及對母親的摯愛，外婆始終把我們姊妹留在她的身邊，視為一己之責任。」

外婆期待看到三姊妹長大成人。鄭如晴還記得幼年時，有天晚上她翻來翻去睡不著，正遇到外婆結束湯屋一天的工作回房休息。外婆牽著她走到床邊，從床底下拉出一個「跟『神隱少女』裡湯婆婆擁有的一樣的珠寶盒」，打開來滿是珠寶玉翠。外婆小聲地對鄭如晴說：「這些都是妳媽的，將來等妳們姊妹十八歲了都給妳們。」

抱著對外孫女無盡的愛與期待，外婆在鄭如晴七歲那一年，毫無徵兆地在浴室裡昏倒，竟然就這樣過世了，連一句話也沒有丟下來。失去母親、又失去外婆，三姊妹匆匆地被送回父親與繼母的家裡。還來不及適應新環境，父親被人檢舉幫助涉入二二八事件的部屬，受不了被特務人員再三盤問，父親化名日本人，逃亡日本。

父親將戲院及房屋都留給繼母，交代她照顧孩子。繼母僅僅大大姊九歲，鄭如晴十五歲。從此，鄭如晴姊妹便與繼母，及一個同父異母的妹妹共同生活。

父親後來在日本另外開創事業，也另外建立家庭。於是，在鄭如晴十三歲時，繼母變賣了三姊妹賴以棲身的房子，帶著自己的孩子離開這個家。

在失去母親、失去外婆、失去父親後，這個小女孩，終於連一個家也沒有了。鄭如晴搬去曉明女中寄宿。「那時候，週末住宿生回家，我永遠是最後一個走的。」鄭如晴回憶，她有一次拖到下午五點多，滿天夕陽了還在宿舍裡，老師看到她很驚訝，問她：「怎麼還不回家？」

十三歲的小女孩，沒有辦法回答這麼困難的「成人的問題」，所以鄭如晴只好走出校門坐車去鹿港的伯父家。

無依無靠的悲傷是說不盡的。有一次鄭如晴在學校突然發燒了，身體不舒服心裡也難過，昏昏沈沈間只覺得世間一片白茫茫。最後，「學校找到了在逢甲唸書的大姊，大姊來學校看我。」她說。

對這個小女孩來說，「書」就是她心靈最大的安慰。

「只要是放假日，我就窩在書店裡看書。文字帶給我很大的快樂，比我的現實溫暖多了、可愛多了。」

「看到那種無依無靠的小女孩的故事，就覺得跟我一樣，世上不只有我這麼可憐。」鄭如晴睜大眼睛，裡面一片澄亮，剎時間，又變回了那個蹲在書架邊，捧著童話的小女孩。

「我特別喜歡看那種『父慈子孝』、『幸福家庭』的，就覺得很療癒。」她用手摸著胸口，微笑著說。

其實，那也就是這個小女孩的一生。期待著一個家，期待著將自己的愛分給別人，但是，命運卻讓她的生命幾經轉折，「幸福家庭」的夢想曾向她眨眼，接著轉身離去；沒想到，女孩在失落的踽踽路途上，卻耕種出自己的花園來。

鄭如晴著名的長篇小說《沸點》裡，主人翁琬真是一位純樸、傳統的鄉下女孩，個性多情堅強，自幼未曾享受家庭的溫暖，促使她努力地想建立一個「屬於自己的家」。在嫁給對自己深情款款的先生後，原以為「幸福家庭」的夢就要實現，丈夫卻在此時外遇，令她痛徹心扉。一切為了維持這段婚姻的委屈與忍耐都到了極限……

這本小說沒有華麗的詞藻，更沒有淒美的愛情，卻是一本看了令人震驚的書，因為它太真實。曾經濃厚的感情，在金錢、權力等等壓力下也會改變，女主角只能抱著純真的心，不停地奮鬥。

在現實的世界裡，鄭如晴在孩子念小學時與丈夫離異，撫養女兒們長大。

我問她，這二十多年是怎麼走過的？

「我努力地不讓孩子覺得我們是單親家庭。」她說。

有一次張鈞甯出席鄭如晴的兒童文學作品發表會，有記者問她身在單親家庭的感受，「我女兒才突然發現：『喔！我是單親家庭。』」鄭如晴說。

「為了我的女兒，我什麼都可以做。」她說。

「有些人……即使傷害過我，可是，我還會叫我的小孩要送小禮物給他們。因為，我為小孩著想，希望小孩有長輩疼愛，有親族照顧。」

「有十幾年……二十年……我都是一個人過年……」鄭如晴小聲地說：「我會叫

小孩去跟爸爸、奶奶那邊過年，因為那邊親戚比較多……」

「她們會說：『媽媽，我們要留下來陪妳。』我就擺了很多菜在飯桌上，打開收音機或是電視，坐在飯桌前笑著對她們說……」鄭如晴的面前彷彿就出現了那一桌菜，她抬起頭，勇敢地對女兒們笑：「妳們看，媽媽有好多菜要吃，妳們快去吧！」

那是一顆媽媽的心。孤獨的每一刻，犧牲的每一分，都是快樂的，因為，知道孩子會過得好。

「我這一生，沒有和我的母親相處過一天，沒有叫過一聲『媽媽』。」鄭如晴嘆息：「那是對別人來說稀鬆平常的事情，我卻沒有。」

「我藉著當母親的角色，安慰了我心中的小孩。」她微笑。

「我女兒現在有時還會對我說：『媽媽，妳小時候怎麼那麼可憐，來，讓我抱一下。』」她害羞地笑著，那個在心裡被鎖住的孩子，在與女兒互動的過程中，被放出來了。「可能有點可笑……」她遲疑：「她們小時候我會扮虎姑婆，吃她們……」說罷，鄭如晴樂呵呵地笑起來，追著孩子滿房間跑，抱著舔著自己的孩子，是一生最美好的回憶。

說起女兒，那是又驕傲又憐惜。「張鈞甯要進演藝圈，我非常反對，還堵在家門口不讓她出門。」她本來對女兒的期待，是當老師、當律師，但是女兒堅持演戲，鄭如晴退而要求張鈞甯要念研究所，「張鈞甯對我說，媽，念那個沒有用的。」

「我就告訴她，」鄭如晴嚴肅地看著我，說：「在這個世界上，有用的東西都來自無用的累積。」

「受教育，會讓妳有更多機會去認識自己，知道自己要的是什麼，知道如何明辨是非。越是要走入這一行（演藝圈），越是不能放棄自己的初心。」

那時候張鈞甯已經在拍戲了，一邊拍戲還一邊念中央大學的產經研究所。當她拿到碩士時，是這樣對記者講的：「這樣我對我媽有交代了。」

張鈞甯的姐姐張瀛則是另一個截然不同的成長經歷，國中時喜愛畫畫的她，復興美工畢業後考上大葉大學室內設計系，又考進臺大農推系。臺大畢業後卻到英國念聖馬丁設計學院從大一重頭讀起，一路念到碩士畢業。

「我就是，」鄭如晴認真地說：

「一直站在孩子的旁邊，催促她們——」

「再往前一步吧！」

孩子們不斷地往前走，張開翅膀飛向天空，母親又孤單了。現在張鈞甯經常在中國大陸拍戲，張瀛結婚定居上海，鄭如晴一個人獨居臺北。「她們常叫我辭去教職，搬去和她們一起住。」她笑著說，好高興，女兒心裡是有她的。但是，這世界上最快樂的一種離別，就是看著自己的孩子在天空遨翔。

「我現在有很多寫作計畫，要開始寫長篇小說……」鄭如晴興高采烈地說著。

原來，幸福不一定是一個「完整的」家庭，人只要有愛，有寄託，就是幸福的歸宿。

學　歷：國立臺東大學文學碩士。曾留德七年，於德國慕尼黑歌德學院、慕尼黑翻譯學院研修。

經　歷：「國語日報」副刊主編、毛毛蟲兒童哲學基金會執行長、「中華文化」雙週報副總編輯等。前後任教國立臺灣藝術大學十餘年。

現　職：世新大學副教授

紅面仔、妓女朋友與看海的日子

——黃春明

葉信菉 攝

「我會看人的眼睛。」黃春明嚴肅地對我說。「看人的眼睛，就知道這個人說的是不是真話，知道他心裡在想什麼。」

他告訴我一件最近發生在他身上的事。

黃春明住的是老公寓，前些日子他一個人在家，突然有人按門鈴，他開門一看，是個穿著消防隊紅上衣、紅褲子的人。

「雖然這個紅衣人嘴裡說的是：『我是消防隊，專門來做檢查的』，」黃春明說：「可是，他的眼睛說的卻是：『我在說謊』。」於是，黃春明堅持不讓紅衣人進門，把紅衣人轟走了。

老作家看著我，得意自己逃過一場可能發生的「詐騙」。

黃春明看人，先看是「好人」，還是「壞人」。喜歡黃春明小說的人，百分之百是個好人，因為他的小說裡面充滿了對弱勢者、對善良人的同情心，隨處可見作家想照顧可憐人的衝動。

二〇一四年黃春明檢查出癌症，現在多半的時間都在家休養。黃春明的書房有著一整面山景蔥鬱的玻璃窗，像是一牆山，另外一牆書斜倚這山，文學家便倚著書與山而坐，挺起腰杆姿勢不動，一講兩個小時不停。那曾怒放的肌肉已經消退，但仍然看得出寬厚的肩膀架子，方下巴豎眉毛，一臉「橫眉冷對千夫指」的氣派。

近年他以「黃大魚」的名字，寫兒童文學，講故事給孩子聽，照顧孫子——這些與孩子的互動治療了他的最痛。二〇〇三年幼子作家黃國峻自殺過世，黃春明的悼子詩〈國峻不回家吃飯〉膾炙人口。

老年喪子，悲痛難以言述。我們只能從他在孫子照片上的題詩，得知一點點蛛絲馬跡。

我的心曾經失去一塊肉，
你卻來給我補上，
雖然在傷口上還留有痕跡，
但是已經很完美了。

走過春夏秋冬，帶著斑斑傷痕，如今回首人生，老作家告訴我——

「人生是——」黃春明開口：「一顆球，就算是直直地丟出去，當它撞到東西，也會改變它的方向；我的人生，有各種遭遇，每種遭遇都對我發生一些影響。我現在想想，都讓我得到一些好處，因禍得福吧……」

於是，他開始講「黃春明」的故事給我聽。

黃春明八歲的時候母親過世，九歲時後母來到他家。

「從一開始，我就跟她處不好……我堅持不叫她（媽媽），因為，我已經有（媽媽）了。」

「我們相處狀況越來越不好，到後來，我只要上桌吃飯，她飯碗放下就走……於是，十六歲我離家出走。」

民國四十一年，少年黃春明獨自上臺北討生活，他到當時最熱鬧的「第一劇場」周邊，沿著延平北路二段、保安街找工作，「我就一家、一家店面走進去問，有沒有需要人的？」

走完整條商店街，都沒有老闆要用他。於是黃春明又轉進兩側延伸的巷弄裡，向那些沒有招牌門面的商家詢問。最後，終於在巷子裡找到了一家願意雇用他的商店。

「沒有招牌也沒有陳列商品，裡面分成兩半，一側靠牆擺著一條長桌，上面堆滿了要修理的電器。另一側則是陳列著許多玻璃瓶，裝滿了五顏六色的糖漿，是店家煮來要賣給冰店的。」黃春明回憶。於是，這就成了他的第一份工作——「糖漿店與電器行」的店員。

「店堂門上著四塊木板，要開店時，我就把它們卸下，用腳踏車的內胎綁在一起靠在騎樓邊。」

身為「兩店員工」，黃春明的工作內容繁雜。要製作糖漿，用一個兩手環抱那麼大的鍋子把糖漿煮稠了，將香料、顏料倒進大鍋裡以大杓攪動，調勻後再把糖漿灌進一支支玻璃瓶裡。

「那些玻璃瓶都是老闆向『酒矸倘賣無』的商人買來的，我也要去負責洗那些瓶子。」黃春明說。

「我每次洗完那些瓶子，就覺得兩隻手好癢好癢……」他伸出兩隻手來，左右搔著手臂，好像上面真的出現了那些六十多年前的點點紅斑，「不知道那些瓶子本來是裝什麼的啊！」灌完糖漿，再一瓶瓶地貼上標籤。

「我到現在還是不吃刨冰啊。」他睜大眼睛說，兩道眉毛倒向兩旁，露出一對驚懼的少年的眼睛。

不煮糖漿不洗瓶子的時候，黃春明是電器行學徒，出門收人家壞掉的電風扇來修理。

那個時候，臺北市民樂街，到寧夏路一帶，有很多的妓女戶，妓女戶是「修電扇」業者的大客戶。「他們都是一個長房間隔成一小間一小間的，沒有窗戶，只有頂上裝著一臺電風扇，所以很悶熱，電風扇就整天開著，很容易壞。」

妓女在妓女戶裡走動穿的都很清涼，少年去收電風扇時，總是面紅耳赤，羞得抬不起頭來。所以黃春明很快就在這個區域小有名聲，妓女們都喚他：「紅面仔。」

有一天，黃春明又在那幾條巷子裡穿梭著，從那一間間小小的木板隔間裡，扛著壞掉的電風扇走出來。眉毛滴著汗，水淋淋地看到一個妓女坐在巷子口的刨冰攤，正大口大口吃著一盤五顏六色的冰。

「唉啊！那不是我煮的糖漿嗎？」黃春明急起來，看到自己親手製作的糖漿一瓶瓶站在攤上，他的兩隻手臂都發癢了，顧不得肩膀上還扛著電風扇，他趕緊站到妓女的面前，拼命地對妓女擠眼睛，示意她別吃了。

「後來呢？」我問。

「後來啊，她加緊吃啊，快快在我面前吃光一盤啊！」黃春明說。

過了幾天，黃春明又去那裡修電風扇，從房間裡踏出來，正看到幾個妓女在外面沖洗，他滿臉通紅低著頭，加緊腳步離開。這時候，一個妓女大聲喚住他：

「紅面仔，你前幾天一直對我使目尾，你是甲意我喔？」

黃春明抬頭一看，一個年輕的妓女就站在面前，笑嘻嘻地看著自己。

這是他第一次跟妓女面對面單獨講話，「我那時想，她這麼姣好，為什麼要來當妓女呢？」好奇心讓他停下腳步。

就這樣，他認識了第一個「臺北」朋友。同是漂流異鄉，女孩流淚對黃春明傾訴了自己的故事。

「那個時候女孩子出來作妓女，全部都是為了家庭啊，她們真的犧牲很大很大。」他說，養母將女孩賣入妓院，養兄可以念大學，全家生活得以改善。後來，他把這些女孩的故事寫成小說《看海的日子》。

但是「紅面仔」仍抱有夢想，希望女孩們有朝一日可以擁有幸福與尊嚴。他對我猛點頭：「我想替她們寫個好結果啊！」「為了朋友們」，少年「紅面仔」寫出偉大的文學作品。在小說裡，女孩離開妓院，生下孩子立下誓言：「我不信我這樣的母親，孩子就沒有希望！」

離開電器行後，黃春明靠自學考上師範，叛逆的他在學校裡還是衝突不斷，先後被臺北、臺南師範退學，最後在屏東師範畢業。

但是黃春明說，這也是「因禍得福」。

「我從臺北師範被退學後，跑去臺南師範。有一天上課時，我站起來質疑老師的教學內容，」黃春明回憶著：「老師沒有回答我的問題，而是對我說：『你是臺北師範來的垃圾，你以後可以不用上我的課！』」當場把黃春明趕出教室。

從此，這個老師的課黃春明再也不用上了！上課時間同學們都在教室，只有黃春明滿校園閒逛。「我沒有地方可以去，只好去泡圖書館。」他說。

戒嚴時代，圖書館很多書架都是空的，黃春明就在那些空架子間晃著。某一天，他發現那些書架頂端的角落，堆著成捆的包裹。出於好奇心，他爬上去把那些包裹搬了下來。

「說真的——要不是上面寫了那兩個字，我還真不想打開呢！」他笑著說。一個個沾滿灰塵的包裹，用舊報紙包得方方正正，正面寫著斗大兩個字：「禁書」。

黃春明拆開一看，裡面包的全是三〇年代中國作家，以及俄國文學家的作品。從此，這些小說就成了黃春明真正的老師。這些左翼作家都是寫小人物的，「所以我也只寫小人物。」他天真地說。

觀察著善良的小人物如何在大自然裡與生命搏鬥著，這殘酷的現實世界，就是黃春明思想的來源。

「小人物」的身份非常多元，除了農夫、妓女、業務員這些「人類」外，也擴及萬物。黃春明寫過一篇文章〈王善壽考〉，裡面講到他是怎麼認識自家小花圃的訪客，兩個標準的「小人物」：癩蛤蟆「賴友農」，以及烏龜「王善壽」。王善壽本來和他一同住在鄉下，黃春明搬到臺北時也把牠一同帶去，他抱怨王善壽：「本來是鄉下人，但是來到臺北後變野了，原來在鄉下憨厚、害羞、膽小、客氣、自卑都沒了。」這讓他深深感覺到「城市可以殺了你，也可以使你瘋狂。」

他那種對「強者看不順眼」的姿態，從十六歲，到八十三歲，竟然從來沒有變過！

我想到他曾說過自己：「年輕的時候，是一個反家、反學校和反社會，反叛精神強烈的人。」經歷了人生的春夏秋冬，成家、生子、孩子過世、得癌症……種種，要是普通人早就磨成圓的了——但是黃春明沒有，少年的桀傲不訓揉進骨子裡，成為較複雜的，一個硬骨頭、方方正正的老人。

「在自然界的海洋，大魚吃小魚，小魚吃蝦米，以及黑森林裡的動物社會，弱肉強食，這種鐵的事實，自盤古開天以來，一直不變。然而弱肉的小生命，任憑強大的生命來獵殺它們，還是殺之不絕，吃之不盡。這完全是依賴弱小生命本身的繁殖力……」

「人類毀滅了多少生靈？破壞了多少無法挽回的環境？再這樣下去，地球最後的生命，絕對不是人類。」他說。

抱著悲天憫人之心，站在弱肉強食的現實世界裡，嚴厲地訓斥大家不可以欺負弱小——這段話，應該就是作家的內心世界吧。

出生年：一九三五年

出生地：宜蘭羅東

學　歷：屏東師專畢業

經　歷：曾任小學教師、記者、廣告企劃、導演等職。近年除仍專事寫作，更致力於歌仔戲及兒童劇的編導。

現　職：《九彎十八拐》雜誌發行人、黃大魚兒童劇團團長。

著　作：小說《看海的日子》、《兒子的大玩偶》、《莎喲娜啦．再見》、《放生》、《沒有時刻的月臺》等；散文《等待一朵花的名字》、《九彎十八拐》、《大便老師》；童話繪本《小駝背》、《我是貓也》、《短鼻象》、《愛吃糖的皇帝》、《小麻雀．稻草人》等。

理想的他者
虛構的鄉愁

——林韋地

張家銘 攝

林韋地在臺灣念國小六年級的時候，曾在全校同學面前上臺用馬來文演講，「我那時並不知道，這樣等於向全校其他小朋友宣示，自己是一個『他者』。」他說。彷彿，是為自己做了一個「他者」的預言。不久後，林韋地的生命便遭遇了巨大的轉變——隨著大浪奔流出海，他被沖進廣闊無邊的海洋裡，與岸上一切熟悉的風景告別。從此，在海與岸之間，不停地出發、留滯與回歸。

小學畢業的林韋地隨著醫師父母回到馬來西亞。數年後，父親再度來到臺灣，與朋友在雲林合開診所，而林韋地則因為念的華文獨立中學離檳城老家太遠，所以寄居在親戚家。這個四人小家庭，就此離散了。

「從我有記憶以來，就是以一個臺灣人的身份被養育的。所以，對許多馬來西亞的華人來說，來到臺灣，是離散；可是對我來說，離開臺灣，才是離散。」

「我對於『家』的回憶，永遠是臺北，永遠是信義路四段XX號四樓。」林韋地說。

「這裡對我來說，就是我的原鄉。」

林韋地對我侃侃而談他的「鄉愁」。他告訴我，自己回到臺灣時，有時還會跑去從前老家，站在樓下往上望；他在臺灣開第一家「季風帶」書店時，刻意選在從小長大的地方。

然後，他那一口「臺灣腔」——

「我的馬來西亞朋友，都覺得我比較像臺灣人。」他略顯失落地說。

這個被海浪不小心沖走的臺灣小孩，現在在新加坡樟宜機場擔任醫師。曾出過七本書的林韋地，是新加坡最重要的獨立書店「草根書室」的負責人，馬來西亞大將出版社董事，《季風帶》文學雜誌發行人，臺灣季風帶書店創辦人。他的身份是作家、醫師，也是文化事業經營者，工作版圖跨越數個季風氣候帶國家。

自離開這個島後，便在季風帶裡漂流了二十年，林韋地對我絮絮說起他的「海上生涯」。言語間，這個身高一八〇公分，有著一張淨白斯文的圓臉，穿著亞麻西裝外套的男人，在我面前倏地變成了那個瘦弱，戴著眼鏡的十三歲男孩。

那個男孩過的是一個臺北小孩可以擁有的最好的生活：父母都是醫師，自己常常擔任班長，有許多好朋友（國小同學、季風帶書店的店長陳官廷說，林韋地念小學時超級活躍的），受到老師和同學們的信賴。但是，就在一夕之間，天崩地裂，林韋地被放到一個語言、文化完全陌生的環境，遠離父母，寄人籬下。

「我的親戚也對我很好——可是，我看到他們一家人在吃飯——」他頓一頓，面露為難之色：「就不想和他們一起吃飯……所以我都一個人吃飯，一個人關在房間裡……」

「就這樣，走上一個人孤獨的道路。」他說。

文學安慰了這個孤獨的少年。念大山腳日新獨中時，他遇見馬來西亞著名的文人陳強華老師，在老師的鼓勵下開始寫作，得到花蹤散文與新詩新秀佳作獎。中學畢業後，擔任人文雜誌《向日葵雙月刊》的編輯，直到去英國念醫學系。

「我一直不停的移動，從臺北、檳城、吉隆坡（大學預科），到英國念大學，又到新加坡工作。」「不停地推翻過去的生活，重新建立一切。」

我問他為什麼選擇去新加坡當醫生？

他告訴我，也是因為臺灣。

那時候林韋地的女朋友來臺灣唸書，十九歲的女生要適應陌生的環境與離家的辛苦，於是已經在英國當醫生的林韋地想要到臺灣工作陪伴女孩。

「我跑了衛福部、考試院、教育部，都沒辦法。」林韋地在新加坡頂級的萊佛士醫院系統行醫數年，可是在臺灣就是拿不到證照，「在臺灣當醫生要國考，可是我是外國人又不能國考。」「我的父母都是臺灣的醫學院畢業，所以沒有這種問題。」四處奔波，不得其門而入，而女孩焦急不已。林韋地想，那就到新加坡工作吧，起碼「我可以從一個月來一次，增加成每週來一次。」

每個星期坐飛機「通勤」臺灣，但是情況並沒有好轉，遠距離戀愛還是失敗了，「對我很傷，很長的一段時間，她都是我書寫的主角。」林韋地說。

他的父親與母親在一九七四年到臺灣唸書，父親一直到二〇一四年才退休回到馬來西亞。從二十到六十歲，「爸爸一生的精華時光，都在臺灣了。」「我爸爸自認是『中（華民）國人』，他認同的中國，是孫中山要建立的那個國家，一個在歷史上從來沒有實現過的國家。」父親因為追尋孫中山的信仰，離開馬來西亞到臺灣來，「這樣的政治認同，在馬來西亞是非常非常少的。」

父親現在住在檳城，是位「鋼鐵韓粉」，每天收看衛星電視「中天」頻道。雖然隔著千山萬水，但是看到韓粉的政治集會轉播，父親會激動地對著電視機舉手大喊：「中華民國萬歲！」

政治立場南轅北轍的兩人，一見面總不免針對臺灣的政治局勢辯論起來，來一場「林家面對面」。「與鋼鐵韓粉聊當代政治，實在很難達成共識。每次講到快要翻桌時，只好一起高呼『中華民國萬歲』，鋼鐵韓粉就會原諒我這塊叉燒（粵語中依賴父母對社會沒有貢獻的青少年），出門去買飲料與食物回來給我。」

「所以，中華民國是鋼鐵韓粉與我的最大公約數。」父子兩人身在不同時空，分別愛著這個國家的過去，現在與未來。

有時候這個時空斷裂也會讓林韋地陷落。他告訴我，自己曾與一個小學同學在多年後相逢交往。「對我來說，她就是我小學一、二年級喜歡過的那個女生，是我臺灣記憶的一部份，在那個當下，我感覺到自己彌補了相識一、二十年的空白。我回到臺灣了，以一個新移民的身份。」

他也害怕，這是否只是自己對童年回憶的執著？一直苦苦抓著，不願意放棄的，那些原鄉的記憶？

而且女孩還活在虛構的「理想中的中華民國」裡，如同他的父親。

「是不是『理想中的中華民國』如果存在，我們就會在一起了呢？」他問。他與女孩的關係，有如時代的倒影，而這個島國彷彿是萬花筒，反射出五花八門的政治認同，而炫麗的諸色眾彩就是他們的人生故事。

二〇一八年，已經在新加坡經營「草根書室」的林韋地來到臺灣，與朋友們合作成立「季風帶文化公司」，代理星馬文學進入臺灣。不過，他們很快就發現，馬華作品會淹沒在通路中，書店陳列時，讀者甚至會以為這是來自中國的作品，難以對讀者更進一步的說明。為了解決這個問題，去年底他們開設了獨立書店「季風帶》，成為臺灣第一家以臺灣讀者為對象的東南亞主題書店。

我去他的「新家」拜訪他。新的「季風帶」書店，在一棟翻修過的舊式樓房裡。房子呈現長條型，店家層層疊疊一個套一個。一樓是賣文創商品的店家，我穿越擺著植栽的中庭，再爬上寬度僅容一人行走的樓梯，上二樓之後，穿過擺著幾張桌子的咖啡廳以及掛著布幔的走廊，心裡正想著，這也算是「曲徑通幽」嗎？突然間眼前一亮！自己已經走進了一間臨著天井，灑滿陽光的書房裡，原來「書店」就在最裡面，主人住的那個房間。

我環繞四周，「一間房間的家」，很擁擠的——華文文學、新加坡歷史、馬來西亞政治、東南亞情勢……各種內容型態的書肩靠肩挨在一起，應該眾聲喧囂，不過現在像安靜的小學生一樣低頭蹲在書架上，家長很滿足地左顧右盼，指著房間對我說：「這裡，就是我臺灣的家。」

「這幾年我所做的事，就是去尋找我年輕時散落在世界各地的碎片。」他睜大眼睛，喜孜孜地說著：「這裡就是我的守備範圍，季風帶就是我的守備範圍。」

有了家（雖然要坐飛機才能從家裡的這一個房間到另一個房間）的感覺讓林韋地不一樣了，過去他少年時期的文學作品多是個人的成長經驗，前兩年開始多寫政治、社會評論。

「我關心的，是所得分配是否公平，是否對下一代的競爭有幫助？」

他對守備範圍內的情勢極為關心，包括臺灣。林韋地和我談起今年民進黨的總統初選，過程鉅細靡遺，他笑著對我說：「如果我是臺灣人，就出來組黨了。」

身為馬來西亞華人，在自己的國家是少數族群，要讓路給馬來人，到臺灣變成比「外省還外省」的僑生，即使在英國或新加坡，很多事情上仍然會遇到「本地人優先」。林韋地從小就嘗盡在一個群體裡扮演「他者」的滋味。不過他說：

年輕的時候覺得這世界很不公平，對這一切感到頗為焦慮。後來年紀大了一點，才認知到這世界其實是沒有絕對公平這回事。

唯一公平的只有時間……隨著時間逝去，每個人都會有些經歷，於生命有所累積……回頭看所謂成就，就是看自己累積了什麼。

所以如果很喜歡一件事，那就一直去做吧，同一件事情，做久了就是你的。世界總會給你一個位置，無論你是什麼膚色，幾湯匙的華人血、印度血還是馬來血。

所以，他現在拼命去做。「拼命」這兩個字不是說說而已，林韋地告訴我，兩天後他就要飛回新加坡上班，十天後再回來，「為了排假可以來臺灣，所以我特地去值班時間比較長的機場診所工作，每天都排班十四個小時，然後到臺灣來繼續書店的工作，一個月工作三十天……」

為什麼要上十四個小時的班呢？我問。

「也是錢的因素……」他頓一頓：「因為我經營書店的資金，全部都是來自我工作的薪水。」為了維持書店的支出，他一天工作十四小時，一個月工作三十天，過著十九世紀的血汗勞工生活。

但是，林韋地笑瞇瞇地對我說：「我很感謝新加坡啦！（新加坡的高薪）讓我有能力可以在這裡投資，可以為臺灣做一點事情。」

他告訴我，在把「南方帶到臺灣來」之後，自己也已經在馬來西亞組織了一個團隊，要「把臺灣帶到南方去」，「我們要去巡迴擺攤，展售臺灣作家的書。」「在能力範圍內，希望可以為臺灣做一點事情。」

他興高采烈地說，透過文化，岸與岸、海與海連結的那一天即將來臨，當普世價值實踐，林韋地也不再是「他者」了。

出生年：一九八四年

出生地：馬來西亞檳城

學　歷：英國曼徹斯特大學醫學系

經　歷：草根書室執行長、馬來西亞大將出版社董事、《季風帶》雜誌發行人、臺灣季風帶書店創辦人、新加坡樟宜機場醫師

鴨母王譜寫抗暴物語
家政婦走讀臺南古都

——錢真

蔣銀珊 攝

錢真牽著小男孩，站在臺南街頭，怯生生地看著我（因為傳說記者會吃人吧）。一頭柔美的長捲髮向內捲著，吃風一吹，凌亂披在肩上，小碎花雪紡上衣、牛仔褲、膠底休閒鞋，都是實用的衣服。看得出來，她與化妝品疏遠已久。我提醒她：「我們要拍照，要不要補個口紅？」她取出口紅嘗試塗到唇上，無奈動作生硬，不管怎麼擦，牙齒都會吃到色。當我們放棄了化妝這件事情，聊了一會兒，她唇上的口紅終於被自己吃光，錢真燦爛一笑，那個清新可喜的少婦才宛然現身。

這幾年，錢真勤於耕耘歷史小說的領域且屢屢獲獎，難以想像這樣一個「時空穿越者」的真面目，竟是一個提著菜籃、牽著孩子，每日忙碌於柴米油鹽的主婦。她的歷史小說《羅漢門》是一個朱一貴與他的朋友們「搞武裝抗爭」的故事，在二〇一九年榮獲第四屆臺灣歷史小說獎佳作（首獎從缺）。

每日傍晚放學時刻，她都要去小學接孩子放學。她和孩子走的這條路，也就是朱一貴的政治路，我對錢真說：「那我跟妳一同走吧。」

原本是高中老師的她，隨先生遷居臺南後辭去工作，成為專職的家庭主婦。路上，我們講起「家庭主婦寫歷史小說的困難」，她嘆氣：「有時別人問我，為什麼還沒寫完，在忙什麼？我都感到難以啟齒。」因為，「我沒辦法告訴他們，我一直在『做家事』。」

做家事和帶孩子都是「要花很長的時間，做重複而瑣碎的事情，做完了又非常累」的事情。

「各方面的感官都衰損了，」錢真嘆息：「寫作使我復原。在那個快意恩仇的世界裡，可以暫時忘記自己是個家庭主婦。」

她的孩子，一個小學、一個國中，正是最需要媽媽，一個家庭主婦最忙的時候。錢真每天都被綁在離家方圓一公里內，接送小孩、買菜購物，哪裡也跑不了。

可是，就在這條路上，錢真彷彿憑空打開了一條時空隧道，我跟著她推推擠擠地走進去，就這樣走進了三百年前的臺南！

> 三百年前，有一群臺灣年輕人，為了反抗官箴不良的政府，武裝起義，最後攻入府城自立為王。領頭大哥是養鴨的，他的團隊成員有傭工、農民、流浪漢……沒有讀書人，也沒有一個是口袋有錢的。他們不畏艱難，自中國渡海

來臺，精力充沛，膽大包天，想幹嘛就幹嘛。對於橫征暴斂的統治者，他們直接抄傢伙給予迎頭痛擊。在那個拓荒時代，在這個被清朝官吏稱為「三年一小亂五年一大亂」的地方，有三十萬名臺灣年輕人夢想著自己當家，就這麼浪漫、莽撞、風風火火的起義了，「鴨母王」朱一貴與他的朋友們……

錢真帶我去看朱一貴挖武器的地方，他們都是兩手空空的傭工農民，衝入府城後第一件事就是去傳說中鄭經的火藥庫赤崁樓搬傢伙。

初秋傍晚，幾片陽光拖著晚風，像一張灑滿金沙的薄紗罩在赤崁樓頂，一個阿公坐在「文昌閣」的匾額下乘涼，他抬起滿滿皺紋的臉孔，很有興味地看著我們在前方欄杆旁又是拍照又是四處張望，他的小孫女就在我們身後跑來跑去玩耍著。

「我推測，這裡就是朱一貴來挖武器的地方。」錢真指著下面的大坑，告訴我：「據說赤崁樓的鐵鑄門額都被拆下來去鎔鑄武器。」

只要是臺南市民，逛赤崁樓都是免費的。每到傍晚，錢真總是會牽著孩子四處走走，也常常來這裡，這個四百年的古蹟，就是大家的社區公園。

我隨著錢真漫步，走出赤崁樓右轉，沒幾步便是個小學校。傍晚四點多，學生們都走光了，僅剩空曠的校園。遠遠望去，淡藍色的天空下，幾個孩子在紅色的操場上練習著。

「永福國小，就是臺廈道署的遺址。」她告訴我：「朱一貴初到臺灣時，曾在這裡擔任過轎役（抬轎的人），數年後，他攻入臺灣府，便定居在這裡。」

然後，我們朝向熱鬧的街道行進，一路走到民權路與忠義路口，錢真突然開口：「這條是『十字街』，是當時臺灣府治主要的街道，朱一貴一定也常常在這裡走來走去⋯⋯」

我們倆站在街口，接近下班時間了，車陣轟轟地湧出來，那時候朱一貴和他的兄弟們一定是大聲呼嘯著在這裡跑來跑去吧（畢竟是年輕人啊）。再過幾個街口，錢真帶我鑽進一條巷弄，穿過小巷，後面接著一個乾乾淨淨的小廣場，正面對著一座廟宇。

「這是大天后宮，我推測是朱一貴即位的地方⋯⋯」錢真輕輕地說，然後走到廟宇中央，雙手合十，低頭朝菩薩拜了拜。

這該是她的日常：每天牽著孩子，走著朱一貴也曾每天走過的地面，抬頭見到朱一貴也曾凝視的同一片天空——她可以輕易地感覺到，歷史不過是從臺江內海吹來的一陣風，吹過停靠在港邊的舢舨小船（船上寫著Bateau de Formose，福爾摩沙船），吹過朱一貴與他的兄弟們，經過了世世代代的臺南人，如今撲在她與孩子們的臉上。

走著走著，孩子熱了口渴了，我們找了一個路邊的茶攤坐下，錢真招呼孩子喝飲料，從隨身背包裡拿出紙巾揩揩他的嘴角，看著他嘻嘻笑著的小臉蛋，就是這樣的主婦日常。突然，她轉頭看我，凝重地說：「我是為了寫作，才辭職在家帶孩子的！」

我問她是如何蒐集資料的，她說：

「我本身住在臺南，跑嘉義、高雄、屏東也不遠，朱一貴事件相關人物的主要活動範圍正是我現在的生活圈。」

「遇到比較大的困難是，留下的史料多是清朝官方或傳統文人視角，有其稱頌的價值觀。」「幸好還留有朱一貴部分供詞和其他人的供詞殘件。」再加上線上資料庫、期刊論文、出版叢書，甚至個人網路平臺等等的來源，「很長一段時間，我做的都是偵探的工作。」錢真笑著說。

錢真是南投竹山人，母親是國中老師，父親是醫生，這樣一個小鎮上的模範家庭，卻在她國小六年級時驟然改變，父親血癌過逝，那時她最小的弟弟只有兩歲。

「常有人對我說，妳爸爸真可惜……」她低語。

「我媽媽為了養活我們三姊弟，白天上課，晚上還在家裡開補習班，非常辛苦。」身為長姐的錢真，除了幫忙照顧弟弟們之外，其餘的時間都拿來讀小說了，她沈迷於俄國小說家的世界，「尤其是屠格涅夫的《父與子》。」她說。

一九九五年錢真進大學，那是總統直選前一年，全臺灣都為「臺灣人第一次當家作主」在發燒，「我們社團決心要讀完市面上所有的臺灣史書籍。」她說。

他們用的方法很簡單，每個人讀一本，然後來為同學們「講書」。對於沒有任何史學訓練的年輕人來說，這方法雖然囫圇吞棗，這熱血的經驗卻是最珍貴的，雖然沒有辦法生出學術的花朵，卻讓這批年輕人產生終身的信仰，講述臺灣史從此成為錢真生命裡的一個信念。

「臺灣的歷史」裡面還有好多好多年輕的回憶。

「上大學的隔年（一九九六年）就發生臺海飛彈危機（為對抗臺灣總統直選，中國宣稱在海峽對岸部屬飛彈），學長說：『我們要有所行動！』」錢真對我微笑說著：「學長宣布：『我們要來燒五星旗！』」指示錢真準備道具。錢真一愣，提問：「可是五星旗要去哪裡買？」沒有人知道五星旗要去哪裡弄來，最後錢真只好自己畫一張，和同學們一同「帶去宵夜街的街口燒」。「大家（當時的路人大部分是學校同學）就在我們旁邊走來走去，好奇地看我們幾個人在馬路上燒東西。」

每個人年輕的時候，都有參與歷史的十分鐘，機會難得，錯過不再。只是每個人參與的方式不同，有人上街抗議，有人在路上燒東西，也有人揭竿而起，呼嘯過荒野，帶著兄弟們舉槍刺向統治者們的心臟，讓自己凌遲死亡前的吼叫，充塞這永遠不再的空間。

錢真寫的就是這樣一群年輕人的故事。

「我想要寫的，是這樣一個行動，如何改變了他們自己，在他們生命裡的意義。」她說。

錢真告訴我，這群三百年前的年輕人，是如何激勵她的。

「我每天都會帶孩子去公園，公園裡的聊天團體有和我一樣帶著孩子的主婦，也有阿公阿嬤帶著孫子。他們會來問我以前是做什麼的，我告訴他們我以前是老師，他們就會對我當主婦不以為然，會告訴我：『和孩子培養感情都是假的，錢才是真的』——要我趁還能賺錢時快出去賺錢……」

「然後他們又會問，妳沒有去上班，妳先生一個月賺多少錢呢？」對於阿公阿嬤一腳踹開大門式的提問，錢真只能無奈地回答：「是普通的薪水。」然後阿公阿嬤竟然扳起指頭算算她家的人數，就在公園裡當眾宣布了一個「很接近的數目」。

他們每見到錢真一次，就念叨一次，最後錢真忍不住想：「他是不是在否定我的生活方式？」

直到現在大女兒都念國中了，「從來沒人問過我的名字。」錢真說：「在學校也是○○媽媽，感覺自己已經一無所有了。」

「雖然知道自己立志寫作，但是沒有收入，也不知道會不會出版，常常前途茫然。」她說：「所以，當我寫朱一貴時，到後來已經分不清，是我在寫他，還是他在給我力量。」

朱一貴和他的朋友們可以是男性兄弟，也可以是女性的姊妹淘，歷史在這裡穿越了。

「我現在走在臺南的街道，腦中都會浮現三百年前可能的景象，想著三百年前朱一貴和他的結拜弟兄是這樣走過去，或是立在某個屋簷下，覺得自己其實是和他們生活在一起的。」錢真站在「十字街」路口，牽著身高不及腰的孩子向我告別，「有空來臺南走走啊！」她說。

車陣、人群湧來，母子倆便在我眼前消失在洶洶而來的歷史記憶裡。

本　名：錢映真
出生年：一九七七年
出生地：南投線竹山鎮
家　庭：已婚，育有一女一子
學　歷：國立中央大學大氣物理研究所碩士
經　歷：臺中市立人高中教師
獎　項：臺灣歷史小說獎、全球華文文學星雲獎歷史小說獎、打狗鳳邑文學獎、南投縣玉山文學獎、桃城文學獎、臺中文學獎

用設計「堅守」臺灣

——聶永真

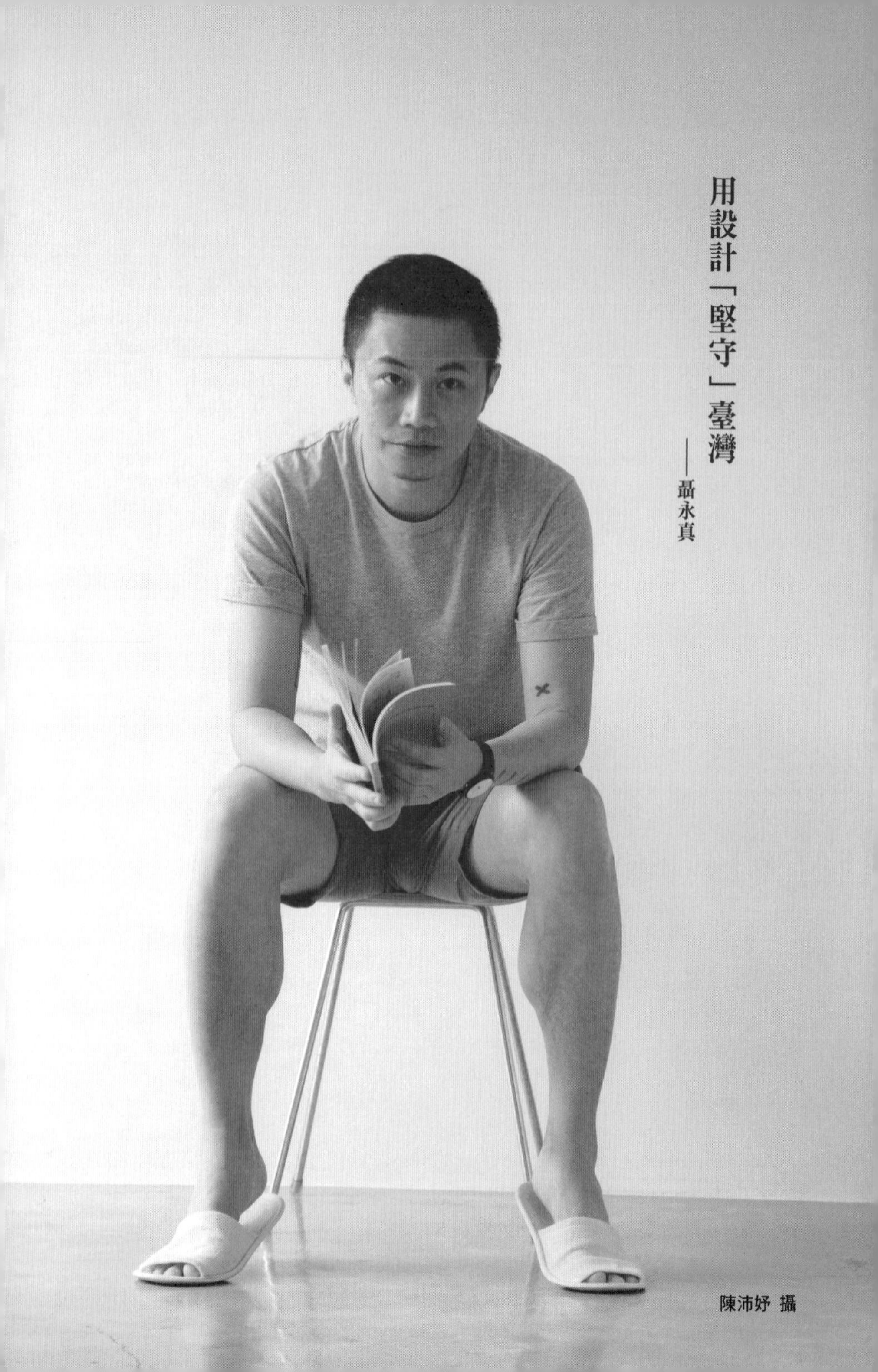

陳沛妤 攝

五月十一日，聶永真在臉書上發文分享自己的一張作品。標題是：「昨日——母親節——香港。The Hongkongs’ Mother’s day in 2020. Do take care, our friends!」（香港人的母親節，保重，我們的朋友們！）

長方形大圖分成左右兩塊，左端印上「Carrie Lam」（林鄭月娥的英文名字），大片「橘紅色」佔滿畫框；而另一端，則印著「Citizen Lane」（國際機場裡的公民通道）字樣，一條橘紅色的線條，橫貫畫面。構圖簡單、震撼。

他說，前一天晚上臨睡前，躺在床上滑手機，看到這條新聞：香港網民在母親節發起和平抗議行動，許多十幾歲的孩子在馬路上被橘紅色的紅龍圍捕、抓走，他們的母親徘徊在警署外；同一時間，特首林鄭月娥在臉書上貼出兒子從英國寄來給她的母親節禮物——一只橘紅色的皮包。

同樣的橘紅色，「好像是兩個世界。」聶永真說。

他跳起來，五分鐘內做完這張圖，貼上自己的臉書，「我希望更多臺灣人關心香港。」他說。

許多香港網友在這篇發文的下面留言：「thank you for standing with Hong

Kong。」

路見不平，WHO can help?（誰能相助？）

聶永真總是拔刀跳出來，讓這樣的高貴情感一瞬間傳達到我們的心裡。

聶永真是臺灣的代表性平面設計師，二〇一二年入選瑞士國際平面設計聯盟「AGI」會員，得過多次金曲獎最佳專輯封面設計，也是蔡英文二〇一六年總統競選官方視覺、競選專輯，二〇二〇總統就職紀念郵票、紀念酒的視覺設計師。

二〇一四年太陽花學運時，聶永真製作群眾募資的《紐約時報》全版廣告。今年，他與阿滴、沃草共同創辦人林祖儀、迷走工作坊張少濂及YouTuber張志棋，共同在嘖嘖募資平台發起「刊登《紐約時報》全版廣告：臺灣人寫給世界的一封信」。

僅僅在一天之內，有近兩萬七千人按下贊助鍵，網站甚至一度當機，迅速募得2千萬元新台幣。

然後，我們就看到這幅廣告。

WHO can help?

Taiwan can help.

簡單的構圖，簡單的一句話，讓所有的臺灣人在看到的一剎那間，熱淚盈眶。作為一個被世界上大多數人否認存在的國家，我們能夠幫忙，我們值得被尊重。

聶永真的故事，就是臺灣人的故事。

五年前，聶永真將工作室從大安區搬到民生社區，因為「原來的空間的東西實在太多了，已經滿到一種無法整理的程度。」聶永真說，「這裡其實和我們近年的設計風格很接近，即使有繁複的細節，也希望將整體收得乾淨一點，不要給人太大的壓力。」

我環視四周，空間潔淨極致如同畫布，家具陳設像是一些精確地添上去的線條。全屋玻璃隔間，一抬頭便可以清晰地看到：天井裡，幾只花盆伸出小樹枝；陽台外的公園草地上，兩隻大狗忘情地滿地灑歡兒；遠一點的地方，飛機轟隆隆地劃過藍色的天空。會議桌椅都是自己設計的，據說是得意單品，純白流理台面板，下面長出細瘦的四隻腳；這極具線條美感的椅子，讓我不由得擔心起來，自己是否會把它坐垮了？或是受訪者真的能夠坐在硬板凳上，維持拍照姿勢幾個小時嗎？左思右想，站在椅子前躊躇著，聶永真對我伸出手，往前虛虛一擺，笑盈盈招呼，「坐啊坐啊。」

事實證明，聶永真毫無問題，幾個小時裡，他維持固定姿勢，儀容、聲音沒有一絲改變。

「我在這個業界的價值就是提出好的東西，更好的美學與品味。」

「如果有一天，我真的創作力不再，我馬上退休，消失在大家的面前。」

他說，自己看過許多曾經轟轟烈烈的大師，過了創作巔峰後的「滑跤」作品，每一次看到這些「滑跤」，聶永真就會想，「我會不會滑跤呢？被批評呢？」

「我寧可停在最好的時刻。」

採訪過程中，有三分之一的時間，聶永真在做自我反省，「我配嗎？我怎麼配被稱為是那麼有名？」

他做過很多歌手的包裝，看著這些歌手從「起來了」、「紅了」到「停了」，「這件事情對他們是一種折磨。」

「所以我提前心理建設。」他說。

聶永真今年四十三歲了，可是皮膚仍然水潤，看起來比實際年齡年輕個七、八歲，中等身高、身形彪壯，日常穿著簡單但有設計感的素色T恤，短袖裡伸出兩隻肌肉線條明顯的手臂，上面有許多刺青。

左手臂外側刺的是一排釘子，長長短短各模各樣，整齊地排成一列，「這是IKEA的型錄。」聶永真說，「我覺得這張圖很好看。」

手臂翻過來，肘彎裡是一張線條素寫。

聶永真告訴我，這幅圖的創作者，是個外國女孩，「她畫了很多圖擺在攤子上，等待想刺青的客人選擇，這一張是她畫壞了，不要的，但是還是擺在那上面。我覺得很好看，就選了這一張。」

上半部是張臉孔，線條朝下延伸，到了末端成了一只陽具，接著，她用筆上上下下地想要塗去，卻成了一團線條，纏繞住這個人。

右手臂上一個更大的，似人頭又似骷髏，「這也是她畫的。」他用左手指著。接著，雙手握拳對緊，翻過來露出拳頭下的指窩，送到我的眼前；指間裡刺著兩個荷蘭文，左手是「houd」，右手是「vast」。

「這是『堅守』的意思。」聶永真說。「荷蘭的水手，祝願自己能握緊船舵，便在指間刺下這個字。」聶永真站在工作室的中間，打開雙拳，握緊虛空中那支人生的舵，笑瞇瞇地說。

聶永真的父親是原籍廣東的老兵，四十多歲才結婚生子，退伍後，夫妻倆在工廠當作業員，一直做到退休。退休後，擺攤賣水煎包。

父母忙於生計，「他們從來沒有明示、暗示我長大要做些什麼。」聶永真說，所以他要讀什麼科系，做什麼工作都是自己決定的。

捨不得買玩具，便以畫畫當遊戲，一張圖畫紙一塊錢，母親買100張讓他們畫個痛快，「媽媽會帶我們去臺中公園寫生。」聶永真說。

高中念職校，「不知道為什麼美工科都在比較貴的私立學校」，家境不允許聶永真念私立學校，他最後選了臺中高工裡「看起來可能與畫圖相關」的「機械製圖科」。「我就注意有『製圖』，忽略了『機械』啊！」他笑著說。

雖然這個「畫圖」指的是「畫工程圖」，不過聶永真覺得，高工三年扎實的訓練對他日後幫助很大，「我的識圖能力非常好，」他嚴肅地說，他能夠看透物體的結構，將任何立體的物品精準地平面化。

誤打誤撞，聶永真高工時卻成績拔群，在大學甄試中獲得全國第四名，因此進入北科大工設系。

「北科大工設系是做工業設計的，是做產品，可是我的平面設計雖然很好，模型卻做得很爛。」

系上成果發表，他的背板做得極為出色炫目，但是，背板前的模型——也就是要展示的成果，「和其他同學比起來，簡直是一團爛泥。」他搖頭。那一刻，聶永真就知道自己沒有走這行的天分了。

「我打電話去臺藝大問有沒有轉學考？他們說沒有，所以我除了重考外，就沒有別的路了。」重考對聶永真的家庭來說是個負擔，「所以，我先去跟重考班殺價，我跟補習班說，我全國甄試第四名一定會考上的，可以當你們的榜單。」最後，補習班同意只收材料費七千塊，聶永真才打電話回家告訴爸媽自己要重考，他說的是：「只要七千塊就好，七千塊就可以重考了。」

我問，那麼，是教授啟蒙了你的設計之路嗎？

「不是。」聶永真搖搖頭，告訴我：「是我妹妹。」

重考那一年，念室內設計的妹妹借給他一本學校帶回來的課本「基本設計的元素」。

聶永真看得津津有味，「我第一次知道，哇！設計可以這麼美。」這本書上的每一個範例都讓他開始想「如果是自己，會是如何如何做」，於是，聶永真下定決心成為一位平面設計師。

畢業出道，聶永真做唱片、做書，以驚人的質與量快速竄紅。他擔心自己資淺，推了一個工作後以後就沒有人找了，所以只要能接的案子都接，每個月平均有4、5張唱片，三、四本書，若干海報，工作量驚人，即使找了也同樣作設計的妹妹幫忙，仍然感覺到被榨乾。

這樣的生活過了十年，直到三十五歲，他終於覺得「經濟過得去」，「心理健康也非常重要。」第一次推工作，對客戶說「不」的時候，「感到鬆了一口氣。」「終於可以在一個好時間（比較寬鬆）內（把作品）做完，可以也喜歡自己的作品。」聶永真說。

我問他，至今為止，這一生最美好的時光是什麼時候？

不是功成名就的時候，出乎意料地，他羞赧地笑了，「當然是國中、高中啊。」「那是戀愛的時候。」聶永真笑瞇瞇地說，「而且是，純純的同性之愛喔。」

他曾經公開談過自己的性別啟蒙，國小時就知道自己喜歡同性，國中更明顯。上大學後，念北科大的聶永真跑到臺大參加BBS「Gaychat」版聚，「北科大竟然沒有同志版！」於是他創立了「同性之愛版」。也做小報刊，當時《破報》、《島嶼邊緣》都有酷兒相關訊息，聶永真就把報紙派到系所的公共空間，「沒有資訊，就來開拓啊！」

設計系、唱片圈、文化圈等等，都算是同志的舒適圈，所以，當他在網路上聽到各種反對聲浪，「哇靠好心碎！」

二〇一八年公投結果，讓聶永真發現，原來平行世界是這樣的，大部分人否定自己存在的現實，他意識到，友善的舒適圈不是人人都有，對某些人來說是一種奢侈。

大多數的人都想要否定你的存在，這不就是臺灣的處境嗎？

這些年，聶永真以設計參與了許多公共議題，從太陽花一直到最近的香港母親節。

我問他，公開表態對工作、生活有影響嗎？

他坦白地對我說，太陽花之前，他有時也會做到來自中國的案子，「後來就沒有了。」

中國小粉紅在網路上群起攻擊，

「我們工作室的伙伴都很敢。」

「我們更在意認同。」

「自由民主的社會裡，人不應該被政治壓力拘禁批鬥。」聶永真說。

這幾件作品在臺灣家喻戶曉，聶永真逐漸成為意見領袖，一個年輕人的ICON。不過他說，這些都算是社會參與，不屬於他個人，「我做紐時兩次（一次太陽花，一次WHO），沒有把它們放進我的作品集裡，也沒有拿酬勞。」

「我就是來幫忙的，我是服務大家。」聶永真嚴肅地說。

這句話，讓我忍不住震了一下，因為，他能夠幫忙。

WHO can help?

Aaron Nieh（聶永真）can help.

這不就是臺灣人想說的話嗎？當大多數人都想要否定我們的存在時，我們能出手幫忙，我們值得被尊重。

「做這些事抗壓性要夠大，」聶永真又開始習慣地自我反省起來，喃喃道，「因為也會有反面的聲音，議題越大強度越大……」

他停了幾秒，追求尊嚴永遠不是一條簡單的路，但是，不會是一條寂寞的路。

「我們還是會被比較大的正面（回應）鼓勵到啦！」在滿地的陽光裡，聶永真羞怯地笑起來。

出生年：一九七七年

出生地：臺中

學　歷：國立台灣藝術大學應用媒體藝術所、安特衛普皇家藝術學院圖像設計碩士預班；倫敦大學金匠學院計算藝術所肄業

經　歷：永真急制工作室負責人

輯二

政治與傷與愛

「好好活著」是一種人權

——鄧惠文

蔣銀珊 攝

我是阿嬤（外婆）照顧長大的。我們住在寧夏夜市裡的一棟老房子裡，門在一樓，我們住在二樓。小時候，我經常會聽到有人在樓下喊：「歐巴桑、歐巴桑，干有抵ㄟ麼（你在嗎）？」，然後我就會下樓開門。

那些都是街坊鄰居婆婆媽媽，來找我阿嬤。

你會聽到那個帶著期待的（呼喚歐巴桑）聲音，要來找一個她們信賴的長者聊聊。她們可能帶個小糕點，或是水果，一坐下來，（和阿嬤講的）第一句話總是：「歐巴桑我甲妳講，伊那按奈沒良心！」

有的是與婆婆吵架，有的是兒子不孝頂撞、丈夫沒回家、或是丈夫聞起來香香的，跟她的香味不一樣……等等。我阿嬤就會安慰她、開導她，然後，她們一邊流淚一邊說：「歐巴桑，妳真好，像阮媽媽……」最後，這些阿姨們要離開時，會過來摸摸我的頭，便很開心地走了。

這是鄧惠文記憶中的阿嬤，一個昭和時代出生的「歐巴桑」、增進人類內心力量的「社區型超級英雄」。

也是，我眼中的鄧惠文。

我在咖啡廳裡訪問鄧惠文，她講到一半，突然停頓下來，看著我的身後，問我：「後面那位是妳的朋友嗎？」

我轉過頭去，看見一位穿著幹練、妝容精緻的熟女，在冬天，被溫暖的陽光吸引了，帶著期待又崇拜的眼神，愣愣地走近我們。直到和我們四目相對，熟女才清醒過來，發現自己已經走到我們攝影機的範圍裡。她尷尬地道歉後退，眼睛卻仍然盯著鄧惠文，欲言又止。

女人也是寧夏夜市的阿姨們之一吧，在人生的坑洞裡跌跌撞撞的時候，看見了另一個可以信賴的女人。

鄧惠文是心理醫師，也是暢銷書作家、節目主持人，十多年來出了十幾本書，跨越伴侶、情侶與親子關係。在一大堆討論「為什麼他／她不愛我」的兩性談話節目裡，鄧惠文總是能溫柔地剝開這些芭樂，直指核心，告訴大家：「問題不在於『為什麼他／她不愛你／妳』，問題是『你／妳為什麼會掉進這個處境裡』。」

我們看到她苦口婆心，叮嚀再叮嚀，做人要「瞭解自己、掌握自己，從自己的內心找到力量；尊重他人，不要把陰影罩在別人頭上，強迫別人配合自己的方式過日子。」她的音線厚實，像一雙溫暖的手接住墜落的我們——像阮媽媽——其實，鄧惠文比大部分人的媽媽更講情、更講理。

講情講理，說穿了，也就是民主生活的素養，讓公平正義穿透私人場域。過去十幾年來，與其說鄧惠文是醫師作家，她更像是一個勤奮的「倡議者」。

「我一直在說的是，人應該要怎樣活著。」她說。

二〇一九年十一月，鄧惠文宣布成為綠黨不分區立委候選人。在參選聲明裡，她說：「深層的心理苦痛，並非歸咎於個人生命歷程的不幸，而是源自於整個時代文化的脫落失序所致。」

醫生救人，也淑世，鄧惠文的心中有個「終極的美的價值」，那是一個幫助別人的典範，「就是我的阿嬤，」她說。是阿嬤開啟了這個亞馬遜家族（Amazons 亞馬遜人，宙斯所創造，以保衛人類為使命的女戰士族）的故事。

「我是在一個，都是女人的家庭裡長大的。」她告訴我。

「是阿嬤叫我要當醫生的。她說我將來長大可當醫生，或者當律師。為了這個問題，她考慮了很久。後來阿嬤告訴我，我的個性會想要去幫助別人，如果當律師，可能會遇到不想要幫他辯護的人，還是必須幫他辯護，我就會很痛苦。」

阿嬤從不施脂粉，一襲長衫，頭髮梳得滴光，在腦後盤成一個髻，永遠自我要求有一個長者的儀態，鄰里都很尊敬她。

威儀的阿嬤，是一個在人生的碎石瓦礫裡站起來的女人。

「二戰時，外公去日本進修，遇到戰亂失蹤了，那時候阿嬤帶著四個孩子，肚子裡還懷著我媽媽。」「她三十多歲失去丈夫，一個女人養大五個孩子。」

阿嬤聰慧又會讀書，是第三高女（今中山女高）畢業。在日本時代，這是臺灣女孩所能得到的最好教育。失去丈夫後，隔壁的醫生十分同情她的遭遇，招阿嬤參加「助產士訓練班」。於是，阿嬤成為一位助產士，巡迴於鄰里，幫助女人們度過生命的難關。

鄧惠文的媽媽是遺腹子，鄧惠文與妹妹在五歲時失去父親。我想，苦過的阿嬤一定是不忍女兒辛苦吧！於是，阿嬤扛起照顧鄧惠文與妹妹的責任，讓媽媽出門工作賺錢養家。「在我家，我媽媽扮演的是傳統爸爸的角色，阿嬤扮演的是家庭主婦的角色。」鄧惠文說。

雖然家中沒有「父權」，「但是，父權是無所不在的，我們是很辛苦地在這個父權社會翻滾著，感覺到整個社會都在歧視我們，要去面對人家看到我們就會說：『好可憐沒有爸爸』，這樣子長大的。」

她告訴我幾件事。

「小學的時候，家庭聯絡簿的第一頁是家長欄，我填的是母親的名字。有一天被一個同學看到了，他大聲嚷嚷，於是同學都來圍觀，大家七嘴八舌地對我說：『家長要和妳同姓，這不是家長……』」

「我念北一女的時候是資優生，同學會用非常關心、非常好意的語氣對我說：『沒想到單親家庭也可以有資優生喔。』」

孩子們長大辛苦，媽媽單槍匹馬地在社會上搏鬥，更加不容易。

「我媽媽是做鰻魚生意的，因為小偷會來偷魚苗，所以她常常晚上要去巡魚苗。有一次，她工作到非常晚，早上四、五點才回到家，可是我們這棟社區的停車場已經鎖起來了，她沒辦法把車停回家。後來，我媽就在管委會開會時提案，希望建立一個機制，讓晚歸的住戶也能停車。」

「管委會的人就說——一個家裡沒有老公的女人，還是不要半夜回家比較好。」鄧惠文停了半晌，「我們體驗了，太多的父權傷害！」她說。

這個家，全靠著阿嬤那股不移的穩定力量，讓小舟能在風雨中乘風破浪。鄧惠文曾經描述過這種女性的能量：

一個女性，一生中有很多機會，經歷人與人之間最深刻的連結，比方說，為人妻、為人母、為人子女。女性在我們的社會文化當中，還是對人的情緒比較敏感，所以我們看到的人際間的風景，還是比非女性多一點。這些東西都會成就女性人生中很深的智慧。所以，如果有一個活得很自覺的人，活到老。一個老奶奶，會讓人感覺到很強大的安定力量，對我來說，那是內涵與氣質的極致。

作為一個女生，人生的第一個體悟經常是「因為妳是女生所以很多事不能做」，可是，在這個家裡，鄧惠文得到的是全面的支持。

「我從小受到的教育是，沒有什麼事情是女孩不能做的」，「我家的長輩給的是無條件的支持，即便我要做的事情她們感覺到很陌生。」她說。

這真是超越時代的性平教育。

「我的阿嬤聽到妳這樣說，她會很高興，」鄧惠文笑起來：「因為，她一直覺得自己超越時代。」

「性別平權首代阿嬤」教出來的女孩，天生便帶著亞馬遜人的氣質。

鄧惠文念醫學系時，第一次感覺到自己的不同：「有一天我和一個男同學在教室後面討論一個活動，兩人討論得很大聲，沒注意到已經上課了，老師走進來後便斥責了我們。我回到自己的座位後，旁邊的女生對我說：『哇！我第一次看到一個女孩子這樣（對男生）說話。』」

「我並不是和那個男生吵架啊！只是很認真地討論事情而已。」

這讓鄧惠文意識到：啊！原來，自己的同學（也是醫學系的女生），是處在這樣的社會架構裡。

研究所時，鄧惠文的論文題目是「憂鬱症論述的性別政治」。她說，這個社會把女性的不快樂「變成一種病」，「事實上，那可能是結構的問題，妳換個環境就好了。」

她告訴我，自己剛開始當精神科醫師時，在醫院開女性成長團體，招募了十幾個成員，每一、兩週，大家聚會一次。

我印象很深刻的是，有一位平常在家裡不斷承受老公情緒暴力的女性說，她很少出門，出門都是為了家人，侍奉公婆、照顧小孩等等，這是她第一次克服自己，為了自己而出門。

作為一個心理醫師，我看過許多的女性個案，她們的故事在我心中激起波瀾。

女性成年後，罹患憂鬱症的機率是男性的二到三倍，平均每四個女人就有一個曾經憂鬱。

「為什麼這些善良、努力、充滿潛力的女性不能快樂呢？」

十幾年前，鄧惠文便在書中提出這個問題。她給予自己使命——「撫慰、照顧這些需要幫助的人」，踏出天堂島（神話中亞馬遜族的居住地），出書、上節目，將困難的心理學專業轉化成通俗的語言：

十年前，我出來試圖用通俗語言與群眾講述我所學到的東西，我是被同行輕視的，他們認為，一旦我的對話對象是大眾，我就沒有高度。但是這十年來，各行各業的人員逐漸意識到，若是我的專業沒人懂，那麼我專業的使用率就會降低。

現在還有同行找我上課，想跟我學習如何說話。

遇到女英雄，我忍不住滔滔不絕自己從小遇到的各種父權壓迫，忿忿地說著，很多時候壓迫行為的真正執行者與啦啦隊都是女性長輩，婆婆媽媽……

聽到這些話，鄧惠文嚴肅地看著我，說起「陳佩琪」。

前些日子，許多婦女團體質疑柯文哲沒有做家事，示範了一個不公平的夫妻關係。（他的太太）陳佩琪回應說：「難道（柯文哲）急診到一半，我叫他回來洗碗嗎？」

許多年輕女性對陳佩琪的回答都十分不滿，可是，鄧惠文是這樣看待這件事的：

（性平運動裡）最重要的是尊重，其中，也包括尊重與我們不同成長脈絡的前輩女性，不要去質疑對方的成長過程，在進步開放的過程中，我們也要（養成）互相尊重的習慣。

她舉了一個例子。

「我女兒大概兩、三歲的時候，有一天我帶著她等電梯。有一位歐巴桑也來等電梯，女兒向她打招呼，歐巴桑很高興，對她說：『妳好乖，會招弟弟。』」

「後來女兒問我，媽媽，為什麼她說我會招弟弟？」

「我對女兒說，因為，那個阿嬤想把最好的東西送給妳，她覺得『弟弟』是一個很好的禮物。」

「可是，每個人的心中都有不同的好禮物。」

聽到她教孩子的這段話，我的身體不禁震了一震！尊重人，包括與自己想法不同的人，真誠善意地去瞭解他們的想法起源。這不就是一個能夠彌平仇恨，幫助這個島嶼上的居民們解決爭執，一起向前走的方法嗎？

過去，鄧惠文彷彿是困境女性的燈塔，在寒夜黑海帶給大家光與亮。現在她出來選舉了，拯救對象一下子擴張為全臺灣的人，我問她想要為這個時代帶來什麼？

「好好活著，是一種人權。」她說。

「很多人都以為，來找我諮商的多半是女性，事實上也有許多男性。」因為，時代的失序，帶來普遍的苦痛，「人有時候會不能承認自己有一些需求，而那些需求不能被滿足。」鄧惠文的方式是，「他必須提出來，如果對方也不能給，那麼要去討論如何處理這個失望，協調一個對話的方式。」

瞭解自己，尊重他人，然後，協調、對話、前進——這是鄧惠文帶領大家往前走的方式，也是處於分裂爭執的島國人民的一帖藥；吃下去後，我們便可以安心過日。

訪問的那一天濕濕冷冷，但是鄧惠文一身紅毛衣，非常穩重地坐在那裡，看起來熱呼呼地溫暖著前來求援的人。許多人向她傾訴困難，我彷彿可以聽到那些帶著期盼的聲音在空氣中迴盪著：「醫生、醫生，妳在嗎？」。

那是阿嬤在三十多年前給鄧惠文的一份禮物，她為小女孩許下願望。「阿嬤對我說：『妳當醫生好了，妳可以去救所有的人。』」

然後，鄧惠文就當了醫生，現在正要去救所有的人。

出生年：一九七一年

出生地：臺北市

家　庭：已婚，育有一女

學　歷：臺北醫學院醫學系、臺北醫學大學醫學人文研究所碩士、英國塔維史托克心理治療中心與伴侶關係研究中心進修、美國國際心理治療機構培訓

經　歷：臺大醫院精神部總醫師、萬芳醫院精神科主治醫師

現　職：臺大醫院精神部兼任主治醫師、榮格分析師、作家、廣播主持人、綠黨提名不分區立委第一名

著　作：《我不想說對不起：鄧惠文給孩子的情緒成長繪本》、《婚內失戀》、《愛情非童話》、《不夠好也可以》、《學習，在一起的幸福》、《解開愛情的鈕釦》等十餘本

小燈泡於此恆亮
——王婉諭
張家銘 攝

小燈泡離開後，許多人將送給小燈泡的布偶、娃娃，放在她過世的現場。有人跑到靈堂提醒王婉諭，說堆在路邊的東西太多了，請她趕緊想辦法處理。後來，王婉諭透過朋友的幫忙，將超過一千隻的娃娃送到各處，其中一部分去了花蓮的五味屋，那是一個以銷售二手物品來幫助偏鄉孩子的據點。

五味屋每年會有一個時間，讓孩子先到臺大通識課程經驗分享，之後再由接待大使接回家住一晚。去年來到王婉諭家裡的是兩個小男孩，今年她再次報名住宿大使，當時的她還沒有參選的計畫。現在開始選舉了，每天都忙得不可開交，但她還是很堅持要接待這些來自花蓮的小朋友。

來到王婉諭家裡的孩子叫做小悅，是個辛苦的孩子。因為家庭因素，十四歲的她一直在安置機構與醫院間進出，然後被轉介到五味屋來。

王婉諭說，女孩非常乖巧，自己帶了盥洗用品，還帶了泡麵與泡麵碗來，泡泡麵請他們吃。小姐姐來了，家裡的三個孩子都非常興奮，第二天早上，王婉諭帶著孩子們一起出門吃早餐，然後開車送小悅去火車站坐車回花蓮，才開始一天的選舉行程。

對於一個候選人，這樣的行程似乎是不可思議的，不過王婉諭一臉的理所當然，因為，這就是她的日常。

王婉諭宣布參選後，網路上出現攻擊她的留言。有人說：「臺灣不需要另一個洪仲丘姐姐」，也有人質疑她用「小燈泡媽媽」名字辦宣傳活動。我問她這件事，王婉諭對我苦笑了一下：「我本來就是小燈泡的媽媽。」

「在參選以前，我也到處都看見反對（我的意見）的人。」「現在反而有許多支持的聲音會出來。」王婉諭說。

許多人留言鼓勵她，王婉諭張大眼睛瞅著我，輕聲地說：「有被安慰到。」

小燈泡過世三年了，但是大家都沒有忘記她。直到現在，只要提起「小燈泡」，仍然會引起臺灣人內心最深處的疼痛。

二〇一二年到二〇一六年，臺灣連續發生了四起隨機殺人案：

二〇一二年曾文欽湯姆熊隨機殺童案、

二〇一四年鄭捷捷運隨機殺人案、

二〇一五年龔重安北投文化國小隨機殺童案、

二〇一六年王景玉內湖隨機殺童案——

這些案件，讓臺灣民眾陷入嚴重恐慌之中。

受害者小燈泡只是個孩子，兇手手段更顯殘虐。而王婉諭夫妻是這個國家過去五十年來竭盡一切想培養的公民——高等教育，任職科技業，愛孩子，愛環境，有進步思維——但，悲劇卻毫無預警地降落在他們家，於是，整個社會崩潰了。

在社會翻騰之時，受害者家屬王婉諭的表現又令所有人驚愕不解。我們看到她在媒體前忍著淚水，沒有激情哭喊，沒有瘋狂指責，反而疾聲呼籲大眾，重新省思這類案件所牽引出的社會問題。

兇手王景玉的律師薛煒育曾經描述他所觀察到的小燈泡父母：

本案被害人家屬的痛苦的程度，絕對不是我能夠體會的，但是，本案被害人家屬從一審開庭，就明顯讓人感受到他們努力克制自己情緒的展現，很努力地表達他們的訴求。希望可以從王景玉的成長史與疾病史，找出犯罪心理機轉，並請求政府提出對策，希望避免將來在發生同樣的憾事。那種努力抑制自己的情感，而試圖讓這個案件能夠為臺灣社會帶來其他意義的做法，我個人真的非常敬佩。

我和王婉諭約在時代力量前秘書長陳孟秀的律師辦公室。小燈泡出事後，陳孟秀主動打電話給王婉諭擔任她的義務律師，一路陪著他們直到現在。

小燈泡的案件卷宗都放在這裡，工作人員熟習這案子的一切。看得出來，大家都想多疼惜這個媽媽一點，輕聲說話，努力微笑——可是，王婉諭坐在大大的會議桌旁，長西裝裹著瘦小的身軀，面容慘白，全身上下籠罩著毋須說明的巨大哀傷。

她剛剛結束今天一天的行程，垂著眼睛慢慢吃著面前的冷便當，只有偶爾電話響起，她接起電話問著家中孩子的事情時，那雙眼睛才活了起來，稍微有點生氣。

因為選舉，近來王婉諭都在外面奔波，所以三個孩子先請鄰居媽媽照顧。我聽到王婉諭對著電話那頭的孩子問「玩手機時間」的事，那是每個媽媽的日常。

全國人民都很關心他們一家人的近況。王婉諭告訴我，事情發生前，老大小蝌蚪在小學是模範生，還得過「孝親楷模」（王婉諭說：「這很奇怪啊！學校為什麼選她當孝親楷模呢？」）。可是小燈泡過世後，學校安排小蝌蚪作心理輔導，「她說她不想談，談這件事情對她來說是很大的壓力。」於是，小蝌蚪便開始在家自學了。小蝌蚪在家自學，小海豹、小鯨魚也一起在家自學。

「我們每年申請一次，每次申請前都會全家開會，大家講意見，一起決定下一年還要不要繼續申請。」「我們會討論上學的情況是怎麼樣啦，在家裡是怎麼樣啦，也會帶他們去學校參觀。」就連五歲的小海豹、小鯨魚，在會議桌上都有「一席之地」。

因為孩子自學，所以王婉諭參加了自學團體，自己也教自學團的孩子們數學、烹飪課。「為了幫孩子們上課，我會特地去學習。」王婉諭說，自學媽媽其實是「自己一起學」的媽媽，「沒有一個人是完美的，所以我們都會跟孩子說『大家一起去試看看』。」

「所以有很多『失敗的討論』。」她說。

但是，這幾年確實很難熬。王婉諭嘆了一口氣：「我們家長自己都很困難。」

王婉諭坦言：「有時陷入低潮，我就會對他們（三個孩子）說：『媽媽現在不太好。』然後把自己關在房間裡獨處。」

我問她，那麼爸爸好嗎？

「就起起伏伏。」她抬頭看著我，眼珠子瞬間罩起一層霧，「他有時候會夢到她（小燈泡）。」豆子大的眼淚便一顆顆的滴落。

「但是我們都願意撐住，想再多努力一下……我有時候狀況不好，就會告訴他，我現在的情況不好。」

「是他勸我出來選舉的——」

「找我選舉時，我第一時間是拒絕的。後來我先生鼓勵我，他覺得這個角色（從政、從事公共事務），比一個受害者的角色（好）……我先生說，如果我去參與（選舉），他也會感到舒服……我想，如果這樣讓他好過一點，我也願意去做。」

可以想像，這三年來「受害者」的身份和心情是如何折磨著這一家人。眼淚，不停流著。

桌上擺著面紙盒，王婉諭抽出面紙擦拭乾眼淚，娓娓道出這幾年自己的轉變。講著講著，眼淚重又湧出，手上的面紙已經濕透了，只好再抽一張。

「我連交通違規都沒有過。」「事情發生後，義務律師打電話到我家說可以來幫忙我，我還問她：『有需要嗎？』」她以為，犯人都已經抓到了，事情不是就已經結束了嗎？殊不知，這才是漫長的法律路的開始。

「這幾年，我經歷了許多事情……」許多過去不曾在她生命中的人，一個接一個出現。

現在的王婉諭，「本質上還是我，但是變成一個不冷淡的人。」她說：「以前的我看到別人跌倒會關心，但是我會覺得，反正我也改變不了什麼。」

這一切改變，都是因為那一天。

「那一天，（小燈泡被殺害時）我是一面拉住被告，一面大聲呼救的。在那幾分鐘間，我可以感覺到有車子停下來看看我，然後又開走了。那一剎那，我感受到被

『冷淡對待』了！」

「以前，那些高官、政治人物，我覺得是離我很遠的，跟我有距離的，但是他們（事情發生後）會來抱抱我、握握手。」（去家裡慰問）

這些遠在天邊的人一旦近在眼前時，感覺更差。

「比如說，有（大官來慰問）時說，這事情發生在巷子裡——可是，不是啊！這案子是發生在大馬路上；又或者是來到我家，但是叫錯孩子的名字。」

接著，王婉諭親身體驗司法的煎熬：「第一次開庭，檢察官問我對量刑有什麼看法？我說：『我沒有冒犯的意思，但是我根本不知道他（被告）怎麼了，我怎麼能提出看法呢？』」剎時，檢察官愣住了。

「我們（的司法制度）很容易遺忘被害人，我明明是整件事情裡最重要的人。譬如說，開庭的過程裡，法院發新的鑑定報告給被告方、辯護人與檢察官，但是完全沒有給我們。到最後想到還有被害人，才問律師，（我們）要不要表達意見，我們才有機會說要看證物。」

她告訴我，王景玉被起訴，「還是媒體告知我的。」

二〇一六年十一月王婉諭獲總統府邀請，參與司法改革國事會議。她壓抑悲傷，抱著很大的期待去參加，卻得到無限失望。

「在漫長的開會後就結束了，也沒有追蹤，」王婉諭說：「只是浪費時間。」

王婉諭不支持死刑，也不同意廢死。她的理念，就是人類對「罪與罰」的理想，「在審判的過程中，他（被告）的生命史能夠被瞭解。」

她確實盡可能地去瞭解王景玉了，閱讀所有案件相關的報告與資料。對於一個孩子被殺死的母親，那種痛苦與煎熬，難以想像。

「我先生一拿到（報告）就看，我……」她輕聲說：「就準備好，才看。」

然後，王婉諭看著我，停了半晌，開口說了讓我愣住的話——

當我跳脫自己的身份時，覺得他（王景玉）還蠻可憐的。這個人從小到大是發生了無數的問題，但是都沒有被接住。

過去的成長經驗讓我知道，我是一個好好地被對待的小孩，小孩被善待，就可以變成一個好的大人。（所以我想知道）他究竟是為什麼變成這樣？

如果我知道問題在哪裡，才能解決（未來的社會問題）。

王婉諭侃侃而談，掛著淚，展現的卻是無比積極正向的人生觀——相信人性有善、相信努力會有進步、相信這個社會與自己擁有相同價值。

這幾年來，許多陌生人出現在她的生命裡，給她鼓勵，「許多孩子不在了的網友，會和我分享、安慰我。」她參加「大腳小腳自學團」，認識許多勇敢的媽媽，「有一個孩子，因為打疫苗引起副作用，而成為身障。」她說。

王婉諭特別告訴我，自己深受新北市鷺江國小老師翁麗淑的鼓舞。翁老師是三個孩子的媽媽，也是罕病兒的母親。她長期關注性別議題、弱勢團體及教育，曾因帶學生參觀鄭南榕紀念館，被議員質疑。去年，翁麗淑參與由自學媽媽組成的「歐巴桑聯盟」，參選新北市議員落選。

我在王婉諭的臉書上看到，她為「歐巴桑聯盟」助選。她告訴我，那是她第一次這樣積極地參與「政治」，「我的生活裡本來沒有這些人，」王婉諭說：「他們比我更辛苦、更不容易，但是，他們的行動鼓勵了我，讓我更勇敢！」

訪談過程裡，王婉諭的眼淚沒有乾過。我覺得自己開口問的每一句話，都好像在用刀子割她的心。她一邊擦眼淚，一邊告訴我，這幾年的經歷讓她知道：「政府不是沒有資源，政府可以做更多的事情。」

採訪結束後，王婉諭還要與競選伙伴繼續開會。我看到她擦乾眼淚，抿著嘴巴，一臉堅決地坐在會議桌前。下雨的冬夜冷得刺骨，但是王婉諭頭頂上的燈泡亮著溫暖的黃光，整個包覆了她。

小燈泡，在這裡永遠亮著。

出生年：一九七六年
出生地：苗栗縣苗栗市
學　歷：美國南加大材料科學博士肄業、美國南加大材料科學碩士、臺大地質科學學士
經　歷：總統府司法改革國事會議委員、新竹科學園區研發工程師、新竹科學園區行銷副理、臺元科學園區行銷經理

被政治耽誤的廣告人

——蘇志誠

張哲偉 攝

「我現在只要遇到過去有恩怨的人，都會公開地鞠躬道歉。」前總統辦公室主任蘇志誠告訴我。

「至今唯一不接受我的道歉的，只有省長宋楚瑜。」

「我想去向他道歉，可是，他一直不答應。有一天，我在華泰飯店的一樓遇見他與朋友來吃飯。我趕緊上前向他鞠躬，他看著我楞了一下，然後轉身離開。」

說到這裡，蘇志誠深深地嘆了一口氣。

做為李登輝總統的唯一分身，總統辦公室主任蘇志誠權傾一時。當年國大工作會主任謝隆盛私下常掛在嘴上的是「蘇仔說可以就可以」，「蘇仔」，就是蘇志誠。

他也開創了政治新聞的新體例。從一九九〇年「二月政爭」開始，報紙頭條的消息來源不再是有名有姓的政治人物，常是「總統府高層」。直到現在，「總統府高層」、「黨內人士」的媒體放話仍然是最重要的政治鬥爭手段。所以，蘇志誠可以說是真正的「首代高層」。

不過，對記者來說，「高層也是一代不如一代」。曾寫過《李登輝的一千天》，當年多次與「蘇主任」交手的資深記者周玉蔻告訴我：「蘇志誠是個好的採訪對象。」

「他可能不說，但是他說出來的新聞都是真的，不像後來的高層，放的新聞常常與事實有出入。」

這位新聞圈眼中的「總統府高層」，也是政敵眼中總統府「違章建築裡的夾層」。個性快意恩仇，對老闆絕對忠心，對老闆的敵人睚眥必報。李登輝的敵人固然恨他恨得牙癢癢，李登輝的朋友裡起碼也有一半人對他由懼生恨。當年主流非主流鬥爭，國民黨派出「黨國八大老」協調，協調條件之一是「清君側」，要除「兩宋一蘇」（宋楚瑜、宋心濂、蘇志誠）。

讓合起來六百歲的老先生們恨得咬牙切齒，那一年，蘇志誠只有三十五歲。

當年的「小蘇」，一把飛刀挺老闆縱橫政壇，刀光劍影血跡斑斑，「我那時就打定主意，李總統離開，我也從此離開公職。」蘇志誠說。兩千年李登輝卸任總統後，蘇志誠果然離開，從此沈入民間，不再過問政壇事。

二十年了，飛刀少年也老了——我看著眼前這位伯伯，興沖沖地拿出手機，給我看他的孫子的照片。

「這是他和我一起看報紙……」蘇志誠笑瞇瞇地指著小孫子，他現在每天幫女兒帶孩子半天，「我對女兒說，這是我欠她的，現在來還她。」

在總統府工作的時候，他每天回家要接一百通電話，記者打來大約二十通，剩下八十通是黨政軍各人士。「而且回家時，我常常壓力很大，也沒辦法好好與孩子相處。」所以離開政壇後，蘇志誠的第一志願，就是「當個好阿公」。

頂著一頭霜髮，圓圓的臉往下墜著，身材微胖，家常穿著：短袖、襯衫、西褲，眼神還不時放空。如今的蘇志誠看起來就像是社區裡常見到的鄰居阿伯，往日的精明殺氣竟連一絲都找不到了。

「蘇主任」名滿天下，其實不過十數年，只佔他人生的小小一塊。「我一直想離開，做政治不適合我的個性。」蘇志誠說。

「我走進這一行，完全是意外。」

「我從小的人生志向是當記者，我覺得我很有正義感，可以當一個好記者。新聞研究所畢業後，我如願地進入《臺灣新生報》工作。」

蘇志誠很積極地跑新聞。不久，他從一個朋友處得知「國民黨要開辦國建班」，便發了一條獨家新聞。蘇志誠很興奮也很得意，沒想到，才出報就接到朋友的電話，焦急地對他說：「你怎麼可以把這個寫出來啊！」蘇志誠感覺不對勁，馬上在電話裡回答：「不是啊！這不是你告訴我的啊！」便把電話掛了。

接著，社長把蘇志誠找去，和顏悅色地先稱讚了他一番：「真不錯啊，馬上就跑到獨家了」，接著問：「這新聞誰給你的？」

蘇志誠腦後一凜，知道事情大條了，當場靈機應變含糊其詞地說自己也記不得了，便溜出社長辦公室。第二天，社長親自執筆寫頭條新聞，更正蘇志誠的獨家消息。

「總編輯指著我的鼻子笑著說，你這好小子啊……」蘇志誠握緊拳頭伸出食指往空中虛點了兩點，恍惚還是四十年前。

從此，蘇志誠在報社只能抄新聞稿了，他自覺沒趣，便遞了辭呈。

「不當記者能當什麼呢？我覺得我蠻有創意的，就想去做廣告。」於是，蘇志誠去應徵廣告業務。廣告公司要求業務員要自備摩托車，「可是，我買不起摩托車。」他說，沒有摩托車就當不了業務員。正在不知道何去何從的時候，命運給這個年輕人一個意外的機遇，改變了他的一生。

許多媒體提到蘇志誠與李登輝總統的深厚信任關係時，都會提到蘇志誠是李登輝獨子李憲文的摯友，在李憲文病重時去照顧他。我問蘇志誠這件事，他看了我半晌，為難地說：「我是很不願意提起這些事情的。」「我所做的，也就是一般人會為同學做的。」

好朋友過世五個月後，獨生女滿周歲，蘇志誠去參加小女孩的周歲宴，離開時恰巧與他的父親同電梯。伯伯問他：「你今嘛咧創啥？」蘇志誠回答，剛剛離開報社，打算要去廣告公司，伯伯沒有說什麼，電梯門一開，蘇志誠就匆匆走了。

兩個星期後，有一個人打電話給他，說省政府臺北辦公室有一個秘書缺，問他要不要去？「我跟他說，可是我是沒有公務人員資格的，他說沒關係，那個工作不需要，於是我就去了。」

那個辦公室裡只有三個人，「主任、我和工友。」蘇志誠回憶：「省主席（李登輝）在臺中，事情很少，辦公室在重慶南路，我就天天逛書店，讀了很多經史子集。」

因為對公職沒有興趣，所以蘇志誠既沒有去考公務員，也不熱心黨務，覺得這個閒差事只是人生的過渡期，但是命運是永遠讓人意料不到的，這個既沒有出色的學經歷，也沒有經過黨的栽培，缺乏政治素養，充其量只是個找不到工作，前途茫茫的年輕人，竟這樣走進政治的江湖。

「民國七十七年，遠流出版社的王榮文送我一套金庸武俠小說，我從裡面得到很多靈感。」

民國七十七年，李登輝繼任總統，開啟了主流非主流的鬥爭。五年內，從俞國華、李煥到郝柏村，換了三任行政院長。每一次的重新組閣，就是一場血戰。蘇志誠擔任總統辦公室主任，在各位大人的勾心鬥角昏天黑地間，這個被人恨得牙癢癢的飛刀小子說，其實，「那時候我天天在總統府裡，趴在桌上看武俠小說。」蘇志誠說。

「我覺得李總統的功夫就是這兩樣，一樣是《吸星大法》，一樣是《乾坤大挪移》。」

「妳看，在民國八十五年以前（一九九六年總統直選），李總統身邊的自己人，其實就只有我一個而已。但是他就有辦法吸收各路人才，把他們的功夫吸到自己的身上，然後安排事情給他們做。」他睜圓了眼睛，說：「我看他們各個都做得不亦樂乎啊！」

從一九八八年到一九九三年政壇大風吹，每個非主流巨頭都來當一下閣揆。結果是，看起來勢力洶洶的非主流勢力最後被大風吹倒，曾經的顯赫，如今卻連歷史的灰塵都被風吹得一粒不剩了。

《乾坤大挪移》則是——

「那時候他們勢力很龐大啊，可是人民呼求民主的聲量也很大，反對黨成立，還有三月學運……」蘇志誠把桌上的兩支手機（一支我的、一支他的）排成一列，一在上、一在下，「上面的是反對民主化的勢力，下面的是人民的聲音……」

「所以呢，」他用手掌壓住兩支手機在桌子上畫了一個乾坤圈，「要來乾坤大挪移一下，用下面的去壓制上面的……」

雖然想當廣告人沒有當成，但是蘇志誠實在是很有天分，他是第一個把政治文稿當廣告文案在寫的政治幕僚，創造出不少經典。現在還被許多人套用的「說清楚、講明白、票就來」，是李前總統民國八十八年的中央黨部講話。還有九十六年總統選舉時用的口號「人民是頭家」、「人民萬歲」，都是蘇志誠的廣告創意。

其中的經典之作，就是「戒急用忍」。故事是這樣的：

當年由統一高清愿主辦的「全國經營者大會」，每年都會邀請李總統來開幕致詞。可是民國八十五年，高清愿大舉進入中國投資，讓李總統非常不高興，直接缺席不去。

這下子高清愿緊張了，不斷地打電話給蘇志誠，拜託他在總統面前疏通，最後李總統才勉強同意出席閉幕式。出席閉幕式的前一天晚上他把蘇志誠找來，要他擬稿，順便把這些生意人數落了一番。

蘇志誠趕緊回家連夜趕稿子，根據老闆的談話，他順手拿起書桌上的成語參考書，就抄了「戒急用忍」這四個字卡進文章中。因為是倉促完成，根本也沒有去考證出處。

結果，李登輝一開口，眾官員趕緊應聲，紛紛呼籲要「戒急用忍」，突然「戒急用忍」成了當年的官場熱潮。到了年底，各種「戒急用忍」方案出爐了，這句話正式代表了李登輝政府的對中政策。

「戒急用忍」對臺灣真的太重要了！這四個字是康熙送給雍正皇帝的座右銘，

許多媒體推敲這句話的來源與言外之意，大家都不知道，這其實是一個「被政治耽誤的廣告人」的意外作品。

但是，這就是權力的魔戒！靠近權力猶如插上翅膀，讓一個平凡的人類登上雲端，飄浮在空中，感覺自己成為巨人，能夠推山走石分紅海。就是這一瞬間的腦充血，讓多少英雄競折腰。

「我真的看盡了各種人。」蘇志誠說，偏偏那麼多人看不開，得不到的位置拼命去搶，到手了又怎麼樣，拿到了又怕丟掉，痛苦不在話下。

離開總統府後，蘇志誠曾經以「覺航居士」之名，寫了一本《心靈直覺錄》。在這本又像是「勵志」，又像是「心靈雞湯」的書裡，他道盡了在權力的修羅場裡磨練了二十年的心得。當年出版時，他僅以「撰文推薦」之名現身，我問他：「覺航居士就是你吧？」

他點點頭。

裡面對「政治人物」的描述，是我看過寫得最好的，因為，蘇志誠寫的不是他們的「人前」，寫的是他們的「人後」。

他說：「政治人物，有權力的人最易受衝動傷害。權力越大的人，恐懼感越深。當接受到危險的訊息時，衝動即起，此時最易做錯抉擇，最易殃及無辜。若是明臣，則讓有權者在衝動下盡量宣洩，但決對令不出門，如何做到則是最高藝術。衝動傷人、傷己至深，且往往難以收拾。」

做政治這一行的，誰不在夜深人靜時，被恐懼深深傷害呢？

走過修羅場，看遍人性，我問蘇志誠：「你仰慕誰？」

他羞赧地看著我，回了我一個意料之外的名字：「韋政通。」

一臉雀躍地，他開始講起自己的偶像：「我讀過很多他的書，他的太太是我高中的國文老師……」

韋政通是自學成家的哲學家，著有百萬字鉅作《中國思想史》。自由主義學者的身份讓韋政通在白色恐怖的年代受到迫害，妻子楊慧傑原為建中國文老師，受指示去監視他的行動，卻愛上了這個「思想有問題的人」。楊慧傑曾說，她讀韋政通的日記讀到流淚，「世界上竟有如此上進的青年」。當時楊慧傑已婚有子，不惜離婚帶著孩子嫁給韋政通，震驚當時社會，韋政通的老師牟宗三甚至為此與他決裂。兩人爾後相守一生，楊慧傑也在韋政通的支持下走上學術研究的道路。

「那是真情啊！」蘇志誠嘆息。

「妳知道嗎？我所追求的，人生最難得的，就是真情、真意，沒有辜負人。」

臺灣民主化的所有秘辛都在蘇志誠的腦袋裡了，我問他怎麼不寫回憶錄，他連忙搖手：「我若寫回憶錄，很多人會緊張的。」

聊到這裡，他開始不斷地看手機上的時間，「我得去跟我女兒吃飯了。」蘇志誠為難地看著我，我趕緊送他出去。此時此刻，對蘇志誠來說最重要的，就是不要讓女兒和孫子等太久了。

一個真心愛你的人，在你墜落時，一雙願意接住你的手，讓你知道你是安全的；人生一世，不過如此。

出生年：一九五五年
出生地：臺南市新營區
學　歷：文化大學新聞研究所
經　歷：總統府辦公室主任

賣蔥油餅的諜報員

——孫佩霞

張文玠 攝

臺灣大學對面的公館商圈人潮來來往往，孫佩霞的蔥油餅攤就夾在櫛比鱗次的小吃攤間。她是學生口中的「蔥油餅阿姨」，身形高壯，燙染過的短髮褪成淡金色，穿著圍裙，操著一口標準國語，流利地向攤頭的學生們推薦自己親手做的辣椒醬：「我是用新鮮小辣椒做的喔，吃了全身辣。」。

孫佩霞在這裡擺攤二十年了，從來不談自己的過去，也不談政治，只有一次漏了一點口風。那是太陽花學運如火如荼的時候，深夜兩個頭上綁著布條的女學生，跑來向她買蔥油餅，要帶回去給同學們當宵夜吃。

看著女孩們笑鬧，孫碧霞突然冒出一句：「妹妹妳們不要傻啊！妳們是人家的棋子啊！」

女孩們不以為意，笑一笑，興高采烈地提著熱騰騰的蔥油餅去看靜坐的朋友們，未來許給她們的是整個世界，人生怎麼可能只有一張棋盤呢。

孫佩霞告訴我這件事，瞪大眼睛滿腹的忿忿不平——那是她一生的傷心事，在一張諜對諜的棋盤上，當一顆棋子。

這個不起眼的「蔥油餅阿姨」，就是二十年前轟動兩岸的諜報戰「劉連昆臺諜案」的牽線人。

當年擔任解放軍總後勤部軍械處少將處長的劉連昆，是臺灣對中國滲透層級最高的臺諜，提供我方極多重要情報。一九九六年，臺灣舉行首次總統直選，中國在臺灣海峽舉行大規模軍事演習及導彈試射恫嚇，一時人心惶惶。此時，劉連昆取得機密，密告臺灣演習中使用的導彈都是空包彈。李登輝以總統身份取得此機密，公開宣稱：「免驚！那是空包彈、啞巴彈！」於是民心大安，他也順利當選。

可是，李登輝的這句話卻震驚北京。他們透過中國埋伏在臺灣軍情局裡的雙面諜李志豪，揪出臺諜少將劉連昆與大校邵正宗，兩人被判處死刑。受此案牽連，共有將近二百多名解放軍軍官受到審查，三十多人被判刑入獄，其中劉連昆的兒子被判刑十五年。臺灣軍情局少校楊銘中、特工姚嘉珍被判二十年。一九九九年，我方誘捕李志豪回臺，判處無期徒刑，後來李在二〇一三年假釋獲准，二〇一五年習馬會後進行換俘，換回我方於越南被綁架的軍情局上校朱恭訓與徐章國。

這場兩岸有史以來最大規模的諜戰，裡面最重要的關鍵角色，就是負責吸收劉連昆、邵正宗的臺灣特工張志鵬，他以臺商為掩飾到中國開工廠，姚嘉珍擔任公司會計。

現在站在我面前，這位穿著圍裙，提著鍋鏟，手上還抓著麵團的「蔥油餅阿姨」，正是當年跟著他們來往兩岸穿梭諜報圈，張志鵬的女友兼秘書。劉連昆出事後，她隱姓埋名躲在公館賣蔥油餅，等到張志鵬回到臺灣，兩人繼續同居直到張志鵬前兩年過世。

我去拜訪她，軍情局將張志鵬與她安置在桃園一棟不起眼的大樓裡。大樓鄰居出出入入，看來都是年輕人小家庭，他們永遠想不到，隔壁住著個曾經驚天動地的〇〇七。孫佩霞拉開鐵門招呼我進去——發黃的牆壁，凌亂的客廳，桌上放滿了各種外國營養品和醫院藥袋，麻將桌上堆滿了舊報紙——處處說明這是個老先生的家。

〇〇七也有垂暮的一天，張志鵬兩年前過世時已經九十五歲。「張志鵬比我大三十五歲。」孫佩霞爽快地說，她指著牆角的單人沙發：「過世前幾年，他總是坐在那裡哭，說他對不起劉連昆、邵正宗。」

講著講著，她的眼眶紅了，「我就對他說，張先生，你對不起他們，我也對不起他們……可是，你對得起我嗎？」

從二十來歲跟了他，直到今年六十二歲了，孫佩霞還是稱張志鵬「張先生」，仍然是對老闆的稱呼，語氣必恭必敬。

坐在藥罐子間，孫佩霞說起她與張志鵬認識的經過。

「世新畢業後，一個同學介紹我去張先生的公司當秘書。」她說。後來，孫佩霞成了〇〇七的女友，「那時候張先生五十多歲了，他的政商關係非常好，做生意都是大人物在幫忙，杭立武跟他拜把的，所以我們生意非常好做。」

「那時候各貿易商搶貨搶得非常兇，可是張先生有本事讓競爭對手的貨櫃就是出不去。」她回憶。

那些日子，像是被富麗閃爍的流水洗過全身，多少年後還記得那一瞬的暢快。

「我們去拉斯維加斯，賭場的老闆都要叫他Boss Chang呢，他說要住什麼房間，就住什麼房間。」

「邵正宗是透過我，才和張志鵬認識的。」孫碧霞說。

「我有很多親戚在大陸，在解放軍裡的也不少。開放探親後，我每年都帶我媽媽去大陸探親，每次去都帶著一貨櫃的散布（做完成衣剩下的布匹）去送人。」

她清楚記得第一次見到邵正宗的情形。「我們從深圳坐快船到珠海，船艙裡滿滿的人，座位間中間夾著痰盂……我覺得氣悶，便跑到甲板上去抽煙吹風。」旁邊一個穿著軍服的中年男人與她攀談，問她是來做什麼的，孫佩霞回道：「我是來做生意的。」男人笑道：「妳們那裡的女孩子都這麼厲害嗎？」

孫佩霞的姑父是山西空軍後勤部副部長退休，她看看這男人戴的是和姑父一樣的圓帽子，料想階級不低，便與他聊起天來，告訴他自己的姑父也是軍人。

「那很好，大家都是解放軍的。」男人笑笑，留下自己的名片給孫佩霞。孫佩霞回到船艙，把名片給張志鵬看，上面寫著「北京總後勤部大校局長」。張瞄一眼，對孫佩霞說：「這張名片要留起來。」

當時邵代表軍方的「北方工業」，在珠海做尿素，張志鵬去澳門賭完錢後，便要孫碧霞打電話給邵正宗，告訴他：「以後大家一起做生意。」

這個策反計畫就是「少康專案」，是九〇年代臺灣對中國情報工作最重要的線。

孫佩霞激動地取出一本發黃的小筆記本給我看，上面密密麻麻記著蠅頭小字，都是一筆一筆的帳務，「妳看，姚嘉珍、張志鵬都有拿軍情局的工作費的！只有我是沒有的！」

「一九八九年，開放探親之後，張志鵬就叫我去香港設立旅行社。」孫佩霞說。

不過，雖然「少康專案」是張志鵬建立的，他卻也是第一個退出的特工。孫佩霞解釋，一方面是他對李登輝的臺獨言論不滿，另一方面則是「軍情局後來要他用發票報帳。他很生氣，說這些人根本不專業，做情報工作是要怎麼報帳？」

張志鵬與軍情局鬧翻後，軍情局安排姚嘉珍接下張志鵬的工作，繼續聯繫劉連昆，張改在香港接應姚嘉珍。有一天，他突然拿著劉連昆、邵正宗、沈麗昌（邵正宗女友）三人的中華民國身分證及護照，交給孫佩霞要她去辦臺胞證。孫佩霞看到他們三人的證件非常吃驚，張志鵬也不解釋，只對她說：「人家有錢多辦幾本證件不行嗎？」

後來孫佩霞才知道，「當時的計畫是，讓他們拿著中華人民共和國身分證離開大陸到香港，用臺灣的身分證離開香港到第三地。」沒想到，逃亡計畫沒有成功，劉連昆和邵正宗旋即被抓，倉皇間，張志鵬自香港逃去美國的女兒家，沈麗昌的兒子當時已拿到西班牙國籍，她便投奔西班牙。

姚嘉珍被逮捕，有陣子每天打五、六通電話給孫佩霞，要張志鵬回去中國，這樣她才能回來。孫佩霞白了我一眼：「我怎麼能答應她呢？」

二〇〇一年，張志鵬從美國回到臺灣，要求軍情局賠償他工廠的損失。軍情局置之不理，張志鵬揚言要投奔大陸抖出一切，最後在機場被攔下。軍情局給他四百萬安家費，每個月十萬生活費，將他們兩人安置在桃園。

就此，「張志鵬家」成為「劉連昆案受難者服務處」。孫佩霞說，姚嘉珍的先生要去中國大陸探監，沈麗昌在西班牙生活困難，都是來找張志鵬向軍情局陳情。後來軍情局果然發給姚嘉珍先生旅費，雖然沈麗昌與邵正宗沒有婚姻，軍情局也將少將的撫卹發給沈麗昌。

說到這，孫佩霞也承認軍情局確實是對他們照顧有加，「聯絡官小徐啊，真的是把張志鵬當爸爸照顧。張志鵬常嘆息說，他是沒有兒子，要是有兒子不過也就是這樣。」雖然張志鵬口口聲聲：「軍情局給的，不過是我工廠的利息錢。」他的心裡還是掛念著國家情義的。過世前，他拼著八十幾歲高齡坐飛機去美國一趟，「把他從大陸帶出來那些機密資料，在女兒家的後院一把火給燒了。」張志鵬的後事也是軍情局辦的。

張志鵬的情仇化為塵土，可是孫佩霞的還沒有。張志鵬過世後，軍情局的月俸也停了。如今，孫佩霞口口聲聲要討回自己的損失。

「姚嘉珍要賠償我的損失，是她騙了我、騙了我……」猝不及防地，孫佩霞嘶啞地喊了出來：「我當時是想把工廠賣掉啊，我不知道她拿去做情報掩護啊。」

姚嘉珍今年六月二十七日出獄，孫佩霞算算時間，人該到臺灣了，打電話給軍情局，問他們接到人了沒有，「他們告訴我無可奉告。」「我又問，那你現在在做什麼？他說，我在高速公路上開車。」

孫佩霞後背往沙發一靠，冷笑一聲：「那我就知道了。」

現在，孫佩霞到處找姚嘉珍，寄信到姚臺灣的老家，還寫了狀子要提告。「她躲起來。」孫佩霞：「但是我一定要見她！」

一個劉連昆案，兩個人送命，無數人坐牢；如今，她們倆是活下來了，一個坐了二十年的牢，另一個在公館隱姓埋名賣了二十年蔥油餅。

「我是從天堂掉到地獄了……」她招呼著客人，一邊往餅上塗自己的獨門辣椒醬，一邊自嘲著：「但我沒有適應期的問題，我的適應期很長了。」

送走客人，她雙手在圍裙上抹抹，一手扶著蔥油餅攤頭一手叉著腰，完全是個蔥油餅老闆娘模樣，直直地看著我：「我現在只有一個願望……等我腰好了，我要去大陸看看劉連昆、邵正宗的家人……我對不起他們。」

「我對不起他們啊……」

就在人來人往的夜市裡，孫佩霞的眼睛汪起淚水，爾後竟然嗚噎起來，就好像「張先生」過世前那樣。

出生年：一九五六年
出生地：高雄市
學　歷：世新大學編採科
現　職：經營公館雄記蔥油餅

敵人是怎樣煉成的

——寇延丁

李景濤 攝

「我不吃民主飯，我不向兒子拿錢，也不靠基金會補助。」寇延丁對我說。

「我就追求一個『關起門來朝天過，帝力於我何有哉』的生活。」

寇延丁「朝天過」的那方水土在宜蘭員山，我和朋友開車去看她，抵達員山時已經是黃昏時分。我們在彎曲的田間小路上搜索著，但是舉目望去，四周都是熟悉的臺灣農村景色，大家都是天長地久地在這裡生長著，看來看去，好像沒有誰是新來的。

尋了好一會，才在導航上看到一個疑似地標。那是一座矮矮蹲在豪華農舍後面的老舊農舍，它的前面有一排綠色小樹，原本應該是籬笆，不過因為瘋狂生長，已經自成小森林模樣，將農舍蓋掉了四分有三。一個穿著罩袍的女人站在門口——正是寇延丁——踩著拖鞋，笑瞇瞇地向我們揮手。

她招呼我們進門。這座老舊農舍有兩間房客，寇延丁佔有一房間一廚房。門口的草地東一塊西一塊打著補丁，空氣中隱隱飄著有機堆肥的酸味，就是一間普通的農家。

只是主人無論如何看起來不像個樸拙農婦：寇延丁的皮膚是厚重的不透明的

白，打著小皺紋的皮色下透著青蒼，穿著頗具個性的大圓廓型罩袍，一頭蓋頂灰髮剪得極短，露出整個後頸。目光靈動，講起話來滔滔不絕，像個來鄉下尋找靈感的藝術家。

唯一接近的，是她身上的味道。那件蓬鬆的咖啡色罩袍吸滿了汗水後，又掛在身上晾得半乾，酸酸鹹鹹，混在空氣中的青草味、酸腐味裡，讓你知道她結束了一天的農事，剛剛回到厝裡。

寇延丁是中國最著名的NGO工作者之一，她先後建立了「北京手牽手文化交流中心」、「泰安愛藝文化發展中心」等公益組織。二〇一四年，她因香港「佔中運動」被抓，二〇一五年獲釋後回到山東老家受到住居限制及監視，二〇一六年，她申請來臺訪學，在臺灣出版了她最著名的一本書《敵人是怎樣煉成的》，紀錄她在獄中的監押過程，其後，便在宜蘭務農至今。

「我剛來宜蘭的時候，比現在瘦十公斤，整個人就像個鬼。」她微笑著說。不過這地方是很養人的，在宜蘭過了兩年，現在，她的朋友們都說：「扣子你變得柔軟了。」

「扣子你好起來了。」

「扣子你快樂多了。」

她在家鄉山東曾有個山邊的小屋，想要在那裡過著自給自足的生活，那時她就想好了，這種日子就叫做「親自生活」。不過，當時寇延丁仍然持續著被監視及限制行動，直到她二〇一六年到了臺灣，這「親自生活」的夢想又能持續下去。

寇延丁招待客人的地方就是她的廚房。十坪大的空間，圍著牆擺滿各式煮食的家私：鍋碗瓢罩、小烤箱、小煎鍋、電鍋、煮鍋，應有盡有，最後的終點則是一台巨大的電冰箱——這房子裡最氣派的電器。

那電冰箱簡直是哆啦A夢的口袋，寇延丁從裡面拿出各式各樣自己釀造的酒招待我們，柑橘酒、椰子酒、香蕉酒、火龍果皮酒……喝著喝著，她突然站起身來，又打開冰箱拿出幾包袋子：自己煮的帶殼花生、果皮拌芝麻粉……各式涼拌菜，給我們下酒。

她說，自己預備來宜蘭種田時，宜蘭的農夫朋友告訴她，「村莊是個有機體，人在村子裡的名字張三李四都不算，『那個修車的』、『那個理髮的』才是。」

「在這裡，我是『那個釀酒的』。」她很得意的樣子。

「這個釀酒的」和我們一同喝到太陽被田地埋掉了，臉紅紅地站起來說：「來吧！我來煮些真正好吃的吧！」

我靠著灰白的粉牆看著寇延丁。她曾經是個女兵，鍛鍊過的身段十分矯健，忽左忽右地在廚房穿梭著，只是背微微駝了。當她端著一小盆菜，走到窗前低頭用一把菜刀切菜，微光裡便出現一個老太太的背影。有個朋友說，幾年前在公益論壇裡見到寇延丁時，對她的印象還是個「挺拔的女兵」，但是，寇延丁二〇一五年出獄後再見面時，只見她毛髮具催，整個人都縮小佝僂了。

她把長年豆、秋葵放進小煮鍋裡煮，豆腐切塊燙熟，又從冰箱裡取出已經切片的饅頭鋪在小烤箱裡加熱。一頭煮食材，另一頭，我看到她從大冰箱裡拿出瓶瓶罐罐，一字排開在流理臺上，又取出許多小湯匙來，開始將罐子裡的醬料挖出來鋪在煮熟的食材上。

扣子的盛宴

——餐前酒——

各式水果酒

——前菜——

糖醋果皮紅蘿蔔絲佐芝麻粉

鹽煮小農帶殼花生

——主菜——

自種長年豆、秋葵

豆腐佐自製豆瓣醬

野薑花秋葵厚片煎蛋

——主食——

煎烤饅頭片佐自製紅麴醬

——酒品——

椰子酒

——甜點——

自製優格佐果醬

每一樣食物都是她親手製作的，有的非常別出心裁。比如說，饅頭心被酒味濃郁甜甜的紅麴醬浸透了，夾著野薑花煎蛋吃，一口咬下去，又是濕濕軟軟的蛋，又是濃濃酒味，最後以野薑花的微苦作收。滿嘴濕軟，可是饅頭皮卻是脆的。她微笑著告訴我：「是囉，我又把饅頭皮煎了一下。」

據說這才是她夢中的生活：「我曾經做過一個極其療癒的夢，不僅療癒，而且勵志。」寇延丁說。

夢一開始我就掛了。

靈魂直上天堂。天堂人擠人，都在排隊向上帝交帳，每個隊伍都有自己的名稱。一個一個看過去：「拼命掙錢」、「拼命當官」、「拼命讀書」……都不適合我。終於看到一個「拼命養生」了，我便排過去。

隊伍裡每人手上一把刀，天使說，這是上帝給我們的禮物，現在要交還上帝。

我前面的人到上帝面前交還刀，順便會提到自己是怎麼養生的，只買有機食物從不進外食店等等……他們的刀都看起來跟新的一樣，只有我的刀磨損到面目全非。

等到輪到我了，我把我那不成體統的刀交給上帝，我想到我這一生是拼命做事無所不用其極，以為這是養生……我趕快先向上帝道歉，我沒有好好愛護祂給我的刀子。

但是上帝溫柔的告訴我，生命確實是個寶貴的禮物，你的使命不是保管它，而是使用它。把它用成這個樣子，我的孩子，你善用了這個禮物……

寇延丁在夢裡嚎啕大哭，哭著醒來。

她的人生，就是烹煮一場生命的盛宴，將廚師的刀子都磨損到面目全非的盛宴。寇延丁讀高中時，文革已經結束好幾年了，但是媽媽仍然擔心她若念文科會惹禍上身，最後她選擇去當兵。三年後退伍，回到父親所在的泰安市畜牧局，成為一個小打字員。

在父母身邊，然後結婚、生子，原本她以為自己會過著最安穩的女人生活。但是，生命的考驗永遠超過想像。一九九六年，寇延丁發現自己的直屬領導在帳目中造假貪污，她想也沒想就向上級機關舉報了此事——結果，直屬領導沒事，寇延丁卻被「下岡」了。

「這件事讓我對這個體制的信任完全崩潰了。」寇延丁對我說，在那個小城鎮裡，她成為鄰舍指指點點的對象，最後，八年的婚姻也告破碎。失業失婚，父親也來勸說她趕緊向領導認錯道歉，回去工作。最後，寇延丁身體裡那個真實的自己在這壓力裡浮出來了，她告訴自己，我不要一直活在這樣的恐懼裡。她接受了下岡的事實。

她成為一個自由寫作者，在尋找題材的過程中，接觸到了身邊的殘疾人。為了幫助這些朋友，寇延丁成立了自己的第一個NGO組織「手牽手」，原始的動機，只是為殘障藝術家多賣一些作品。

從此，寇延丁一腳踏進了中國NGO工作者的道路，出發之時，她連NGO這個詞都沒有聽說過。

在中國，這是一條險路，因為它總是指向在社會問題的核心。無論是殘疾人，或是支援川震受傷兒童，甚至拍攝紀錄片……當NGO工作者在第一時間趕赴現場，總也是第一個發現事實的人。而那些事實，有太多人想要掩藏。

四川地震後，寇延丁來到四川最北部的貧困縣青川，開始進行震後受災兒童救援工作，一來就遇到地震裡最敏感的問題——「豆腐渣工程校舍倒塌」。

除了地震中心汶川北川之外，有近七千所學校倒塌，許多家長在第一時間趕到學校，在斷裂的牆體裡看到的本該是鋼筋，卻是四川盛產的竹子。家長們在廢墟般的城市裡遊行，現場的員警卻說，法院不會接受他們的訴訟。

在這艱困的情況下，為了留下來幫助孩子，寇延丁選擇與抗爭者保持距離，開始了她最為人知的NGO工作，建立了一支龐大的川震受傷孩子的支援團隊。

她告訴我，她是怎麼樣找到那些充滿熱情的年輕人的。

「我寫了一篇鉅長的文章來找人（幾個中國知名的博客主替她發佈），來了上萬名志願者。」

「我們設計了一份超變態的表格給他們填，」她雖然正微笑看著我，但視線卻穿透我，也穿透了我身後這面牆，凝視一個很遠、很遠的地方，「這份表格有八頁，填完要兩個半小時，到三個小時。」

表格回傳的速度太快，她會將它刪除，因為這表示填表人漫不經心；回傳的速度太慢也刪除，因為表示這件事情對報名者來說不重要。這樣精挑細選，最後留下的年輕志願者都充滿熱誠，並且素質極佳。

「他們每兩個人陪伴一個孩子，每個月要給孩子寫信，陪伴這些孩子。」她解釋，這工作是一個「生命陪伴生命」的工作，容不得一絲意外，「如果有孩子的父母向志願者要錢呢？那種處境也要能夠應對的。」她說。

講到這兒，寇延丁突然楞住了，彷彿掉進時光隧道，過了一會才回過神來問我們，要不要喝一點比較烈的酒？不等我們回答，她轉過身去取出一支瓶子來，據說是「接近高粱」的濃度。

她為我們斟上。自己也倒一杯。我喝了一口，仍然是那濃濃甜甜的風格，只是一透下喉嚨就一陣醺，彷彿是鼻酸，眼淚立刻就要掉出來了。

「有個女孩，雅安地震發生時，一支鋼筋穿透她的大腿。她的家庭很貧困，狀況很複雜，自己在學習上也有很多困難。可是，她非常堅持一定要念大學，在那個貧苦的地方，考上大學就是唯一離開的希望。」

「我們的大哥哥（支持者）對她起到很大的作用。有一天她的大哥哥笑著對我說：『扣子，我現在真是太慘了，有兩個女人要伺候，一個是我太太，一個是新波（化名）。』」

「她準備高考時情緒非常不穩，我們的大哥哥就經常打電話鼓勵她。有一天她晚上睡不著，拿著電話不願意放，大哥哥就對她說：『妳睡吧。電話不要掛，我在旁邊陪著妳。』」

「最後她終於考上了四川師範大學，這在她們那裡是不得了的成就！女孩打電話給我，告訴我：『扣子，我將來長大要成為像你那樣的人。』就把電話掛了……」

我抬頭看寇延丁，她已經滿臉眼淚，泣不成聲。

接著，她告訴我，她要回家了。

許多朋友來關心她，「他們說，不要回去了吧，回去多危險，上一次，妳從香港一回去就被抓了。」寇延丁擦擦眼睛，「但是那不是個頭腦選擇，那是個身體選擇。」她說。

「這裡不是我的地方，做個流亡者，會永遠回不去。」寇延丁平靜地說，她的家在等她，許多她愛過的人在等她。

「而且山東的麵條和饅頭真的好吃。」我看著一桌的饅頭說，聽到這句話，儘管臉上還掛著淚痕，寇延丁也掌不住笑了：「確實是啊！」

在這個長米吃米的地方，她交了許多好朋友，吃了許多好東西，但是，終於要提著那把磨損得不成形的刀，去完成她生命的盛宴。

「要好好的，要回來看我們。」臨走前，我們一再叮嚀她。

「我會的，」她爽朗地笑著：「我只是回去種田而已。」

在宜蘭的滿天星斗下，寇延丁的臉光亮一如明月。

出生年：一九六五年

出生地：山東省泰安縣

經　歷：自由作家、紀錄片獨立製片人、先後建立「北京手牽手文化交流中心」與「泰安愛藝文化發展中心」等公益組織

作　品：《敵人是怎樣煉成的——沒有沉默權利的中國人》、《可操作的民主——羅伯特議事規則下鄉全記錄》、《一切從改變自己開始》等書

愛「國」老兵

——秦桂英

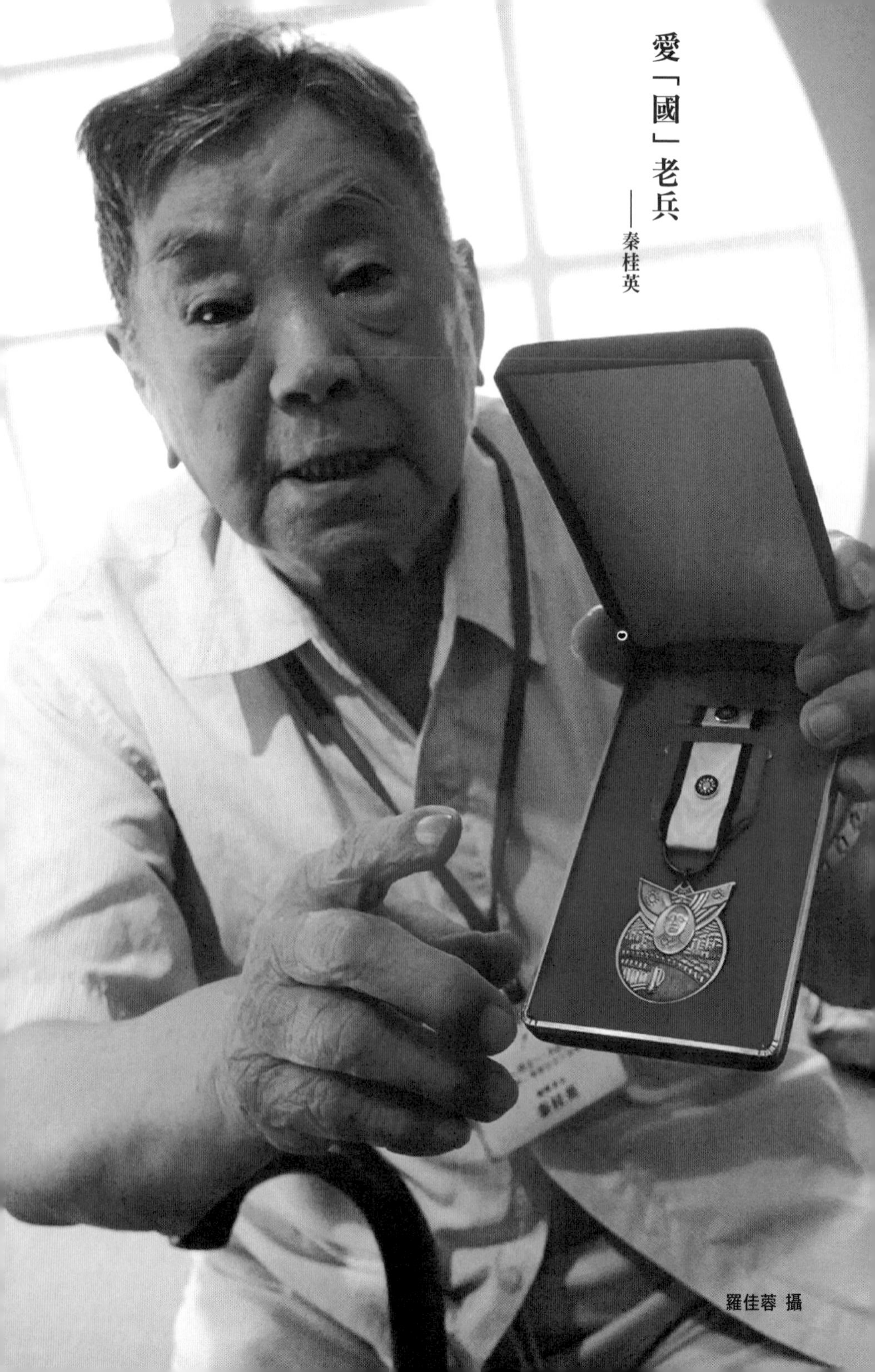

羅佳蓉 攝

南國的春天，像是剛從被子裡爬出來的睡人，暖烘烘地、迷迷糊糊地，看著陽光把景色鍍成各種金屬的彩光，宛如斑斕的夢境。

這是屏東縣每個月一次的新住民市集，就辦在孫立人行館前的廣場。白色洋樓罩著三層樓高的大樹，風一吹，晃動的樹葉把陽光碾碎，灑到地上，給這個暖和的夢境上色。下樹來來回回的人群講著各種腔調的國語：印尼腔、越南腔、廣東腔，還有許多母語此起彼落。年輕的夫妻、小孩，成群結隊的新住民姊妹們，擺攤做生意的，來草地野餐的，氣氛熱鬧得不得了。

大樹下搭著舞臺，四個穿著五顏六色東南亞服飾的少女，戴著一頭黃金飾品，拿著麥克風講著自己的移民故事。臺上正說個沒完，臺下不遠處，秦桂英坐在故居的臺階上，靜靜望著臺上的女孩。

雖然沒有向主辦單位申請，秦桂英也有「自己的攤位」：孫立人將軍照片、放大的剪報、他自己的抗戰勳章、參加孫立人「新一軍」打中緬戰爭的路線圖……整齊地排在身旁。

九十七歲的秦桂英也曾是新住民，那時叫做「外省人」，這個新住民市集不過辦了三年，可是秦桂英看守老長官的家，已經整整六十四年了。

民國三十六年，孫立人在鳳山練兵，便住在這棟屋子，直到民國四十四年移至臺中軟禁。孫立人離開後，這裡曾經荒廢，然後又整修為空軍招待所，直到民國八十六年移交給縣政府，房子終於開放給民眾使用，目前一樓是書店，二樓是孫立人紀念館。

現在，秦桂英有時還會搖搖晃晃地在書店的書架間走動，或是柱著楞杖督督地爬上這棟木造洋房二樓。

「伯伯是在檢查我們有沒有把房子弄壞了。」在書店工作的女孩小聲地告訴我。

我跟著他，雖然老了，但是秦桂英的背影還是很壯碩。他一步一頓地艱難爬上狹小的木梯，樓上以前是孫立人的臥室，現在家具都不在了，中間擺著一個真人大小坐在沙發上的蠟像，四周掛滿孫立人的照片與資料。

「在這裡，真的能夠紀念孫立人的『展示品』，只有『秦伯伯』吧！」我想著。

秦桂英巡了一圈，停在角落，漠然地看著窗外。

窗邊掛著一張孫立人與三房張美英的放大照片，這顯然是新聞官的意外之作：

他們兩人在一場戶外餐會，白髮的孫立人正面拿菜，旁邊紮辮子的小女孩穿著白色蕾絲洋裝，像是參加生日宴會，露出一張乾淨的側臉。

「伯伯看著的那棟大樓，是什麼地方呢？」我問。

旁邊的導覽義工熱心地回答我：

「對面是藍家大宅的舊址。藍家是屏東最有名的家族（藍高川曾任臺灣總督府評議員，世代豪富。其子藍家精曾擔任汪精衛政府中將武官，其女藍敏曾為戴笠系統特務），張美英原是藍敏的丫鬟，孫夫人（二房張晶英）不孕，因此主動為孫將軍納張美英為妾。（原配龔夕濤留在中國未跟隨來臺）」

「張美英為孫將軍生了二男二女。孫將軍被軟禁時拔除薪俸，孫夫人（張美英）到市場賣菜、賣雞、賣玫瑰花補貼家用，她賣的花被稱為『將軍玫瑰』。」

這個小女孩，從臺南麻豆來到屏東幫傭時，一定想不到命運給她如此的安排吧！經歷戰爭與失敗的男人，在權力的血腥鬥爭裡，偶爾占個上風，但是很快地又敗下陣來，最終異鄉漂泊。是小女孩像土地一樣牽住蒲公英，讓它在這裡開枝散葉，綻放花朵。

我看著旁邊的秦桂英，他在屏東已經整整六十四年，孫子都要考大學了。跟隨孫立人，他也落在這片土地上——

「我是一九二三年，出生於山東鼓陽，家中原來是地主，但是當時的中國很亂，光是鼓陽縣就有四個縣政府：國民黨一個、共產黨一個、日本人一個，有一隊傭兵也自己成立一個縣政府。」秦桂英對我說。

「七七事變後，日本人打中國，戰事更激烈，學校沒有了，也沒有老師了，所以我十六歲就去當兵。老百姓窮國家也窮，生活條件非常差。我曾經一套軍服穿了三年，完全沒有替換的，洗都不能洗。」

「黃埔軍校二十期畢業後，（一九四一年）我參加了中國遠征軍（團長唐先智），從印度的加爾各達打到密支那。」

這時，秦桂英緩緩地彎下腰，手指自己的背，用非常大的聲音對我喊著（他的耳朵不太好），「我的背上有個槍子兒的大洞！」

「我在密支那負了傷，被丟在路旁啊！」他吼著。

後來，孫立人來了，秦桂英被送進醫院治療，康復後便編入孫立人新編的新一軍。

由孫立人整編的「國民革命軍新編第一軍」，有「藍鷹部隊」、「天下第一軍」之稱。在中印緬戰役中，以寡擊眾擊退日軍，救出七千名英軍及五百名西方記者及傳教士，立下震撼國際的戰功，被視為國民黨當年最能打的部隊。

就這樣，秦桂英跟著孫立人，從印度打到泰國。

「孫立人是大官，我們的距離，是很遠、很遠的。我看得到他，他看不到我。」濃濃的山東鄉音，可是這幾句很大聲也很清楚，他喊著：「我是崇拜孫立人啊！」

「他是一個好長官，性情很溫和，給自己的部隊，吃（的）也好、穿（的）也好，凡事都先想到自己的部隊。」秦桂英的睫毛都已經掉光了，混濁的眼珠子看住我，眼皮紅紅的，裡面是模模糊糊的兩汪水。

「他（孫立人）長得也漂亮，也有學問。孫立人的部下對他，那真是，那真是……」說到這裡，秦桂英一下子想不出適當的詞彙表達自己的感情，是赤膽還是忠心？一張臉急著都紅了，我想，應該是無盡的愛吧——從孫立人出事的那一天起，秦桂英在這裡等長官回家，已經整整等了六十四年。

當年新一軍聲名遠播，孫立人功高震主，與當時的東北保安司令杜聿明不合，被其他將領孤立。一九四七年，他被拔去軍長職務，派到臺灣來練兵。那時候秦桂英已經被分編到劉安其將軍的隊伍，但是他聽說孫立人在臺灣當防衛司令，決定留下來尋找孫立人，便沒有跟著劉安其前往海南島。從山東青島坐船到臺灣高雄，到鳳山找孫立人（當時孫立人在鳳山練兵）。

「孫立人對我說：『如果你要跟我，要靠你自己的能力。』他這樣講，我就去投考了陸軍官校。」

陸軍官校畢業後，秦桂英在鳳山衛武營擔任少校營長。一九五五年，「孫立人事件」爆發，孫立人部屬郭廷亮少校被指控為匪諜，預謀叛亂，孫立人本人被以「窩藏匪諜」罪名革職軟禁。

這起冤獄牽連孫立人部屬三百多人下獄，我問秦桂英有什麼印象？

九十七歲的他，一聽到「孫立人事件」，馬上激動起來，「我們沒有看到孫立人要叛變啊！什麼都沒有！這都是陳誠、黃杰搞的！他們說孫立人要接總統，所以要打壓他……」他站起身大聲吼叫著。

一位黃著臉樸素的中年女人從圍觀的人群裡竄出來，拍拍秦桂英的背，「你喝水啊喝水啊。」她哄著，原來是守在旁邊的媳婦。

媳婦扶著老伯伯坐下來，秦桂英開始絮絮地告訴我他的遭遇：孫立人事件發生後，秦桂英受到牽連，撤了營長職務派到新竹的新兵中心，「孫立人的部隊通通不能升官的。」秦桂英告訴我，一氣之下，他在民國五十年辦了退休，又回到屏東來，在距離孫立人將軍故居不遠的市場頂下一間店面，開始賣麵條。

他為了追尋孫立人而來到屏東，那是他心中最美好、最燦爛的日子。孫立人不在了，但是秦桂英仍然回到這裡來。

後來，他結識了在同一個菜場賣菜的年輕屏東女孩，「她只有十八歲，我已經四十幾歲了，可是她就是要跟著我啊！」秦桂英說，父母非常反對女孩嫁給外省人。「可是我公公年輕的時候很帥啊！婆婆就是愛上了，硬要嫁給他。」旁邊的媳婦加進來說。

來臺灣前，秦桂英已經娶親，還有二男一女三個孩子，因為戰爭而不得見面，我想，這對秦桂英來說是一件難以面對的事情。

「伯伯，你在臺灣是怎麼結婚的？」我問。

「我沒有結婚！」他扁扁嘴。

旁邊的媳婦趕緊向我解釋，公婆有結婚照也有辦戶口，只是當年可能沒有請客，沒有傳統婚禮的熱鬧。

「她就住進來，我們就在一起了。」秦桂英一再強調：「我們這個家，是湊起來的。」

長官被軟禁、同僚四散、有家歸不得……在最低潮的時候，這個屏東女孩走進他的生命，生了兩男兩女。在屏東中央市場開了麵店，白天夫妻一同賣麵，晚上全家人就住在店面樓上。那個曾經夢想叱吒風雲為國立功的男人，在這裡過起了小家小室的日子；他來自寒冷的北方，卻在南方落下種子，長成自己也不認識的植物了。

「很多傷心事啊！」秦桂英嘆息，接著對我碎念起，兒子在賣麵、女兒賣水果……這有什麼好傷心的呢？正當我丈二金摸不著頭腦的時候，老伯伯嘆了一聲：「我那時候生氣，不讓孩子去念軍校，因為我想，我這麼愛國家為國家付出那麼多，但是國家竟然這樣對我……」

「我自己生氣，結果害了孩子一輩子。」

原來，老伯伯的心裡還是認為「從軍報國」才是大事業啊！

老伯伯哀愁地回憶往事，一旁媳婦開始念叨著要他回去休息，「快回去吧！」她說。

「妳別管我！」秦桂英對媳婦吼。

「什麼我別管你，跟你健康有關我就要管你！快回去快回去！」媳婦碎碎念著。

太陽西沈，新住民市集即將結束，大家都開始收拾家私。伯伯的朋友們幫忙他「收攤子」，一旁秦桂英的媳婦跟我聊天，「我是從廣西嫁來的，嫁來二十年了！」她突然說。

原來，她也是新住民，嫁來二十年伺候公婆照顧小孩在市場賣麵，什麼都做。我稱讚她把公公照顧的身體很好，九十七歲了還可以趴趴走，她羞怯地笑起來。

剎那間，那些恨水難填的往事都隨著這一笑流走了。無論是孫立人將軍，還是秦桂英伯伯，他們曾被傷害、背叛，但是都有人用愛接住了他們，讓他們落在這塊土地上。一代又一代的新住民讓這塊土地更肥厚了。

大夥兒連聲催促，「明天你還可以來的。」老伯伯終於不情願地戴上安全帽，跨上機車走了。在溫暖的南國春日裡，秦桂英的身影瞬間消失在許許多多街頭乘涼的阿公群中。

出生年：一九二三年
出生地：山東鼓陽
學　歷：黃埔軍校二十期、陸軍官校
經　歷：少校退休、福壽麵店老闆

熱烈燃燒的民主魂

——利錦祥

葉名峻 攝

豐原火車站曾經是臺鐵東勢線的端點，連結了臺中線與東勢線，當年，東勢線的最重要功能，便是將大雪山的林木資源運送下來。據說一九五九年舉行通車典禮時，東勢鎮公所聘請了三班劇團演出，每個里都出來化妝大遊行。這嘉年華式的開端象徵了豐原的飛快繁榮，僅僅一年後，爆發的客貨運量讓豐原車站從一間木頭驛站改建成當年還很少見的鋼筋水泥建築——風塵僕僕的一臉灰，矮矮蹲在市中心，頭上戴著半圓形的帽子，上面寫著五個大字「豐原火車站」——這就是我記憶中的豐原。

火車站的旁邊，有一間很大的書店，橫跨了兩間店面、三個樓層。我第一次看到時覺得很不可思議，在一個小城鎮的黃金商業地段，最大的店竟然是書店！也許，那裡面含著豐原人的自負：儘管是南北二路交會之處，我們也不是只有生意浪的俗物。在那個民主初初萌芽的時代，這間滿載著新思想的書店成為各方英雄豪傑交會的地方，許多故事發生在此，許多人曾在這裡互放光亮。

我聽過關於這家書店的第一個故事，是文化人詹偉雄在一場演講裡講的。他說，他的人生開始於「一家特別的書店」——

「書店的老闆是個後來在政治上很重要的人，但是，那個時候他就只是一個書店的老闆。」

「我的同學（詹偉雄念臺中一中）帶我到這家豐原的書店，老闆有個秘密夾層屋，裡面滿滿放著當時的禁書與黨外雜誌。我聽著書店來來往往的那些大人們高談闊論，看著這些從來沒有見過的書籍……這是我啟蒙的開始……」

許多年過去了，半世紀的豐原老車站拆掉了，變成一個帶著美食街的超大火車站。我走出那屋簷幾與天際線平行的現代建築，再次來到這間傳說中的豐原三民書店。

柱上爬滿綠色植栽，賣場明亮闊大，牆上掛著一面布旗，上面寫著：「我思故我戰——吳爾芙。女性若是想要寫作，一定要有錢和自己的房間。」少女們成群聚在書店裡看書，在戰旗下小聲講話（不知道為什麼整個書店裡都沒有男生）。

書店門口張貼一幅精美的手工海報，標題是：「誠摯感謝，珍重再見」，內文寫著「因租約到期，將於今（二〇一九）年九月三十日與大家告別」，豐原三民書局將在它滿四十一周歲時結束營業。

我問豐原三民書局的老闆利錦祥：「為什麼要把書店收掉呢？」利錦祥皺起眉頭，苦著臉說起現在實體書店的困境：「現在的營業額，只有最好的時候的三分之一。」虧損越來越大，終於超過他的負荷。

三民書局關門後，豐原就沒有書店了。

我和利錦祥約在臺北的新潮流辦公室二度見面，聽他講述三民書局的故事。除了書店以外，這是他顧的「另一攤」。開講前，利錦祥先問我他可不可以抽煙？然後把小小的房間門關起來，打開所有的窗戶，努力自製了一個吸煙室。好不容易萬般齊備，他坐下來，用兩隻發黃的手指頭夾著一根煙，低頭點上火，然後抬頭看著我。我以為他要開始講「三民書局」了，他卻是楞楞地看著霧茫茫白煙飄向窗外，彷彿歲月正無聲無息地在他面前滔滔流過。

頂上灑著一頭霜，穿著長袖襯衫與西褲，當利錦祥靜下來不說話，一臉桀傲不馴，像是個對現代社會諸多批判的「老文藝青年」。可是，開口與人攀談時卻又認認真真地來交陪，變成世故的商人。

幼年小兒麻痺讓利錦祥行動不便，不過這絲毫沒有影響他的行動力：他少年開書店，青年從事黨外運動，到現在為止，都是民進黨中部選舉的操盤手，擔任民進黨派系新潮流的總幹事，至今已經十八年。

不過，即使戰功累累，利錦祥卻沒有擔任任何公職，符合民進黨「不選的最大」的傳統。他的身份，一直都是「書店老闆」，而豐原的「三民書店」也就是這一切的開端。

「我出生臺中石岡鄉下的公務員家庭，家裡一直有訂報紙，我從小就喜歡看副刊，喜歡文學。國中時，班上訂了《幼獅文藝》，全班只有我在看，我還記得我看到林雙不用『碧竹』的筆名寫的許多文章，覺得非常喜愛。」

那時候的石岡是一個非常鄉下的地方，人口只有一萬多人，在這荒涼的地方，他卻被一個同學啟蒙了，「我有個國中同學家境很貧窮，父母都目不識丁，兩個哥哥都先念師範再轉念臺大，但是他的家裡卻充滿了柏楊、李敖的書，都是哥哥們帶回來的。」這個同學把哥哥的書拿到學校借給利錦祥看，那些文字對一個鄉下的國中生來說，就像是開啟另一個世界的鑰匙，「於是我知道，這個社會上，是有些事情的。」

石岡的隔壁是豐原，利錦祥幼年時小兒痲痺，身體一直不好，念高中時又得了猛爆性肝炎只好休學在家療養，療養期間唯一的娛樂就是去豐原逛書店買書。有一天，他在報紙上看到豐原有一家書店要歇業，於是就和家人商量，後來真的把它頂了下來——他沒有回學校準備考大學，而是成為一間書店的老闆。

一九七八年他開始經營書店，隔年發生美麗島事件，全臺灣都處於火山爆發前地殼不停地晃動中。這個二十出頭的年輕人，每天在火車站前面偷偷地賣禁書給南來北往的過路人，「每個來買黨外雜誌的，我都捨不得他們走，就一直想和他們聊天。」利錦祥回憶。

開書店沒多久，有一個讀者騎著摩托車來書店，一來就指明要買十刀天鵝牌稿紙，什麼人會要這麼多的稿紙呢？那麼他一定在寫作了，想到這，利錦祥非常興奮，便與他聊起來，這個年輕人就是作家洪醒夫。

洪醒夫當時在神岡當小學老師，認識利錦祥之後，他每天下午四點學校放學後，便騎著摩托車來到三民書局，和利錦祥兩個人坐在書店裡，兩個人一邊天南地北，一邊興奮地等著各式各樣即將上門的讀者。

漸漸的，文人志士絡繹於途，三民書局成為黨外在中部的聚會場所。為了迎接來自各地的朋友，三民書局樓上隔出一間榻榻米的房間，還設了廚房天天開伙，煮流水席給大家吃。直到現在，三民書局都是一間「有廚房」的書店，書店員工、送貨司機、意外到臨的朋友都可以來吃一頓。

林濁水、吳乃仁、邱義仁、劉守成四個人開個破車環島，說要去串連全臺灣黨外力量。響應的人雖不多，但是住在三民書局的時間不少，林濁水自己就在書局裡住了四個月，因美麗島事件繫獄的陳菊，剛出獄時也到三民書局來住過。

「洪醒夫和文藝圈的朋友在我的書店進進出出，我還記得姜貴、楊逵，他們常常約在我附近（豐原車站）的路邊攤吃東西。」利錦祥回憶，這間當年黨外最重要的落腳點，來來往往的作家、政治犯、黨外志士、熱血青年，數量是多到他也數不清。

「大家每天在我家煮酒論政，訐譙國民黨，喝醉了就睡倒，第二天起來繼續上路搞串連。」

「那是我這一生，生命最炙熱的十年。」他說。

洪醒夫和利錦祥是最要好的兩個朋友，兩人天天綁在一起，討論著革命大業。

洪醒夫一度覺得像他這樣「寫字救國」實在太慢了，起心動念想選國大代表，他還騎摩托車載著利錦祥去東海別墅找楊逵討論。

就在這兩個男生整天的狂熱中，突然發生了一件事情，讓文藝青年一下子從書店跳進了政治的洪流中。

「一九八〇年，發生了林宅血案，我們兩個直到傍晚才在臺中聽說這件事情。我還記得那天晚上我和洪醒夫兩個人哭著講電話，我那時候就知道我的生命不同了。我跟上帝講，除了開書店外，我要與國民黨對抗到底！」

一九八二年七月三十一日，安迪颱風登陸的那一夜，兩個男生與友人聚會後坐計程車回家。計程車在大雨裡打滑翻了三個跟斗，利錦祥重傷，洪醒夫過世。

「他的生命、他的未竟的志業，時至今日一直陪伴著我，記在我的內心，我都要幫他去做……」利錦祥一瞬也不瞬地看著我。他得過多場重病，身體不好，行動也不方便，但是那造出一切的神卻給予他活出兩個生命的承載重量。

「我跟我太太說，書店交給妳，我要去『博國旗』了！」

利錦祥參與政治的方式，也很像他開書店：在書店，他永遠是為自己仰慕的那些作者們服務，盡心地照顧他們嘔心瀝血得來的一點結晶。在政治裡，這些做偉大事業的革命伙伴們常常沒能力也沒時間處理紅塵俗務，於是利錦祥又像一個店老闆一樣地為他們奔波，當他們在前線作戰時，忠誠可靠地為大家顧厝。

一九九一年國大代表選舉，利錦祥擔任選舉總幹事。那時候他已經結婚六、七年了，住在豐原一間山坡地的房子上。晚上十一、二點結束選舉工作回到家裡，門鈴突然響了，他打開門，外面站著一位陌生女子。

「我一眼就認出那是戴著假髮的陳婉真。」那時陳婉真搞了一個「臺灣建國運動組織」被政府通緝，正在到處流竄。

陳婉真問他：「你會不會怕？」

利錦祥回答：「我會怕，但是即使如此，我也要把妳留下來。」

白天利錦祥在競選總部看著電視報導。警方到各處大陣仗捕捉陳婉真，他心裡想：「佇阮兜啦！毋共汝講爾！」中午他騎著摩托車去買便當，到處繞圈子確定沒有人跟監才敢把便當送回家。陳婉真就這樣在利錦祥家裡躲了四個多月。

陳永興接手《臺灣文藝》時，利錦祥擔任社務委員，他很積極地參與，也因此結識了主編李喬以及文壇大老鍾肇政等人。

寫出臺灣史詩《寒夜三部曲》的李喬是臺灣文學史上的巨人，利錦祥告訴我「三民書局」與李喬的故事。

「那時候李喬在苗栗開補習班，補習班需要印講義，那時候影印機還很稀少，影印很貴，李喬的太太就每週坐著火車，從苗栗來豐原的三民書局影印講義。」

「後來我在豐原開升大學的補習班，李喬的女兒要考大學，李喬就讓女兒來住我的補習班宿舍，讓我照顧女兒一年。」

在三民書店裡，照顧同志照顧朋友，「那是我這一生最美麗、最快樂的時光。」利錦祥回憶。

「就是那種慷慨就義，欲把自己奉獻給臺灣的感覺。」

「到後來，政治一直發展，有人當選，開始講政治權力時，屬於年輕奉獻的那種感覺，才慢慢消退了……」

說到這裡，利錦祥停了半响。他本來以為自己的人生是要犧牲的，結果，卻是隨著臺灣的前進，漸漸地變老了。擔任新潮流總幹事十八年，每週從豐原到臺北通勤「顧兩個攤」：週二到週五幫新潮流顧攤，週六到週一在豐原顧書店。

時代變了，攤裡的事也變了，從很簡單的「打倒萬惡國民黨」，變成人情、權力、謀略、理想間的糾葛。經營政治難，經營書店更難，臺灣目前七成三書店經營面積小於五十坪，三成書店每月營業額低於五萬元。

不過，利錦祥告訴我一件發生在三民書局的事：

「有一天，有人送了一盆很大的花擺在我們書店的門口，上面也沒有寫送花人的名字。後來，我們去問花店，才找到送花的人。」

「她告訴我們，她是一個單親媽媽，這麼多年來，每天孩子放學後，她就叫孩子來三民書局看書，等媽媽下班來接他。現在孩子長大了，她想謝謝我們。」

這個孩子，在書店裡度過了他人生最幼小孤單的時刻。書，永遠在最困難的時候支持、陪伴。

在政治裡煎熬的時候，「我作為一個政治工作者，選舉期間，我太太很清楚，晚上我一定是一大堆的文學小說，躺著看這些文學作品，才有辦法把自己平靜下來。否則，每天都是非常世俗的，都是在討好選民。」利錦祥說：「一邊想要戰贏，一邊又要面對自己。」

一本本的書，就像是一個個作者的家，書頁是四面牆，封面是屋頂，它們肩並肩地排隊在書店的書架上站好，讀者可以從這一家逛到下一家，從這家知識的肩膀輕易地跨到下一家故事的後院裡……曾經，有一個這樣的地方，支持了許多年輕人追求他們的夢想。夢想仍在匍匐前進，可是，「書店」卻要隨著時代消逝了。

書店不在了，但是讀者——那些被書本支撐著前進的人——其實還在。

「有一本書我推薦非常多朋友去看，作者是日本的川本三郎。他是日本『安保運動』時《朝日新聞》的記者，書名是《我曾愛過的那個時代》。裡面有一句話：『只有文學才能側耳傾聽挫折者的輕聲細語。』」

「這句話，完全烙印在我的內心。」

「作為一個政治工作者，我很清楚，這個國家，要成為一個真正進步的國家，一定要有人文厚度，否則一定會價值錯亂……」

在白茫茫的煙霧中，利錦祥揮動雙手激昂地說著，彷彿，那似水年華從來也不曾流逝。

出生年：一九五六年

出生地：臺中市

曾　任：《臺灣文藝》社務委員、《臺灣新文化》雜誌社社長、中臺灣廣播電臺董事長、春雨文教基金會董事、國大代表、豐原三民書局負責人

現　任：新潮流辦公室總幹事、臺灣新社會智庫總幹事

輯三

臺灣開箱

怪奇烏賊實驗室

——焦傳金

羅佳蓉 攝

「你知道，烏賊會算術，軟絲會說『我愛你』嗎？」

清華大學系統神經科學研究所教授焦傳金笑瞇瞇地說。這些，是他領導的研究團隊所從事的許多研究之一。

焦傳金是頭足類（如章魚、烏賊等）生物專家，也是系統神經科學家，他帶領的烏賊實驗室在全球有極重要的地位。「烏賊實驗室在世界上只有十個。」焦傳金笑著告訴我。所以，他們所提出的每一份報告，都是人類在該領域的一小步。

頭足類應該是人類最熟悉的魚類。經典冒險小說《地底旅行》裡的海底怪獸、皮克斯「海底總動員」裡不斷大逃亡的章魚漢克、每到世足賽就要出來神預測的世界級算命師章魚哥保羅、電影「環太平洋」那隻可以開發人類智慧，連接人腦神經的大頭章魚怪……

「章魚」充斥在人類的影視文化產品裡，對這些「頭特別大」的海底生物的無盡想像，也是人類對海底未知智慧的想像。億萬年的演化，讓萬物之靈在地表站起來，那麼，在那神秘的深海裡，是否也有另一種生物，與人類一樣經過了種種意外，終於長出智慧了呢？

「人類全身的神經細胞有一千億個，狗有六億個，可是，一隻短短的章魚，身上就有五億個神經細胞。」焦傳金嚴肅地對我點點頭：「妳看，它們的頭那麼大，神經元這麼多，總是有意義的吧。」

他研究烏賊的智慧、烏賊的情感，我問他為什麼不養章魚（對電影裡的章魚戀戀不忘），焦傳金笑著回答我：「章魚真的會逃跑啊！」

他的研究室位於清華大學半山腰，一棟被樹海包圍的建築中，學城裡師生熙來攘往，四周充滿著青草味道。但是，當電梯抵達研究室的樓層，門一開，一股海水的潮腥味便撲鼻而來，像是在告訴我們，此處住著稀有的客人。我們循著味道前進，在邊間找到焦傳金老師。他笑瞇瞇地從書桌後站起來：微捲的頭髮，瘦瘦高高的身量，眼鏡後面一對彎彎的眼睛，一看就知道是「動物好朋友」。

他告訴我，就在隔壁房間裡，住著他養的一百隻烏賊。

養海裡的生物不容易，得為牠們打造「人工的海底環境」。焦傳金帶我們去看「烏賊的房間」，只見四坪左右大的空間裡，有幾個裝著海水的大水箱，上面密密排著長方形塑膠洞洞盒，烏賊同學們一個個待在自己的小盒子裡，正在進行不同的實驗。

「它們每一隻都有不同的個性。」焦傳金介紹牠們：「有的活潑，有的害羞……」

二〇一六年，他在英國皇家學會會報上發表了《烏賊具有數感，可以算出面前食物的多寡》的研究報告，這篇文章也被自然（Nature）期刊選為精彩報導。

根據他們的研究，烏賊能分辨二比一大，五比四大，且數量越多，牠計算所需要的時間就越多。

焦傳金在我們面前操作這個實驗。在烏賊的面前放進兩個密閉的透明小盒子，一邊是一隻小蝦，另一邊是兩隻小蝦，看牠往哪裡走。只見那隻烏賊立即伸出攻擊腕（最長的一對觸手），毫不猶豫地朝向「兩隻蝦」的盒子前進。

為了證明烏賊是有「真正的數感」，而不是只是偏好密度比較高一邊，他們還試過將兩邊的蝦子密度維持一致，或是將兩邊的活蝦變成死蝦。結果顯示，烏賊仍然選數量多的那一邊，「因此我們認為烏賊能夠藉由算術分辨食物的多寡。」焦傳金說。

一般人類的數量感可以分為兩大系統，一種是「感數」能力：就是不需計算，一眼就可以分辨數量，但是最多只能分辨到三或四；另一種是「算術」能力：就是需要數完後才能判斷數量。為了瞭解烏賊的數量感是屬於哪一種系統，這項實驗也量測烏賊選擇時所花費的時間。結果發現，烏賊在面臨四或五這樣數目大的困難選擇時，會比簡單的一或二耗費更多的猶豫時間，這表示烏賊是在計算數量，而不是一眼判斷。

烏賊哥除了會算術之外，焦傳金告訴我們，牠還會評估風險，「實驗發現，面對一隻大蝦與兩隻小蝦的選擇時，烏賊肚子餓會選一隻大蝦，不餓時會選兩隻小蝦。」

「肚子餓時，會選擇高風險、高報酬，這跟人類是一樣的啊！」焦傳金說。

頂著大頭殼的海底生物，有著自己的小心思，焦傳金還試圖去解讀牠們的語言。所有的頭足類動物都善於變換體色，這些「身體語言」是不是牠們彼此溝通的方式呢？

焦傳金把軟絲的頭、觸腕、鰭、身體的顏色變深或淺、出現斑點或條紋等圖案，分析歸類為二十七個單元，當牠們快速地變換組合這些色彩元素，就像人類的語言一樣，相當於組合出不同的句子，表達出像是：「我打贏了」或「我愛你」等意義。

頭足類是用神經系統控制體表色素細胞，一秒可以變好多次顏色。這二十七個單元就像英文的字母一樣，快速排列組合，啪啪啪地打在體表上。所以當兩隻軟絲閃閃發光地在一起游泳時，其實是在散步聊天。有時牠們在談戀愛，有時在吵架，一言不合，還會打起來。

這篇解開臺灣萊氏擬烏賊（軟絲）變換體色來傳達訊息的論文《分析軟絲生殖行為中動態體色變化發現視覺語言的溝通方式》，不僅登上生科領域頂尖期刊《生態與演化尖端研究》，也被「科學日報」等國際科學新聞網站報導。

不過，研究「軟絲說話」，可是要去「軟絲的家」。二〇一一年開始，研究團隊便「泡」在東北角海域裡，用水下攝影機記錄軟絲的活動。

水下作業不比陸上工作，他們曾經遇到颱風，軟絲的卵全被沖走了。有時海象很差，研究人員為了追蹤實驗，得冒險潛水，摸黑上岸。還有一段時間，軟絲卵突然陸續消失，最後他們不得不架設攝影機抓小偷——原來有隻大海龜把焦傳金的海底研究室當餐廳，不時晃過來叼一串軟絲卵邊走邊吃。

首先你得喜歡海——這是做海洋生物研究裡，最重要的事。

焦傳金告訴我，他是怎麼樣走進這個研究領域的。

「我念成功高中時遇到一個很好的生物老師，受到他很大的鼓勵，然後，那時候我很想學潛水，看到中山大學海資系有潛水課，就填了這個志願。」

「結果，我入學的那一年，學校更改課程，把潛水課移到研究所，於是我又念了研究所……」他呵呵地笑起來。

海洋，是一個讓他一腳跨進，就難以忘懷的世界。

只要背上氧氣瓶，穿上蛙腳，穿過水面，你就可以開始飛行。在那個超過人類想像，夢境般瑰麗的國度裡，有斑斕的大頭魚、整整齊齊穿著制服的魚群部隊，害羞的小丑魚在身下探頭探腦。當你與牠們一同展翅飛行時，有時你會左顧右盼，在光的折射下，你看到的一切動植物恍若鍍上金光，隨著體色變換、閃動著。那些顏色屬於海底生物，人類創造的文字還無法捕捉，千變萬化，難以描繪。

地球是一顆「浸在水中的星球」，海洋佔了地球表面的七十．八％。人的一生再如何轟轟烈烈，也只能在地表的百分之三十上面稱王。可是，從事海洋生物研究，卻讓焦傳金有機會一窺這顆「水星球」的另外面貌。

他告訴我一個有關「深海中的大鳳梨」的故事。

「我在美國做研究的時候，美國的軍方與學術單位合作，設立了一個海洋實驗室。那時軍方的想法是，人類在外太空可以生存，那麼人類在『內太空』（海底）應該也可以生存，於是就設立了一個工作站。」

「這個工作站開放給學者進駐，進行海洋研究，我那時也在這個研究團隊裡。我是水上團隊，有另外一個團隊是固定住在水底的工作站裡，他們每一次進駐都是兩週。」

「我需要固定地把補給帶下去給他們。」焦傳金微笑著，那真是難以忘記的「海底旅行」——穿上潛水衣深入海底，下面有個可以讓人居住的小房子——我的腦海裡馬上浮出海綿寶寶住的深海大鳳梨。

然後，進入工作站，脫下潛水衣，換上乾爽的休閒服，倒杯咖啡，和裡面的伙伴一起聊聊天說說笑話，海裡的魚就在他們的不遠處游來游去。

「因為壓力緣故，每次我都只能待二十至三十分鐘。」焦傳金笑著說，喝完咖啡，他再換上潛水衣，走出大鳳梨往海面游去。

雖然章魚是電影最愛的主角，可是，「頭足類」研究，其實是超級冷門的研究。「大家都不知道研究頭足類有什麼實際的應用。」焦傳金坦白地說，他的另一個研究領域「人工視網膜」比較受到外界的重視。

但是，對於與自己不一樣的另一個生物的好奇心，才是研究者的慾望與樂趣的來源。

「我的學生告訴我，研究烏賊是很療癒的。」他告訴我：「心情不好時，去實驗室看看他們，心情就緩和了。」他的研究助理楊璨伊，剛開始實驗時還把自己從小養大的烏賊們都取了名字，比如說喜歡趴在水缸裡的造景小屋上的「趴趴」、膽小的「小小」、愛生氣噴墨的「墨墨」、最配合實驗的「乖乖」。但是實驗中有隻烏賊突然死掉了，讓她很傷心，後來焦傳金就要同學們別再替烏賊取名字，現在一律用編號。

「我都告訴我的學生不要為學分來做實驗，」他微笑著告訴我：「我每天都很期待來實驗室，很想知道結果，而且，我們提的問題是很有趣的……」

我問他：「你得到的最大收穫是什麼呢？」

聽到這問題，焦傳金呵呵地笑起來了：「研究二十年，我得到的問題比答案更多啊！」

接著，他開始起勁地提起許許多多烏賊的實驗：烏賊的心情會不會影響牠的決定呢？給牠不同的情況，牠會做出不同的決定嗎……

出生年：一九六九年
出生地：臺北市
學　歷：美國馬里蘭大學生物科學系博士
經　歷：國立清華大學副教務長、國立清華大學分子醫學研究所所長、生命科學系暨系統神經科學研究所教授、美國伍茲霍爾海洋生物實驗室合聘研究員

神奇博士的玻璃玩具屋

——李家維

李景濤 攝

「李家維教授的玻璃屋」位在苗栗的某座山頭上，我才隨著谷歌導航走進半山腰的村子裡，地圖畫面就像斷了氣，失去座標，徒留我孤伶伶地站在本村唯一的馬路上。正茫然，整條路上唯一開著的店面（是家修車行）裡走出一位提著工具的師傅，問我要去哪。

「我要找李家維教授。」

「喔！」那師傅打量我一下，突然神情嚴肅戒備起來：「妳跟他有約嗎？」

「有的有的。」我趕緊鞠躬哈腰地自我介紹起來。

這座山頭有寺廟、有步道，還是政府核定的風景區。不過，「李教授的玻璃屋」顯然也是「保護區」。修車師傅再三確認過我並無惡意後，終於放行，「妳循著這條路上山，就會看到一座玻璃屋了！」他和氣地指點前程，忍不住面露得意之色。看得出來，方圓數里內的鄉親個個自任保全，大家都以這裡有位「神奇博士」為榮。

好不容易才在茂密的林間見到不起眼的入口，穿過小徑，面前豁然開朗，整個谷地一覽無遺，玻璃屋就建在這個臨山谷的斜坡上。

最下面一層是池塘，然後是一片臨水而建的平房，整面落地玻璃窗裡坐著七百五十尊佛像。接著是一棟玻璃透天厝，屋頂上壓著大樹，玻璃屋的背景是一整片森林。

這座房子彷彿是在綠色大海上漂流的玻璃瓶：當風從森林的深處吹來，鋪天蓋地的海浪隨著山風湧進屋裡，文物、標本、古董還有李家維種的那些花啊草啊養的青蛙啊蜜蜂啊就像是在綠色的海洋裡載浮載沉，可以望見遠處的岸邊人家，太陽像顆鹹蛋黃掛在海平線上。

六十七歲的李家維，是清華大學生命科學系教授，專攻細胞生物學、生態學、演化生物學等學門。他曾兩度出任國立自然科學博物館館長，是科普刊物《科學人》總編輯，也兼任「辜嚴倬雲植物保種中心」執行長。一九九四年，李家維提出「蜜蜂感應地球磁場」，登上國際權威《科學》雜誌。一九九八年，他在貴州挖掘出古動物胚胎化石，將動物起源時間大幅度上推五千萬年，轟動古生物學界。

擁有穿越時間、空間的超能力，「神奇博士」李家維站在玻璃屋前的院子裡，笑瞇瞇地對我說：「這裡是我的遊戲屋。」

「遊戲屋」裡無處不是玩具。院子有條長長的木桌，上面擺著一個精緻的木頭小房子。我隨手拉開一看，裡面一個個小黑點，住著許多獨居蜂。原來，這是獨居蜂的民宿，獨居蜂可以幫助授粉和防蟲，是有機農業的好伙伴。

「今天有人來拍電影！」他向我宣佈，幾個布景工作人員忙碌地在池塘邊走來走去，「這電影是桂綸鎂演的喔。」

正聊著，一個快遞抱著一捆一公尺左右的大包裹跨過院子，李家維眼神發亮，當場從六十七歲的教授變成十二歲的男孩，拋下我們匆匆跑到門口迎接他的幾樣「新玩具」。以下是開箱文——

第一個是包裹，層層氣泡紙包著一只鯊魚標本。李教授說，這只鯊魚很特別的是（他伸手翻過鯊魚的肚子給我看牠的牙齒），「妳看看這牙，包在嘴裡面——」

接著，快遞又用小推車推來了兩條精緻的長箱子，裡面竟是一對青銅器——錯金銀黑豹。這種中國古代的青銅器裝飾工藝，是在青銅器表面鑲上金銀絲。從東周伊始，在漢代極盛。

李家維用手指輕輕刮著這對豹子身上的黃金花紋，滔滔不絕講解著戰國和現代黃金工藝的不同：「戰國黃金量只有八〇%左右，現在當然都是999……」「這是我的，我可以刮一點來去驗！」他抿著嘴得意地笑著。

「當然這也可能是老闆來呼弄我的假貨，這是我很大的挑戰啊！哈哈……」他抬頭大笑，「如果這是假貨，製作的人也是很用心，很有創意啊！」

我環視這房間：古董、文物、動植物標本共聚一堂，樓上還有中國各朝代墓葬品，唐代的彩俑、六百多種中藥材標本、飛在半空中的恐龍化石、四千年前的象牙雕刻「中華第一花」、貝殼化石各種採樣幾百箱……

無數你想得到的與想不到的「館藏」充塞其中，內容豐富，類型多元，充滿了主人慧心獨具的創意與趣味。李家維曾擔任國立自然科學博物館館長九年，自己也有一間博物館，而且，還是間「知識好好玩」博物館。

看著這澎湃的藏品，我忍不住問李家維收藏多久了？

原本李家維走在我前面，喜孜孜地抱著那隻小鯊魚像抱著一個新生的嬰兒，聽到我的問題，他停住腳步轉過身來，笑容轉為嚴肅，「我已經累積了六十年的收藏功力啊！」他說。

從李家維只有七歲，還是個在澎湖海邊撿貝殼的孩子，他就開始漫長的收藏生涯了。

李家維的父母是縣府的公務員，「我的身體不好，朋友去打球，我只能在海邊看海，看海藻、魚蝦和螃蟹。」「每天靜靜看海，對我以後選擇做生物學研究有很大影響。」

他收集了許多貝殼、螃蟹等，「那時我聽說一個故事，」他壓低聲音來，神秘地告訴我：「只要能收集到七顆乾掉的烏鴉眼睛，敷在自己的眼睛上，就可以看見鬼。」

收集擁有魔力的標本！這件事情湯姆和哈克在密西西比河邊做過，哈利波特也和他的小夥伴收集了許多。六十年前的澎湖海邊，有個小男孩也有著一樣的夢想。

那是人類身為萬物之靈的最大幻想：一砂一世界、一花一天堂，這些曾經存在的生命，透過點滴遺跡，傾訴著故事與感情。若你附耳傾聽，他們的生命便能延續，生發出神奇的力量——這就是標本的魔力。

「每當我得到一樣（標本），都會興奮不已，」李家維看著我，眼睛清澈透明一如少年：「直到今天，（這樣的感動）沒有一絲減少。」

小時候收集貝殼螃蟹，念中學時李家維省下每天午餐錢買盆栽，擁有一座兩百多盆植物的小花園，研究所時蒐集了兩百種形狀古怪的螃蟹標本……二〇〇七年，他勸好友辜成允出資成立位於屏東縣的辜嚴倬雲植物保種中心，號稱是「植物界的諾亞方舟」。至今，館藏已累積三萬一千八百四十種熱帶與亞熱帶植物，蘭科、鳳梨科、秋海棠科及蕨類收藏量，堪稱世界之最。

李家維有個著名的收藏，他收藏著九百多尊落難佛像。「宮廟收了，住持換了，家裡的老人過世了，信徒覺得不靈驗……」種種原因，這些佛像不得不離開神壇，有的做過退神儀式，更多的「因為退神儀式很貴」，只能棄置路邊或是劈了燒掉。

李家維和他們的相遇，就是在路邊，「大概十七、八年前，有一天我開車時看到路邊堆著很多佛像，原來他們要拿去丟棄，我就把他們通通載回家來。」

日子久了，他收佛像的名聲傳出去了，送來的人更多，如今他的玻璃屋裡有一層全部擺滿了佛像。

這些佛像有的是歷史名人，有的是神話傳說，在漫長的歲月裡他們各據山頭，但是如今大家笑瞇瞇地坐成一排，像是一群心滿意足的老友們，靜靜地看著窗外的夕陽漸漸落進水塘裡。

李家維也是一臉笑容，站在前方認真講解起來：「妳看，這是鬼谷子，這是他的弟子孫臏，這個廟是拜鬼谷子的九個弟子的……」

他說，人類的文明是從宗教開始的，「一種說法是，人類因為需要人力建神殿，所以從畜牧轉為農耕。」他告訴我。他們一個個都是歷史的片段，現在李家維把碎片補綴起來，就是人類文明的故事。

在這裡，被組合起來的東西還有很多。佛像面前，地板上放著一隻膝蓋高的陶馬，「牠來自一個墓葬。」李家維說：「我跟我的小孫子剛剛把牠組好。」一邊說著，他一伸手就輕輕地把馬頭取下來，原來，這是一隻「組合馬」。牠的右蹄舉得老高，躍躍欲跳，下面擺著一疊書撐著。我蹲下去看，是一套「世界文學名著」。

人類與億萬種生命相連，在地球這個舞臺上，開展出無盡的故事，對這些鄰居的好奇心，就是知識的起源。在這個房子裡，這一頭是生命的種種碎片，另一頭，許多生命正在努力地存活下來。李家維很高興地告訴我，他正在房子後面的山壁「養青蛙」。

「我在苗栗獅頭山住了二十年，儘管山林未見擾動，但清楚觀察到蝶蛾與蛙類種類與數量銳減。」

「臺灣原生三十六種蛙，其中有十四個特有種，牠們的存亡只能靠臺灣人自己救。」

今年初，李家維起心動念演練「蛙的保種計畫」。

他從最常見的「莫氏樹蛙」開始飼養起，「佈置了飄著大萍的水盆、煮爛的菜葉和沉水魚餌。」也為這些莫氏樹蛙蝌蚪寶寶們準備的充足的食物「飛舞活果蠅」。擔心牠們被蛇、鼠、鳥當食物吃了，李家維在山壁旁的蛙舍四周密密繃著網子。

最高興的是，他為臺灣的青蛙保種計畫找到支持者。「清華大學校友總會理事長蔡進步，聽到我的計畫後願意支持！」他興奮地告訴我。

為已經消逝的生命，留下足跡，讓正在掙扎的物種，能夠存在；我們可以伸手摸到牠們，閉起眼睛就可以感受他們——這不就是自然科學博物館嗎？

正聊著，旁邊的玻璃窗上突然出現了一個人影向李家維揮手，是個木工師傅。李家維說：「我要跟他討論事情，妳也可以一起聽。」

我們三人坐在室內唯一一張會議桌上討論事情，頭頂上飛著蛇頸龍的化石，抬頭就可以數出牠的牙齒。蛇頸龍應該也很高興可以一起開會吧？我想。

李家維拿起紙筆邊畫圖邊講解。他曾在國外的博物館，看過他們將動物標本做成遊行，「我現在想在房間的中間做一條動物們遊行的檯子，它是要後面高前面低的，我會把大動物擺在後面，小動物擺在前面……」

「未來的博物館，應該要像迴轉壽司店。」李家維告訴我，過去人們想到的博物館，都是龐大建築龐大人力，這樣的規模，對許多收藏家來說非常難以達到。李家維想像中的「未來博物館」，展品將像「迴轉壽司」一樣地放在一個行進的軌道上，不停地做三百六十度旋轉，讓訪客們可以看到它們的全貌，如此一來，不但預算將大大縮小，參觀的觀眾也將得到更全面的體驗。

討論了一會兒，接著，李家維和師傅雙雙站起來，拿起量尺和塑膠繩，在地面上擺出「動物們行進路線」。我看著那條大S型的的路線，腦中馬上浮起這裡的各位小朋友大朋友們一同緩慢地在樹林中行進的景象，而眼前這位置身於地球漫長演化洪流中的李家維，正是那個興致勃勃地觀察著生物的少年。

出生年：一九五三年

出生地：澎湖縣

學　歷：加州大學聖地亞哥分校斯克利普斯海洋研究所博士

經　歷：曾兩度擔任國立自然科學博物館館長

現　職：任教於國立清華大學生命科學系，兼任《科學人》雜誌總編輯，辜嚴倬雲植物保種中心執行長

插電水獺的網路樂園

——謝綸

鄭宇騏 攝

二〇一〇年後，搭著智慧型手機的大爆發，臺灣湧起一波「網路新創事業」熱潮，許多年輕人投身這波大浪，靠著夢想在浪裡翻騰。新事業生存不容易，這些轟轟烈烈開臺的公司絕大多數都在極短的時間內沒頂了，但是，在這之間，卻有一家由一群「資深鄉民」成立的團隊存活下來，而且繼續發展，將「網路鄉民概念」發展到極致，它就是「電獺」。它的科技商品部落格「電獺少女」是「鄉民經濟」，PTT精華版「鄉民晚報」是鄉民媒體，他們販賣自己製作的網路工具服務各大公司。

創辦人謝綸本來是純真宅宅，在辛苦的創業過程中遇過大野狼，也遇到好心人，過了一關又一關，仍然抱著「社群平臺將改變世界」的理想，要做出心中的夢想軟體。

電獺的辦公室十分奇特，走進公司，首先迎面而來巨大的中島廚房——不是擺設，是真的拿來煮飯吃飯的。中島大桌後方，大同電鍋、烤箱、微波爐、火鍋、鍋碗瓢盆、營業用冰箱……一應俱全，桌上還晾著吃了一半的蛋捲、兩塊小潘鳳梨酥、半顆鹹派、打開蓋子的餅乾等等……形成一壯觀的「零食展」，共同等著主人工作歇息時再來繼續吃完它們。「零食展」對面，是大大小小玩具公仔，東堆西堆，堆成天然屏風，掩映著後面五十隻埋首電腦的電獺們。

玩具、零食、電腦，這裡是男生宿舍的終極版，理想的宅宅青年之家。

洗碗槽牆上掛著電獺公司的精神標章，一幅可稱為「水獺精神」的小畫，畫的是他們「一張桌子創業」的故事：四隻胖嘟嘟的水獺圍著一張大桌子，對著電腦工作討論著。那是「電獺」的創辦人：四個臺大學生，圖資系的謝綸、動物系的蘇芃翰、資管系的Wayne，以及一位後來去日本工作的好友。

謝綸是電獺的創辦人也是執行長，胖胖身軀、圓圓眼睛，說起話來簡單又直接，一看就知道確實是從畫面中間那隻走出來受訪的水獺。

「水獺是很熱血、樂觀又團結的動物，就跟我們一樣。」他說。

接著，「水獺老大」謝綸告訴我，這個集結了熱血、樂觀、團結，以及驚險白目的「鄉民創業」故事。

二〇一二年，他們這個鄉民自組的技術團隊一共十五個人，剛剛離開一手參與創辦的「昂圖」（Fly V群募網站的母公司），決心自己創業。

「我叫大家跟著我，可是，我身上只有兩萬五千塊。」謝綸說。他和技術長Wayne一起去找辦公室，找到一間東區的頂樓加蓋，房東說，租金加上押金要五萬塊。

「Wayne就說，他超喜歡這房子的，如果我不租他就要租下來了！」於是，Wayne出了另一半，他們一同租下這房子，錢就花光了，兩個人身上連一毛錢都沒有。

就在這時候，謝綸遇到了他生命中的第一個貴人——「臺灣彩券公司」。「我媽中了樂透十萬元！」他說：「她給我七萬多塊。」

臺彩公司出開辦費，謝綸去IKEA買了一張大桌子（就是畫裡那張），旁邊擺了許多板凳。因為業務量不夠養活大家，所以暫時是一人公司，小伙伴們必須另謀生計。白天謝綸努力接案做網頁，晚上大家下班、放學（許多成員那時還是學生），就來到這張桌子旁邊聊天，討論他們共同的夢想。

這群網路上的「資深鄉民」，從二〇〇九年開始聚集在謝綸家討論一個新的社群平臺，「一個終極產品。」謝綸說，讓所有人的靈感從發想到實踐都可以在同一個社群平臺上進行合作、完成，他們將它定名為「Pastewall」。

這個小社團經過許多風雨，如今終於走上創業的道路。現在，他們圍坐在謝綸的大桌子旁邊，討論這家公司該叫什麼名字。

「有人就說，他很喜歡水獺。」

「天啊，這也太冷門了吧！」謝綸回答。

不過後來謝綸還真的對水獺進行了一些調查，研究後發現水獺確實很能代表自己（我觀察到水獺也確實和創辦人們都很像）。

差一點，這家公司就要命名為：「水獺公司」了。不過，有位小伙伴指出，用「水獺」在網路進行搜尋，出現的頁面都是「水獺的生活習性」。

「一間網路公司不可以發生這麼低級的錯誤。」謝綸嚴肅地說。

所以，他們又在「水獺」（otter）前面加上了A，成為「Aotter」，「我們給自己的中文名字就是『插電的水獺』。」謝綸說。而電腦程式aot檔，意即「ahead of time預先編輯」，所以「Aotter」，便成為「領先時代的人」。

天啊！領先時代！坐在我前面的謝綸，滾動著水獺桂圓核兒般的黑眼珠興奮不已，這不就是他十一歲時就立下的志願嗎？

「我是一個來自南部鄉下的小宅宅。」謝綸告訴我。

爸爸是軍人，謝綸從小在高雄的城市邊緣長大，「我家還蠻鄉下的。」他說：「是《PChome雜誌》啟蒙了我。」

「我家離百貨公司很遠，要看玩具很困難。我從小就想，要是坐在家裡就可以看到、玩到自己想要的東西該有多好。」謝綸說，偶然間，他在《PChome雜誌》上看到「教小學生自製網頁的文章」，從此開啟了謝綸的鄉民之路。

小學五年級時，謝綸製作出自己的第一個網頁——「如何攻破洛克人」，光是一個晚上就有七百人上線瀏覽，許多人還會寄信給他。

「那對一個鄉下小宅宅來說，是多麼大的震撼。」他虔誠地說。

從此，謝綸就成為「網際網路改變世界」這個信念的永恆信徒。

沒有錢去上電腦課，也沒有錢買書，小學生謝綸學電腦的方法是：「去附近書店讀網頁的書，強迫自己背起來，然後趕快騎腳踏車回家試作。」

國中時期謝綸代表學校出門比賽，在比賽中認識了他這一生最重要的朋友「豬排」，不同學校且相距遙遠的兩人，透過網路互相聯絡。

「『豬排』是穩定的學霸，我是不穩定的學霸。」謝綸告訴我，那時候，他開始對學校的功課慢慢失去興趣，「寫考卷時就很沒有耐心。」功課一落千丈，念完全中學的豬排就問他：「要不要來我的學校唸書？」

於是，謝綸與豬排變成了學長弟（豬排大他一歲），高中畢業後，學霸豬排果然考上臺大，整天忙著寫網頁參加比賽的謝綸考上義守。

「這時候發生很重要的事情。」謝綸一本正經地說。

考上大學的那個暑假，電腦阿宅謝綸跑去向高中班上女同學告白，女生當場就拒絕了，還很驚訝地對謝綸說：「可是我和你同班這麼久，講不超過五句話耶。」

挫敗的謝綸回家吃飯時和父母講到這悲慘的遭遇，換來父母一陣哈哈大笑，「他們說，人家是念清大耶，你是義守耶。」

「我有各種火，一方面火他們怎麼可以有這種傳統的觀念，一方面又火自己……」

接著，致命的火來了，謝綸去義守住校的第一天清晨，被震天價響的叫聲吵醒，「我有一個室友喜歡清晨開喇叭看A片！」

「天啊！我怎麼會到這種地方來！」他哇哇叫起來。

於是，在「各種火」的交互夾擊下，謝綸決心考轉學考，「我在書桌上貼滿了漂亮女生的照片……砥礪自己好好讀書。」

他也鍛鍊自己開始減肥，同時參加系羽毛球隊與系籃球隊，然後每天早上六點半起床跑步。

「我跑步的第一天就發現有個漂亮女生也早上跑步，」謝綸說：「我告訴室友，他就說他也可以去跑。」

在「漂亮女生」吸引下，兩個男生很努力天天跑步，各方面交互砥礪，結果謝綸一年內瘦了三十七公斤。

「不過那個女生跑一跑突然不見了，我室友就說他不想跑了，後來我也覺得多睡一點瘦得比較快，哈哈。」

準備轉學考的這半年，應該是謝綸這一生最拼命用功的時間，他果然如願考上臺大圖書資訊系。一考上臺大，他首先再度向女同學告白，胖嘟嘟的宅男瘦了三十七公斤，穿得「流裡流氣」（謝綸自己形容），向女生華麗現身。

胖宅改頭換面，果然順利追到女朋友，另一件重要的事是，上臺北後，謝綸馬上與豬排聯絡，「豬排，我也來臺大啦！」

這位豬排，就是他的創業伙伴蘇芃翰。他們從此天天混在一起，一邊讀書，一邊寫網頁，不知不覺的這個討論團體越來越大，漸漸到了十幾個人的規模，他們開始設想一個全功能的社群平臺，就是「Pastewall」

「我們真的覺得，我們的人生就是為了生出這個東西。」

他們嘗試地寫了一部份程式，「豬排有個朋友在美國Google上班，他說這很屌。」連Google的人都覺得屌，「那應該是真的屌吧！」讓這個小社團興奮不已。

二〇〇九年他們成立工作室，以社團方式開始進行Pastewall的計畫。二〇一一年，他們先用Pastewall的部分功能作了一個小程式，獲得巨大迴響。那時候，紐約大學的四個學生做出了第一個群眾募資平臺Kickstarter，引起轟動。Pastewall裡面也有這部分功能，「就有新加坡的公司叫我們去簡報，簡報後他們告訴我們，最好找個天使投資人先投資我們五百萬成立公司。」謝綸說。

他們原本只是一個「快樂的小團體」，但是因為新加坡方的建議，謝綸開始思考要不要成為一家公司。就在這個時候，臺大圖資系的學弟林大涵引薦在天使創投業頗有名氣的林弘全（小光）給謝綸認識。

「小光想做一個臺灣的群募平臺。」他們後來合作推出的這個平臺，就是在太陽花學運時一夜集資六百萬元買下《紐約時報》全版廣告的Flying V。

當時謝綸擔任這家新公司昂圖的執行長，繼續帶領團隊精進技術。不過，「昂圖」最後卻是不歡而散。首先是公司虧錢，「小光是二〇一一年十一月帶錢進來的，可是到二〇一二年中，他就告訴我們錢燒完了。」

當初設定群眾募資的利潤來自於手續費抽成，不過他們很快就發現這是不可能的。

「我設定手續費是募款的八％，定這個價錢，單純只是因為美國Kickstarter的手續費是十％，我們想比他們便宜……」

「可是我不知道美國的金流費用是多少。後來我才知道，美國的金流制度與臺灣不同，他們非常便宜。我本來以為臺灣的金流費用是三％，所以我們的利潤會是五%，結果加上一大堆營運成本，最後會計師給我看的數字大概只有三點多……」

看過三次會計師給的財報後，「我就知道我犯了很大的錯誤。」謝綸睜著圓圓的眼睛無辜地說：「最糟糕的是，後來出現的群募平臺也都跟著定這個價錢。」

然後，他非常誠懇地看著我，說：「我看了就想——喔！同學，不行，這樣你們會死……」

「可是，當初我定這個數字也給小光看過，他說沒有問題。」

這個疑惑，很快就解開了，「其實，對出資者來說，在我們建立系統後，只要一個工讀生就可以操作這套系統，並不需要我們這些員工。」謝綸說出實情。

這些初入社會的宅宅們（有很多還是學生），對公司越來越疑惑，「後來我們很擔心公司的走向，就商量著要集資買下公司股權，可是小光寧可被罰錢，也不願意開董事會。」

公司不賺錢，小光家庭受到影響，與大涵更是多次衝突，大家吵來吵去，「這複雜的人際關係，對我們宅宅來說是難以想像的。」謝綸睜著眼，一臉恐懼：「那時候我覺得我已經在造業了……」

就這樣，謝綸和小伙伴們退了股，將Flying V留給小光，開始「電獺」的創業故事。

「天使」成為宅宅們的惡夢一場，沒想到，這只是冒險的開始，路上還有大野狼等著他們。

「我們去參加資策會的活動，認識了一位以『矽谷創投業者』身份來參加活動的黃先生。」謝綸說。

「後來他就跑來告訴我們，說他可以在美國為我們找到多少錢多少錢，我們聽一聽覺得很好，就同意他用兩百萬入股。他告訴我們，這兩百萬只是押金，他會找到更多錢……」

「沒想到他回美國後就音訊全無。幾個月後，他又出現了，告訴我們美國金主希望我們能完成某些計畫標的，才願意投資。」

「這些計畫是我們沒辦法執行的，他就說可以找某個公司執行，費用由我們付，而這個費用差不多就是兩百萬。」

「後來我發現，那家公司的負責人就是他的助理，也是姪子，這根本是一場騙局……」

最後這場騙局以資策會出面協調對方退股結束，不過宅宅們這下真的是見識了人間險惡。

穿越大草原，行過黑森林，這群鄉民在見識過森林裡的各種動物，執行長謝綸也因為壓力太大胖了四十公斤後，他們終於遇到了真正的青年創業天使。

「豬排高雄的鄰居，一個開螺絲工廠的黃大哥。」謝綸說。

他們去向黃大哥簡報「電獺」，「呃，其實我覺得他沒有很聽懂我們在說什麼，」謝綸說：「不過他很支持我們。」

「他告訴我們夢要做得大、做得遠，不要只看現在。」

黃大哥投資他們五百萬，而且告訴他們：「有賺錢再分潤就好，只要分潤到五百萬就好。」之後從不過問他們做什麼事情，「中秋節還寄月餅給我們吃。」謝綸說。

這是家裡的長輩幫忙晚輩啊，黃大哥應該是欣賞鄰居的小孩豬排同學吧，希望年輕人可以走出新的未來。原來，真正的天使，不過是個有臺灣心的大人。

「電獺」在「電獺少女」、「鄉民晚報」成名後，有了穩定利潤，從一人公司漸漸擴張到五十多人的規模，包括鴻海等大公司都捧著錢想要來投資。可是，經歷過這麼多事情，鄉民出身的謝綸說：「我們並不需要大公司，我們希望是和跟我們相同的人合作。」

和「電獺們」相同的，是什麼樣的事情呢？

謝綸努力地想著，「嗯，比如說我們的娛樂不是唱KTV啊！喝酒啊！我們在一起喜歡打電動啊！看電影啊。」（就是很宅宅）

當然還有最重要的，相信他們想做的事情，「我們還是要繼續發展Pastewall，我們現在已經做了百分之五十了，將來還要繼續去做，未來人類的一切思考、發想、到執行、實踐，都會在這個平臺上完成……」他興奮地對我描述那個人類的願景：每個人只要坐在自己家的電腦、手機前面，就一同建設了這顆地球（宅遍全世界）。

是的，電獺就是ahead of time。

出生年：一九八五年

出生地：高雄市

家　庭：未婚

學　歷：國立臺灣大學圖書資訊學系畢業、國立政治大學圖書資訊與檔案學研究所肄業

大起大落的遊戲人生
——劉柏園

張文玠 攝

去年，韓國手機遊戲「天堂M」大賣，讓臺灣代理公司遊戲橘子轉虧為盈，全年營收一四一．三三億元，年增六六．六%，將遊戲橘子推上顛峰。橘子紅了，乘勝追擊又推出網路服務平臺Beanfun，立馬跳進這個全世界最競爭的產業。Beanfun上架前，董事長劉柏園完成了自己的夢想——南極探險。酷愛極地探險的劉柏園，是一個標準的「殺不死我的會使我更強大」信念的信徒；遊戲橘子幾番逼近懸崖命懸一線，這些大落大起高音低吟，就是劉柏園的生命之歌。

遇見劉柏園時，他剛剛從南極回來，不過穿去南極的裝備還在整理，辦公室門口擺的則是「上次他去北極時的裝備」，頭罩、防護衣、雪靴，組成一個身長七尺的巨漢，站在基座上，儼然地看著劉柏園和員工、訪客，開會辦公、來來往往。

這巨人很有靈性，站在門前，不斷地發送著劉柏園想要與這個世界溝通的密碼。我和劉柏園一同站在這巨人前仰望著它——劉柏園在巨人前面也矮了半個頭，那是他的內心世界，遠比肉體更為高大。

我問他：「為什麼你喜歡極地探險？」

「因為——」他說：

「在極地，任何一個錯誤判斷，就會讓你重傷……甚至死亡……而且極度壓縮、極度高壓。」

「那很像工作。」他一本正經地看著我，好像他做的工作是「消防員」，或是「反恐部隊」。

走進劉柏園的辦公室，像是走進迪士尼樂園「與史迪奇對談」的太空艙。流線型的空間，昏黃光線長長地掃到地上，在與外星人對談的圓桌上打著圓圈。史迪奇是會造夢的星際寶貝，劉柏園可能也是——他的面前放著整套的《哆啦A夢》、《灌籃高手》漫畫，背後是整面牆的模型車。

現在的遊戲軟體越來越像是造夢機器，這個賣造夢機器的人抱著自己小時候的夢，正拼命地往未來奔去。

不過，二十年前的劉柏園並不是這樣子的。

一九九八年，第一屆MACAGA（漫畫、電玩、動畫）展覽，剛剛創業不久的劉柏園去參展。他每天都穿著成套西裝、黑皮鞋，戴著金絲邊眼鏡，坐在自己的小攤位上，西裝褲腳露出一截白襪子，等客人上門。

那個時候他的公司還不叫做遊戲橘子，叫做「富峰群工作室」。展覽結束後，會計拿著劉柏園的支票疑惑地去問主辦人：「這個人支票的名字和參展公司名字不一樣，會不會有問題？」

原來，劉柏園的公司沒錢參展，所以爸爸用自己的工廠幫他報名，「富峰群」就是劉柏園父親的工廠的名字。

「我的阿公是做空氣壓縮機的，爸爸也是做空氣壓縮機的。」劉柏園告訴我，他出生那一年父親創業，「爸爸一直期待我這個長男可以去接工廠。」

那是一家小工廠，這個頭家很疼愛兒子，「蘋果二號出來，我爸就買了一臺給我讓我學電腦。」

不過，「我都在打電動。」他承認，這是劉柏園人生最重要的一件事——沉迷於打電動——證明了一個顛撲不破的真理，人做得最好的，永遠是自己最喜歡的事，因為你會花最多時間在這件事情上。

喜歡打電動的劉柏園，在念五專時學會寫程式，畢業後成為一個遊戲程式設計師。那時候臺灣市面上流通的遊戲都是盜版的，本土遊戲公司只有兩三家，是極為小眾，也看不到未來的產業。

爸爸要他回家接工廠，他拒絕，告訴爸爸：「遊戲才是我的興趣。」

「現在想想覺得我爸很酷，他對我說——」劉柏園回憶著，臉上浮起笑容，「『興趣！賺錢養家就是你的興趣！』」

雖然爸爸反對，但是他仍然執意投入，「我賣掉了一個程式，就用那筆錢和幾個朋友合夥開遊戲公司。」劉柏園說，這家只有熱血的公司一開始就虧錢，接著，變成劉柏園的惡夢。

「我每個月終，都在籌下個月的員工薪水，到處借。」

「從每個月欠十萬、十五萬，變成每個月欠四十萬、五十萬，就這樣一直滾上去，真的很可怕。」劉柏園睜大眼睛，一臉驚恐，就在我的面前，當場變回那個二十來歲的年輕人。

現在，劉柏園每個月要付一千個員工的薪水，幾億幾億的錢跑來跑去眼睛都不眨一下，但是午夜夢迴時最驚嚇的鬼魅還是二十年前的債務，「二十七歲時，我已經負債兩千萬。」他說。

「我媽把家裡的房子拿去銀行抵押，借錢給我周轉。」每天只要一閉上眼睛，腦海裡就會浮起「敗家子」這三個字，「我作夢都會夢到我們一家人失去住的地方，被趕出去。」

負債累累現金掛零，劉柏園決定要把公司收起來；這時候，一向反對他「賣遊戲」的爸爸，某天竟然對他說：「你這一行，只有你最瞭解……要不要再撐一下看看？」

他聽著，心裡一下子也沒了主意，「我就想，最後再搏一次吧！」他說。於是，劉柏園向朋友借了一筆旅費，帶著自己公司的產品到歐洲參加商展。

「成功了嗎？」我問。

「完全失敗！」他搖搖頭，展覽結束，連一張訂單也沒有拿到。

但是，就在他收拾東西，準備打道回府的時候，偶然間聽到隔壁的義大利人在與人聊天，「他告訴他的朋友，在商場，永遠是希望無窮的……」

劉柏園的眼睛亮起來，他甚至根本不認識那個義大利人，只是站在他們的後面聽見了幾句隨風飄來的話語，卻有如上帝派來指示一切的神諭，僅僅一句話就讓苦難的人願意扛起重擔繼續在沙漠中尋找紅海。

劉柏園回臺灣了，帶著賣不出去的遊戲滿身是債，卻繼續地撐下去，終於被他博到一個好運道。

一九九九年，遊戲軟體「便利商店」大賣，「上個月我的帳上還掛著兩千萬負債，我還在籌員工薪水，這個月不但債都還清了，還有四千萬盈餘。」他睜大眼看著我，一臉的不可置信，這是他第一次親身體會到「那個義大利人」講的話，那種一夕勝負的快感，商場的神秘魅力。

兩千年時，單機遊戲漸漸式微，連線遊戲興起，不過，雖然連線遊戲開始普及，可是當時網路還是使用撥接，遊戲公司向電信公司租機房放自己的軟體，訊號不穩定經常被玩家詬病。在這個產業轉型的關鍵時間，劉柏園做了對他這一生事業最重要的決定：他代理韓國線上遊戲「天堂」，將所有從「便利商店」賺來的錢，加上新募集的資金，全數投入蓋機房，印了一百萬片遊戲在超商分送，大手筆耗盡所有資金。

那時候，「遊戲」是小眾娛樂，「音樂」、「電影」才是大眾娛樂，劉柏園不計一切的做法震驚遊戲業。一位遊戲業的朋友告訴我，那時候劉柏園請當紅明星天心當遊戲代言人，在西華飯店開記者會，「大家都私下說，遊戲橘子根本沒錢，可能這一票做完就要倒了吧……」

沒想到，他的做法正好滿足了連線遊戲大爆發的需求，「天堂」一炮而紅，累積了百萬用戶，當「天堂」二〇一八年推出手遊版「天堂M」時，這些忠誠用戶成為劉柏園的本錢，讓遊戲橘子在競爭激烈的手遊市場裡，輕鬆衝上百億營收。

浪來了，劉柏園乘浪而起，讓一家小公司翻身成為臺灣第一大遊戲公司；但是江湖險惡遊戲市場瞬息萬變，這些年來他也吃盡苦頭。

二〇一二年，韓國遊戲大廠納克森大手筆吃下遊戲橘子超過三分之一股權，被市場質疑惡意購併（意即對方不同意的購併），當時劉柏園強硬回擊，公開宣稱：「雖然有朋友跟我說，賣掉公司可以賺一大筆錢去享福，但是遊戲橘子是我辛苦創立的，我絕對不願意見到這件事情。」

這場商戰最後在二〇一四年一月，以納克森將手中持股從三十三%降低到十四%，解除併購危機完美拆彈。遊戲同業評論劉柏園「拆彈」手段：「他長年累積各種人脈，在這場戰爭裡發揮了很大的功用。」

以遊戲橘子去年大賣的「天堂M」來說，這款遊戲屬於韓國另一家遊戲廠商NCsoft所有。NCsoft的臺灣子公司吉恩力，負責所有NCsoft在臺灣遊戲的營運，遊戲橘子佔有吉恩力十五%持股。臺灣是全球遊戲產業第五大市場，遊戲橘子代理各家韓國大廠遊戲，股權變動牽涉甚廣，對眾家韓國廠商來說也是不可承受之重。

挺過一場硬仗，如今回憶起來，劉柏園只輕描淡寫地說：「對方強悍，我當然也有強悍的做生意方式。」

「不過，現在大家還是朋友，他們搬去日本了，我每次去日本都會找他們吃飯。」(納克森二〇一一年以控股公司方式將總部搬到東京)

二〇一二年遊戲橘子虧損達三．五六億元，劉柏園不得不裁員，出售日本子公司止血；二〇一六年，樂陞案爆發，大股東遊戲橘子也被牽連認賠。

在「天堂M」上市前，遊戲橘子辛苦經營多年，卻一直在默默轉型。劉柏園不停地投資電商、群募、OTT、線上支付，甚至買下媒體NOWNEWS。這些看起來像是「病急亂投醫」的投資，終於在去年底整合在一個通訊軟體平臺上。這是劉柏園的夢想，他設定的最終戰場——一個以一千二百七十九萬名集團用戶為基礎的網路服務集團。

臺灣網路服務的第一大廠商是韓國的LINE，每個月的活躍用戶達二千一百萬人，滲透率超過九成。講起對手，劉柏園嚴肅地看著我：「我們是臺灣的公司，我們賺了錢會回來投資臺灣產業，會帶著臺灣的產業往前走。」

這場硬仗要花大錢補貼，是個流血的戰場，今年春節的第三方支付發紅包大戰，「橘子支付」就發出了三億元的紅包。

永遠在極地風沙中前進，被死亡的恐懼追趕著，抵達目標的歡樂只有一瞬，轉身又踏進另一場極地行腳之中。

和劉柏園講起幾年前，他曾經寫過一篇臉書貼文，在上面不斷痛斥想要放棄徒步環島行程的自己，「對啦！那時我裝備錯誤，走到一半腳就起滿水泡，走路非常非常痛……有一天我鄭重地考慮著要放棄了……第二天醒來，我對自己非常生氣，我竟然有過放棄的念頭！所以就寫了一篇文章責怪自己……」

獨身的他，假日除了陪伴父母家人外，還培養了極多興趣，會寫毛筆字、彈鋼琴，喜愛天文攝影，是個發展自我到極致的人。

「我要走的路，是我自己設定的路。我要抵達的句點，是我自己設定的句點。」他說。

雖然此時此刻人還在戰場上，可是劉柏園興高采烈地向我宣布：「我五十歲就要退休了！」

「我要退到董事會，去做別的事情……我要把我的想法傳出去，影響一群人，讓他們也有共同的想法……」

「五十歲？」我不可置信地看著他，他今年四十六歲，距離不到四年。

「是啊！是啊！」他大聲地說。遊戲橘子既不是家族事業，也沒有第二代接班問題，「遊戲」純粹是「一件我想做的事情」。劉柏園告訴我：「我開這家公司的初衷，就是我想寫遊戲。」

「而我的下半生，還有別的事情想做。」他說。

出生年：一九七〇年
家　庭：未婚
學　歷：華夏工專
現　職：遊戲橘子集團董事長兼執行長

搶水大戰超前部署
——賴春田

鄭宇騏 攝

我們拜訪賴春田的那一天，臺北正下著溼冷的牛毛雨，山上霧氣霙雰，這棟大宅整個包在雲霧中，彷彿天空之城。神奇的雲上城堡都有負責的巨人，這裡也有一個，賴春田穿著黑色的唐裝棉襖，圍著圍巾，戴著毛線帽，露出一對招牌濃眉，魁梧奇偉地站在這棟山邊大宅的門口指引我們。

上網Google「賴春田」，後面的搜尋建議字是「霸氣」；雖然我只見得到巨人的眉毛與眼睛，但是巨人隨便丟來的一個眼神仍極具威嚴。

「來，妳來看！」他招呼我：「我要把新的辦公室設在這裡……」

巨人緩緩移動走進大宅，穿過大堂，走下樓梯，伸手推一片剝落的木門，木門咿一聲緩緩開了——

一陣霉味直衝，迎面而來一堵灰白花的牆，灰的是水泥牆，白的是浮起還沒掉的油漆塊，右手邊是整大片落地窗，綠意排山倒海地湧進這房間。整個房間影影綽綽，氣味濃郁，後方卻掛著滿牆的水墨真跡，那些是賴春田許多藝術收藏之一。

「這房子上次整理是三十年前了。」賴春田微笑著說，那也是他這一生最著名的事業「資誠會計師事務所」起飛的時刻。他擔任所長，將資誠從一個小型的會計師事務所，擴大成擁有二千八百個員工，四大會計師事務所之一。

近十年來，賴春田從資誠退休長居加拿大，這房子許久沒有人住過了。他指著牆上一條直幅的字給我看，那是朋友送他的〈諸葛亮自勉帖〉，賴春田告訴我：「這就是我的管理哲學。」

他念出來：「賞於無功者離，罰加無罪者怨。」

「要給員工高且合理的paid（薪資），信任他們給他們發揮空間。」賴春田說著，往後退一步，滿意地看看這幅字——誰也料想不到，已經退休十年的他，竟然要在臺灣開辦新的事業了！

二〇〇三年，賴春田被檢查出得了帕金森氏症，他同時在臺大醫院及美國哥倫比亞大學進行治療及諮詢。「他們非常傑出，我的病情得到非常好的控制。」他說。我看看賴春田，從早上九點開始到此刻，他已經連續開會講話七個小時了，雖然動作有些不靈便，仍然邏輯清楚滔滔不絕，難以想像是帕金森症確診十五年的人。

一位曾經跟隨他多年的舊屬告訴我，賴春田十多年前一度病情嚴重，「一百公尺要走十分鐘」，但是他仍然「下班後去參加約好的應酬」，是一個「意志力非常堅強勇敢面對疾病」的人。

過去他是企業界有名的「鐵人」。身材高大的他學生時代是運動健將，擔任資誠所長後，工作忙碌晚上應酬多，仍然堅持著每天早上五點起床向象山報到。不久，他覺得「訓練的份量不夠」，改穿鉛鞋爬山。

「後來那家鉛鞋店倒了……」他帶著我們爬上樓梯，前往位於三樓的書房，一邊轉頭對我說：「於是，我就在自己的小腿上綁鉛條，一條鉛條一百公克，我就每條腿綁上五條去爬山……」

運動員永遠想要挑戰自己身體的極限——我悄眼看著這巨人，遲緩地一步一步爬上樓梯，眼神炯炯，像是有團火在眼珠子後面燒著。

走上三樓是一條長長的穿堂，右邊凹進一塊四方空間，中間擺著祖宗牌位、兩側各掛著三幅人像，這是賴家的祠堂。

「這是我的母親、祖母、曾祖母，」他說：「右邊是父親、祖父、曾祖父。」左右各數一遍，然後，賴春田的眼神便釘在父親的臉上。

這是他請人照著父親的照相畫的，他從能記事以來就沒見過父親，從來不記得父親的長相。賴春田的父親二二八時被抓走，再也沒有回來，那一年，賴春田只有兩歲。

「我的父親賴墩，是日本大學新聞系畢業，當時主管《臺灣新生報》的中部新聞。」他告訴我。受賴墩的影響，賴春田的叔叔也擔任記者，熱愛新聞工作的兩人同時也是《徵信新聞》（《中國時報》前身）的創始股東。

當年賴家有幾百甲田地，算是地主階級。不過，賴墩被抓走後，許多人上門詐騙，「說如果付多少錢就可以將我父親放回來，於是錢就像水一樣流走。」賴春田說。

接著政府實施「耕者有其田」，將土地散給佃農，等不到賴春田長大，賴家已經貧困了。賴春田曾經說過，他受母親影響非常深。母親是一個非常堅強勤勞的女性，賴春田有四個姐姐，丈夫失蹤後，靠母親辛苦地將五個孩子拉拔大。

賴春田是在祖父的膝前長大的，「從外表，我看不出來祖父是否很思念我的父親……」他的眼神暗下來。

但是，祖父和母親無論如何都不相信父親死了。

「其中最接近的一次是——」

「我們附近有個鄰居姐姐常到我們家來，她有個弟弟是不良少年，後來犯了法被抓去新竹監獄關。出獄後，來告訴我們，他在監獄放風時遇到我父親，我父親請他來問候我們。」

「他並不是來要錢的，所以應該是真的……」賴春田突然興奮起來：「我們動用了無數的人力，到處拜託，最後只得到新竹監獄的一紙回函，說『查無此人』。」

父親也許是被抓錯了，也許頂替別人的姓名，賴墩還活在某個地方。在那荒謬的年代，什麼虛幻無稽的事情都可能發生。唯一真實的，只有無盡的思念：「爸爸，你在哪裡……」

「我的爸爸名字是賴墩。」賴春田再次叮嚀我，眼睛裡有一點火焰一閃一閃著，我突然理解到那是七十年前的一個小男孩，他的內心永遠有個缺憾，那個缺憾催促他不斷地向前跑，燃燒自己，直至化為灰燼。

賴春田在全家族共同的痛裡面長大，這扇門裡只有老人與婦孺，所以賴春田也承擔了全家的期望。臺中商職畢業後，他先工作賺錢養家，然後才考上東吳會計系，並在東吳大學遇到生命中的貴人。

資誠會計師事務所是由會計師朱國璋與陳振銑於一九七〇年所創辦（「資誠」為兩人姓氏的上海話發音）。陳振銑是賴春田的老師，在當年會計師名額還十分稀少的年代，賴春田大學還沒有畢業就考上會計師執照，實屬鳳毛麟角。畢業後，勤業會計師事務所亦來延攬，但是賴春田感念恩師教導，便帶著三個同學一同加入資誠。

當時資誠有五成股份屬於香港羅兵咸會計師，固定分走五成利潤，賴春田認為這樣會留不住好的人才，屢次向當時的所長反映，卻都未獲處理。於是他自己打電話到倫敦求見普華的負責人，自行舉債，以分期付款的方式買下香港人的股權。他們革命成功，原所長隔年離開，賴春田四十二歲就當上資誠的所長，帶領年輕的合夥人打天下。

原本是學者經營的資誠，在賴春田帶領下一改風格，以經營企業的方式經營民間審計機構。他以生意人的本事帶領著資誠在商場上攻城掠地，讓資誠的業務量飛速發展，他也成為臺灣收入最高的會計師之一。

所有認識賴春田的人都告訴我，賴春田像「生意人」，遠超過像滿口法規的「會計師」。我問賴春田，他「業務力超強」的秘訣是什麼？

「在資誠，我們第一重視的是『客戶滿意度』。」他答：「其次是『員工滿意度』，最後才是『合夥人滿意度』。」

賴春田舉了一個例子：「我在擔任所長時，每年都會親自去和每個客戶見面，問他們對我們會計師服務是否滿意？」

「客戶一開口都會說：『做得很好啊……很滿意啊……』所以，我要如何得到客戶的實話呢？其實，也很簡單——」

他停了一停，微笑看著我。

「我就說，那既然這麼好，新的一年漲價十趴吧！」

「客戶馬上就會說：『那怎麼可以呢！』接著就會開始說出他們真正認為我們該改進的事情了。」

商場如戰場，「不過，我也需要顧到我們會計師的面子，所以我都會修飾一下再反映給他們知道。」他笑說。

將「客戶至上」奉為圭臬，賴春田對客戶的服務是全面的：從會計、節稅、甚至為客戶尋找投資人找管理層，幫忙解決各式各樣的疑難雜症。但他這風格也曾踢鐵板，比如說為了客戶統一集團，以境外公司節稅，與財政部長王建煊公開在媒體上對抗。資誠付出的代價是，沒有一家新銀行敢找他簽證，因為大家都擔心會被財政部刁難而不發給執照。

而資誠得到的是，從此企業界都知道他為維護客戶利益，不遺餘力，所以跟著賴春田的都是「死忠」客戶。他在二〇〇七年從資誠退休的時候，臺灣一千四百多家上市公司，有近三百家是資誠的客戶。

強悍風格也有沒輒的時候。賴春田退休後被綠營找去挽救被力霸王又曾家族淘空的亞太電信，民進黨政府本來打算用他的會計專業整頓亞太電信財務，可是賴春田大膽的經營手法與當時交通部常務次長何煖軒（現任華航董事長）處處衝突。二〇〇八年，他宣布因無法得到官股支持，辭去董事長一職。

離開亞太電信後，賴春田移居加拿大，向加拿大政府買了一塊水源地，和兒子們一起到加拿大的深山裡「經營水廠」了！

一位去過賴春田家的企業家告訴我，從賴春田家的窗後往外看，「可以看到熊在外面走來走去」。

從轟轟烈烈的商場到「與熊共舞」，這轉行也真是夠遠的！賴春田告訴我，純是機緣巧合。

「一九九七年，我看到WHO發表了一篇文章，大意就是到二〇二五年大家會搶水，爆發世界大戰，因為到時會有十幾億人沒有清潔乾淨的水喝，全世界的水污染太嚴重，水又是不容易弄乾淨的。」

「後來，有個朋友介紹了這個加拿大的水廠，我就投資它，變成小股東。它經營困難，我也借了他們很多錢。結果到了兩千年，他們竟然經營不下去了，就以股抵債，我用很低的價錢買下全部的經營權。」就這樣，賴春田意外地成為加拿大一個水源的主人。

那時候他還在資誠擔任所長，當然沒有空處理這十萬八千里外的生意，只要求「不要虧太多」就好。直到二〇〇八年他離開亞太電信，六十一歲時來到加拿大的深山，開始了他的新人生。

「我也花了很多時間、很多錢去學習。」賴春田告訴我。

「水是飲料，製造很簡單，但是我不瞭解市場。所以，我一開始中了『OEM』的毒，想說幫別人代工就好。」

賴春田買的冰河水源，得過日本、歐洲許多獎項。他認為自己的貨源好，做製造端絕無問題，沒想到，問題還在後面。

「做OEM價格都壓得很低，」他坦言：「不足以支持製造的成本。」尤其是「做產品開發的人，不會去考慮製造端的需要，所以製造成本就會不斷地墊高。」

去年，賴春田決心要自己來做市場行銷。他同時佈局日本、加拿大、上海及臺灣，「日本市場我請一位從食品公司退休的部長負責，溫哥華是一位當地退休官員。」他說，目前上海公司還在籌備中，預計要一億五千萬人民幣開辦費，「我個人出八千萬，募資七千萬。」賴春田說。

「我跟我三個孩子（兩個兒子一個女兒）講，以前我認為這個水廠是我們賴家傳宗接代的事業，但是以後不會是了。未來它會是公眾的，我們只持有股票而已。」

很長一段時間，賴春田都是全臺灣收入最高的會計師，累積身家豐厚，就在外界都以為賴春田已經在家含飴弄孫時，他竟預備放手大幹一場。

我問他為什麼？

經過一天會議，賴春田看來已經極度疲憊了，眼皮半蓋，靠著扶手椅假寐。但是，一提到這個話題，他彷彿被注入什麼神奇能量，眼睛睜大又醒了過來。

「做生意是樂趣啊！可以交朋友，可以知道錢從哪裡來，怎麼去啊！」他說。

出生年：一九四七年
出生地：臺中市
家　庭：已婚，育有二子一女
學　歷：東吳大學會計系、臺灣大學EMBA
經　歷：資誠會計師事務所所長

院士的生技產業夢

——陳良博

鄭宇騏 攝

「川普未當總統時，有一次缺資金找我幫忙，我為他找到日本方面的資金。後來，川普說很感謝我，我也參與了他後來建『川普大樓』的計畫。」中研院院士陳良博告訴我。

陳良博是國際病理學權威，哈佛大學有史以來第一個華人榮譽教授。退休後縱橫華爾街，擔任美國著名的避險基金Caxton Associates科技顧問。現在，他在美國負責中研院技轉案「醣基生醫」的臨床實驗及新藥上市。金融界大老跟我形容陳良博是「市場派」，意思是說：他不只是實驗室裡的學者，是有辦法讓學術研究成果在「市場」上成功的人。

我們在機場碰面，十月的波士頓氣溫已降至攝氏五度，如同置身冰箱。陳良博在寒風裡裹著大衣，大衣領子豎起，上面搭著眼鏡，後面一對彎彎的眼睛神色凌厲，頗具好萊塢電影裡的冷硬派偵探氣息。

他是個敏捷的行動家，能夠一邊開車一邊滑手機看導航，還可以聊天回答問題，過程準確無誤，完全看不出來已經七十五歲。

陳良博院士是全球生技產業界「大腕」，可是大部分臺灣人首次聽到他的名字，卻是因為「選總統」。

二〇〇七年，前中研院院長翁啟惠構想要籌組一家「生技業」的臺積電，找來陳良博、愛滋病治療權威何大一與羅氏藥廠技術總裁楊育民合作評估。陳良博在翁啟惠的牽線下認識蔡英文，「她自行政院副院長卸任，想投身生技產業。」

「第一筆資金是最困難的，我們到處找都找不到，於是蔡英文飛來美國，一下飛機就簽了一張支票給我們。她先出錢了，後來才有別人願意投資。」陳良博說，她雪中送炭的作風讓這群科學家感動萬分，於是大家推舉她當不支薪的董事長，讓她決定一切。

這家公司，就是後來在臺灣無人不曉的「宇昌生技」。

直到隔年，蔡英文去當民進黨黨主席，她將所有股票出脫，也結束了和這群科學家短暫的合作。不過，二〇一二年總統選舉，「宇昌案」意外成為攻防焦點，創辦人陳良博也為臺灣人所熟知。

陳良博在臺灣社會轟轟烈烈地出場，既是因為臺灣選舉丟泥巴的傳統，也是因為臺灣人愛作夢。當年，臺灣人大作「生技夢」，幻想著能夠靠尖端生技產業爬出代工低毛利的地獄，再也不必做全球產業鍊裡那個被剝削的小可憐。

十年過去了，一場場選舉來來去去，臺灣人離生技夢似乎更遠了，但是，陳良博仍然在這個夢裡。

陳良博指著窗外對我說：「妳看外面。」

夜色漸漸降臨，波士頓的街燈一盞盞亮起，那閃耀的燈光為這冰冷的夜帶來一絲絲暖意與歡欣，陳良博說起自己現在在做的臨床實驗不只是實驗！更是一個可以改變世界的魔法。

「這些燈都是固定的，可是，醣分子是千變萬化的，它們疊在細胞上就像樂高一樣可以排列組合。能夠操縱醣分子，就能改變一切……」

透過產業發展帶領臺灣前進！這是陳良博的夢，也是陳家一世紀的臺灣夢！

陳良博的故事，就是臺灣這一百年的故事。

陳良博是宜蘭羅東人，「從我房間的窗戶看出去，就是祖父陳純精的銅像，我每天看著他……我很崇拜他。」

陳純精在日治時代任羅東街（日文的「街」相當於「鎮」）街長二十一年，促使羅東成為太平山伐木業的集散地，奠定羅東鎮百年繁華基礎。後人感念其恩，塑立銅像於羅東中山公園內，環鎮道路也命名為「純精路」。

意外地，陳良博告訴我：「我是和陳文茜的爸爸一起長大的。」陳文茜的祖父是陳純精的獨子，技泳十分出名。有一次去龜山島玩，途中翻船，同時落海的人知道他泳技好，便抓著他不放，他因此動彈不得而溺斃。陳文茜的祖母是日本人，先生過世後便回日本，留下年紀尚幼的獨子。

為了照顧陳文茜的爸爸，陳純精收養了陳良博的父親，並將女兒陳愛珠嫁給他，陳愛珠以姑母的身份照顧陳文茜的父親及自己的兒子。

陳愛珠是那個時代的傳奇女性。第三高女（今中山女高）畢業後回到羅東，開設了全臺灣第一所托兒所，照顧幼兒讓羅東婦女可以出外工作，衛福部長林芳郁就是從羅東托兒所畢業的。

陳愛珠擔任羅東鎮婦女會會長三十年，從陳良博有印象以來，「我媽媽每天至少一個小時在為婦女做婚姻諮商。」陳愛珠並彈得一手好鋼琴，親自教授子女音樂，是臺灣「新女性」的先驅，中研院還為陳愛珠做了口述歷史。

講到這兒，已經到了陳良博那個秘密的邊上，屬於這個家族歡欣燦爛的歷史都講完了，「你的父親呢？」我問。

突然間，陳良博噤口了，直楞楞看著我，六十年了，這個家族的秘密還是傷害著他，沒有一天停止過。

他停了半晌，終於開口：「二二八時羅東發生大遊行，我的爸爸走在最前面，第一個被抓起來，被綁在南方澳港邊等槍決。一排人個個都是一槍斃命，輪到我爸爸的時候，憲兵隊隊長一眼認出了他（陳純精的養子及女婿），想起我爸爸會講中國話，便用這個理由放了他。」

後來父親到蘭陽女中教書，「發生了非常悲慘、非常悲慘的事情……」陳良博喃喃唸著。

白色恐怖毀滅陳家的那一年，陳良博只有三歲。

「有三個人找我父親去辦了一本雜誌，這一次警備總部把我父親周圍的人全部都抓去了，朋友、親戚、鄰居、一起打麻將的……」

「我的表哥，和我父親一同辦雜誌，被關在綠島十幾年才回來。」

這些事情，陳良博從來不曾對外說過。

父親坐牢時被打得很厲害，出獄後身心受創，「國民黨很厲害，安排他回去蘭陽女中，但是要他組勞軍團，每天晚上帶著蘭陽女中的女學生去唱歌跳舞給軍人看。」

充滿文藝氣質的父親，「只要靠近鋼琴，就可以即興彈出一首曲子。」陳良博回憶，父親原本是個愛作夢的藝術家，但是在被刑求、被監視，還要編寫勞軍歌謠，在天天高呼蔣公萬壽無疆的煎熬裡，每天鬱鬱寡歡，四十七歲就過世了。

「我的姨丈當年是全臺灣最有名的眼科醫師，他們家投資各種生意，是羅東最有錢的人。」陳良博說，王永慶在羅東開米店，週轉不靈時都要上門向阿姨借錢。

但是，表哥出事後，所有來往的廠商都衝上門要貨款，姨丈一時告貸無門，只好把土地、房屋賤價脫手還錢，家族事業立刻垮了。

「表哥關了十幾年後回來，也成了廢人。」講到這兒，陳良博激動得眼眶紅起來，那就是他從小長大看到的家：鬱鬱而亡的父親，被刑求成廢人的表哥，豪門一夕墜到清貧之境。

「最小的表弟後來當到臺大醫學院教授，終於能負擔這個家，但是他們離開羅東後，就再也沒有回去過。」陳良博沈吟。

「我也是，從小就想離開……」他嘆氣。

這個被打擊得七零八落的家庭，最後是媽媽陳愛珠撐起來——她加入國民黨選上縣議員，成為國民黨在地方政治的代表人物——真正的悲劇總是無可言喻。

「我媽媽負擔家庭經濟，給了這個家安全感。」陳良博嘆息。

臺大畢業後，陳良博赴美讀書，成為國際病理學權威。這些年來他參加臺灣同學會關心臺灣政治，但是「愛臺灣」仍然是他的一個痛，他從小看著陳純精的銅像，看著鄉親對祖父的感念，被賦予貢獻土地的期待。但他又親身體會，臺灣不是隨隨便便可以愛的，是會被殺頭害自己家破人亡的……

「直到陳水扁當選總統，他透過李遠哲來找我諮詢生技產業，於是我三年間自費回來了五十五次……」

前中研院院長翁啟惠，是陳良博找回臺灣的。「翁啟惠是我介紹給李遠哲的。」陳良博說，因為他非常地確信，這個人就是可以撐起臺灣生技產業的人，「我花了好幾年勸說他回臺灣……」陳良博嘆了一口氣。

他們是這樣認識的。

「我念臺大的時候，住我姨媽在臺大附近經營的出租宿舍裡，同住的室友包括艾琳達（施明德前妻）父女、當時在臺灣唸書的日本前防衛大臣加藤紘一等等。」翁啟惠當時是臺大化學系教授王光燦的研究助理，「王光燦的宿舍也在附近，所以我天天遇到翁啟惠。」

「他是一個農村子弟，非常害羞，不愛講話也不太會講話。」

「非常強烈地守本分的人，」陳良博回憶：「他在王光燦的實驗室待了九年，大家都勸他要趕快出國，可是，他可能就是覺得在這裡做也很好……」

後來，翁啟惠終於到美國，與陳良博同在麻省理工學院念博士，但是當時兩人的互動並不多。直到翁啟惠去德州農工大學任教，兩人才因為研究領域相近而經常聯絡。

原本默默無聞的翁啟惠到了德州後越來越有名，「那時候他就看準了醣化學，因為太困難所以在美國沒有人敢做。」陳良博說，翁啟惠一做就非常轟動。成為醣化學權威的翁啟惠此時早就今非昔比，是各大學、研究機構重金禮聘的對象，「他一度考慮要到麻省理工，還到波士頓看房子。」

就在這時候，李遠哲透過陳良博邀請翁啟惠回到臺灣主持多醣體研究。說到這裡，陳良博突然停住了，翁啟惠後來因「浩鼎案」辭去中研院院長，身陷官司。

「『醣基生醫』的專利都是啟惠捐的啊！」陳良博大聲說著，雙手握拳敲擊桌面。（翁啟惠捐出十七項專利給中研院，中研院以此換得三成三股份成為醣基最大股東）二〇一七年翁啟惠被監察院彈劾，陳良博發起中研院院士連署六十幾人為翁啟惠喊冤。（編按：二〇一八年十二月二十八日翁啟惠一審宣判無罪）

「坦白說，醣基的研究還是跟隨著翁啟惠的指導在進行的。」他雙手一攤：「啟惠的狀況不好，醣基的發展也很難好。」

接著，他滿臉愁容，叨叨絮絮地告訴我這個重要的消息——

「這次負責提名化學獎的委員會開會我有去參加……」他愁眉苦臉地說：「他們很確定二〇一九年會提名啟惠……但是……」

這是諾貝爾化學獎提名委員會第三年向陳良博表達要提名翁啟惠了，前兩年都因為「浩鼎案」官司而做罷。

「這一次再錯過就沒有了。」

怎麼辦怎麼辦，老教授在我面前絞著手。

「妳要知道，優秀的學者很多，但是能夠得諾貝爾獎，那是另一種層次的東西……可能臺灣此後一百年都沒有人可以達到的境界……」

「難道翁啟惠竟然因此拿不到他早該得的那座諾貝爾獎嗎？」

老教授雙手握拳，憤怒地睜紅了雙眼。

黑夜終於完全降臨在波士頓，點點星光灑在地面，仔細一看，才知道那些都是霓虹燈的倒影，人類在新大陸點石成金，實踐了改變世界的理想，這裡是培養夢想的地方。

「這是我來美國的第五十年了。」陳良博揮手與我們告別，他抱著改變故鄉的願望來到美國，作了一場好長好長的「愛臺灣」之夢。

夢中大霧瀰漫，我看著老教授奮力地小跑步穿過霧中的停車場，開車揚長而去。

出生年：一九四三年

出生地：宜蘭縣羅東鎮

學　歷：國立臺灣大學化學系、麻省理工學院博士

經　歷：美國長島冷泉港實驗室高級研究員、哈佛大學醫學院教授、醣基生醫董事長兼總經理

現　職：中央研究院院士、哈佛大學醫學院病理學退休榮譽教授、避險基金 Caxton Associates 科技顧問、醣基生醫股份有限公司資深顧問

開放架構　互為主體　永續建築

——謝英俊

蔣銀珊 攝

故事，是從這些男孩女孩們「深山拜師」開始的——

二十五歲的余修戎，兩年前在一篇網路文章上，第一次看到「謝英俊」這個名字。

文章裡說，臺灣建築師謝英俊，二〇一七年在芬蘭赫爾辛基精華地帶帶領著難民蓋了一棟「中繼屋」，觸發激烈的挺、反難民激辯，甚至引發了一場示威遊行……

這個故事深深吸引了男孩。男孩想，為難民蓋房子！這是多麼浪漫又充滿人道精神的事啊！他那時在一家極有規模的工程顧問公司工作，但是男孩很苦悶，他告訴我，自己念建中時看到《科學人》雜誌上有一篇報導，說許多落後地區的孩子沒有潔淨的水可以喝，所以才念土木系的。

謝英俊住在遙遠的山裡面，於是男孩辭掉工作離開都市，跑到日月潭湖邊的邵族部落投師。

他說，師父雖然是個建築師，但是師父的腦中，是全人類生活的基本想像，兼顧了人道主義與環保……

我在山裡見到男孩時，這群大男孩與大女孩，正坐在一四面敞開的帳棚下，圍著一個冒著火星滋滋作響的火爐，爐上架著一片超大鐵網，蟲聲啾啾，風裡混和著青草和湖水的潮味，充滿了野外求生的氣息。

謝英俊坐在鐵網前，手執一大夾子聚精會神地烤肉給大家吃，肉很香，不過孩子們都沒被肉吸引，而是熱切地看著謝英俊的臉。他的背後堆著山上拾來的木片，正面面對著一排竹編的房子，那是謝英俊在九二一後到災區，為邵族部落蓋的。他動員全村老少一起蓋房子，只用十五天，蓋了四十二戶，房屋落成後族人入住，也留下一爿房子給謝英俊，從此，謝英俊成為邵族部落的一份子，而這協力造屋經驗永遠地改變了他的人生。

他指著身旁蓋著巨大蚊帳的「另一個帳棚」，那是他的辦公室，笑瞇瞇地告訴我：「那是我們的『全球運營中心』。」

二十年來，謝英俊在這個湖邊的基地，訓練出上千名徒弟，他和這些年輕人在全世界為「需要房子的人」蓋房子：九二一地震、八八風災、四川汶川地震、尼泊爾災後重建……足跡從五千公尺高的西藏高山，到臺灣中部的湖泊，從歐洲大陸到非洲的沙漠。

二〇一一年，他獲得柯里史東建築獎，獲獎理由是這樣寫的：

謝英俊是臺灣建築師的領導人物，在自然災後的鄉村地區紮營超過十年，工作地點遍布全亞洲，訓練村民利用當地材料建造房屋。

謝英俊組織了一個由設計師、地方承包商和居民所構成的網絡，來支持和維持當地的需要。他開發了簡易工法，以及有地震安全考量的鋼架系統，此系統能夠適應當地特殊的環境、傳統、技法，且建材無虞匱乏。

最後一句話是：「謝英俊，現正持續在最需要他的鄉村社區間旅行。」

我看到謝英俊喜孜孜地帶著他的徒弟們坐在森林的爐火邊——他的頭髮已經全白了，在腦後綁成一束小小的馬尾，一張臉卻繃得油光水滑，沒有一絲皺紋。灰色長襪往上拉，包住工作褲的管口，襯衫袖口捲在肘上，一副救災的架勢。與其說他們是建築師，不如說他們是一個實踐人道主義的騎士團，帳棚旁的大樹應當繫著蹬著蹄子的馬兒，等候他們隨時被召喚，哪裡需要就往哪裡去。

這位不老騎士，其實從孩提時期就開始遊歷鄉間了。

謝英俊的父親是臺電員工，所以他出生在（未合併升格前的）臺中縣和平鄉，五歲時才搬到花蓮。他說自己會當建築師，只是因為「大學考上建築系」。那是臺灣大建設的時代，新竹科學園區許多廠房都是謝英俊蓋的。「那時候賺了很多錢。」他說。

直到九二一地震後，朋友陳板、吳密察在日月潭做邵族社造，便把謝英俊拉了進來。他也從城市的鋼筋水泥，住進了森林的木屋帳棚。

帳棚內外已經瀰漫著烤肉的焦香，老騎士興高采烈地把肉一塊塊夾進盤子裡遞給大家，「我們這裡的烤肉是最有名的！」他宣稱。謝英俊的太太「空空姐」在旁邊隨口附和：「我們要成立烤肉部囉。」

後面的長方形竹屋，既是辦公室、宿舍，也是他們夫婦的住所。白天房子裡是不開燈的，屋頂露出一條空隙當作自然照明，書架中間夾著堆滿文件的書桌，看得出來，工作多得不得了。在薄暝裡，這簡陋工寮就像是戰地指揮所。

我低聲問旁邊的男孩們，師傅平常是怎麼教你們的呢？

「我們畫圖給他看，他就說：『喔這個不行不行』，再畫一張，他又會說：『喔那個不行不行』，但是也沒說是哪裡不行，結果第二天早上他就自己畫出來了！」

「其實他都是自己解決大部分案子啦。」男孩笑起來。

所以各位同學們真的是來學習的：「建築師不太會講——我們平常看到他喔——就像現在這樣，烤肉給我們吃啊。」

建築師想講的話，都在設計圖裡了，謝英俊身後的辦公室門板上貼著一張他們「常民建築」在世界各地的分布圖，那是他夢想的邊境。

謝英俊指著面前的房子，對我說：「住我蓋的房子的人，都很幸福。」

「因為這是他們親手蓋的，他們的鄰居也會來幫忙蓋，」他笑著說：「我們的房子都是歐巴桑蓋的，牆砌得歪歪扭扭，沒有一個是正的。」

為了讓「歐巴桑也能自己蓋房子」，謝英俊研究出簡單得像組合積木一樣的建材，自己開工廠製造符合使用規格的輕鋼架，還組織現場工作團隊，光是這些專利就拿了十幾二十個。

「我是營造商，還是建材製造商。」他瞇著眼睛呵呵地笑，「我跟黃聲遠（知名建築師，基地在宜蘭）說，我已經跟你不同行了。」

語畢，他取出帽子戴在頭上，從長椅上站起來，說：「來！我帶你們去看看！」

我們在邵族部落裡四處走逛，這些就是歐巴桑們蓋的房子嗎？果然，每一家長的都不一樣！

「我這是開放系統，大家可以依照自己的需要去增建。」謝英俊說。

說起來，這些不就是臺灣最常見的「違章建築」嗎？其實，會出現違章建築，是因為房屋不合使用，在這裡，每個人都可以拿起建材蓋「自己合用」的房子，於是，每一家就有了自己的生活樣貌：幾個歐巴桑坐在露臺乘涼聊天，先生媽（巫師）的騎樓擱著長桌辦事情……有的房子長得長，有的房子長得短，卻絲毫不覺得雜亂。

謝英俊設計的這些「充滿了增建」的社區，這幾年都變成觀光景點。位於屏東瑪家部落的「禮納里社區」，被稱為「臺灣的普羅旺斯」，而位於阿里山的的得恩亞納部落，現在叫做「臺灣的合掌村」。

我們四處遊逛時，居民飼養的狗、豬和雞也同時在村子裡東逛逛、西逛逛，一隻與我們一同吃烤肉的捲毛狗熱情地與我一同出門參觀。我問男孩，這是你們養的狗嗎？他搖搖頭回答：「喔不，牠是鄰居。」

「這裡，就是我的桃花源。」謝英俊停下腳步，站定在路中央，轉頭對我說。

「許多人都覺得，從都市住到部落來，可能有適應的問題，但是，我從來沒有適應的問題。」謝英俊說，他一來到山裡，就像回到了自己的家。

「人類的烏托邦是小國寡民，部落就是小國寡民。」

「每一年我都參加祖靈祭，」謝英俊說：「我可以感覺到祖靈就在我的四周。」

不過，謝英俊幫災民蓋房子、難民蓋房子，這些房子不只蓋在地上，也蓋在社會問題上。他在赫爾辛基的藝術展展示難民中繼屋，碰觸到芬蘭最敏感的難民問題。他在臺灣住在日月潭邊的邵族祖居地，也遇到原住民與漢人嚴重衝突的土地問題。

一九七〇年代，政府為了蓋山地文化中心強制徵收這塊土地，但是中心僅僅營運了幾年便廢棄了。九二一後，房屋毀棄的邵族人回到這塊祖居地自立造屋，並在這裡建立了祖靈祭典，延續邵族文化命脈。

二〇一九年初，原民會公告日月潭孔雀園等區域為邵族傳統領域範圍。九月十九日，南投縣政府、飯店開發商、魚池鄉公所針對邵族的傳統領域提出訴願，訴願結果出爐，依高等行政院法院判決，確定撤銷邵族的「傳統領域公告」。

一講起這件事情，謝英俊的眉頭就皺起來，但是他保持樂觀：「不會的，還有辦法的……」空空姐的眉頭也皺起來，不過她憂心忡忡：「一定會有影響，哪裡像你說的這麼簡單，我告訴你……」講起邵族傳統領域，剛剛還談笑風生的兩人，竟然沉默起來。

「跟原住民爭土地是誰的，太可笑了。」謝英俊嘆息。

居住，是天賦人權，但是——「我們是人，竟然說自己擁有土地，那不是太自大了嗎。」他對我說。

天色漸暗，余修戎送我們離開，我問他在這裡的生活如何？他笑著說，應該大部分的年輕人不會喜歡這種工作，他們下班後想要去唱歌、去看電影，可是在這裡只能去逛日月潭邊的 7-11 而已。

不過，他還是喜歡這裡，「因為，工作就是自己喜歡的事情，我的意見可以直接發揮影響力，每一天都很有成就感。」他說。

男孩咧開嘴向我們揮手告別，背影轉眼消失在山林裡。我想到男孩說的話，不就是謝英俊方才告訴我的，自己一生努力的目標——「開放架構，互為主體，永續。」

原來，這不只是蓋房子的理念，而是一種生命態度，貫穿了謝英俊的人生。

出生年：一九五四年
出生地：臺中市和平區
學　歷：淡江大學建築系
政　黨：綠黨
代表作：美濃客家文物館、新竹縣立文化中心、國立交通大學客家文化學院、六堆客家文化園區
獎　項：美國柯里史東設計獎、國家文藝獎

毛小孩教我們生死課

——陳凌

陳沛妤 攝

「動物醫師」是一個夢幻的行業。

「對一個喜歡動物的人來說，在動物醫院工作真的是一件快樂的事情……就像夢想樂園一樣。親切和藹的飼主，在路邊撿來好可愛的小狗，決定收編，帶來醫院做身體檢查、打預防針；小小的腳掌、茸茸的毛皮……無憂地在診臺上打滾、翻肚……」陳凌這樣述說著。

接下來，她說起樂園的陰暗面：悲傷遠多於歡樂。醫師的宿命是遇到生命的痛苦掙扎，這毛茸茸的樂園常常被愛動物的孩子們的眼淚給淹沒。

這是獸醫師陳凌記錄的日常：

「室友（也是獸醫師）疲倦地走進家門，難過地對我說：「早上手術拔牙的動物死了……牠本來都好好的……但是……唉，早知道就不要建議牠洗牙了，但我就擔心牠不處理牙齒，吃得不好，瘦得很快啊！」

「飼主還好嗎？」我問。

「一直哭啊，因為他們也沒想到會變成這樣，雖然是很相信我的飼主，並沒有責怪我，但是真的好痛苦唷！然後，下午又來了兩、三個case，都是奄奄一息，血檢、X光都很可怕的那種，然後醫療費用太貴了，飼主想拼也沒有辦法，只好送牠走（安樂死）……」

室友臉上滿滿的痛苦，停了一會兒，繼續說：「助理小光，下午的時候突然哭了，你知道嗎……我從來沒有看過她哭耶。她說，今天第一次看到這個品種，然後牠就死了……我也好想哭啊！一天死這麼多動物，真的好煩啊！」

二〇一〇年英國一份正式的研究數據顯示，英國獸醫師的自殺率是一般人的四倍，醫師、牙醫師的兩倍。美國疾病管制與預防中心在二〇一五年也發表一份統計報告指出，有六．八%的男性獸醫師以及十．九%女性獸醫師有抑鬱的傾向，男、女獸醫師更有高達十四．四%與十九．二%的比例曾經有過自殺的念頭。

上一分鐘，牠還用桂圓核兒般的黑眼珠望著你，熱呼呼的舌頭舐著你的手背，下一分鐘，毛茸茸身體躺在冰冷的不銹鋼診臺上一動也不動——於是，你的整顆心都碎了。

想當「人醫」的孩子，不見得對「人」特別有感情，但是，想當「獸醫」的孩子，百分百是愛動物的。只是，他們沒有想到，自己進入職場後，會遇到這麼大的情感衝擊，「所以很多獸醫師會選擇轉行、考公職等等。」陳凌告訴我。

第一次聽說陳凌，是因為「呂欣潔的太太」的身份。二〇一五年，她們公開宴客，是臺北市開放同婚登記後，第一對去登記的同婚伴侶。接著，二〇一八年陳凌到香港成為執業獸醫，親歷了反送中的激烈抗爭。她是個愛寫作的人，少年時甚至為了該投身寫作還是去當獸醫煩惱過，最後，她選擇當獸醫。而記述自己獸醫生涯的隨筆作品，甫於二〇一九年底出版。

讀她寫的獸醫隨筆是個很大的挑戰，不是動物不可愛，只是文字裡面那個直視生命痛苦掙扎的眼神太悲傷，感受人類與動物之情的心臟勃勃跳動不停——我看到一半，想起我在天堂的毛孩子，忍不住掩卷流淚。

生命多麼奇妙，不同的物種竟能相互依靠、心心相印。陳凌告訴我：「動物讓我感到很放鬆，透過這份工作（獸醫），我學到人類的溝通技巧。」

她是個酷酷的女生，剪著一頭短髮，打扮中性，自陳：「平常講話頗具攻擊性又神色冷淡」。過去講到陳凌，總是因為她那位活躍的同志伴侶——婚姻平權大平臺總召呂欣潔——大家談呂欣潔多，談陳凌少，這是第一次陳凌為自己接受採訪。我請她分享心情，她侷促不安瞪眼看著我，感覺這種「談心」式的題目讓她難以招架。尷尬了一陣子，陳凌說：「用筆寫好了。」又掙扎了幾個小時，她還是難以下筆。最後她說：「我們還是用『問答題』吧！妳問一題我答一題。」

先說，成為一個獸醫師的過程吧。

「與動物交流、相伴直接又安靜……我一直都被那份乾淨、純粹的美好所吸引。」陳凌喜歡養狗，可是爸爸不喜歡，「不止一次發生愛犬被偷偷載去遠方丟棄的慘事。」慘烈的寵物經驗，讓陳凌想要擁有一隻小狗或小貓的慾望更加強烈。童年媽媽帶她拜訪移民異鄉的阿姨，因為阿姨家養了「兩隻狗」，陳凌堅持「不出門遊覽」，在阿姨家跟狗玩了一整個暑假。

從小，她對人生的想像就是：「有一間屋子，裡面來來去去都是毛茸茸、可愛奔跑的動物，醫師就是那間屋子的主人，每天在這樣的屋子工作，幫助痛苦的動物們免於疾病之苦。」

當獸醫，是小女孩從小的夢想。

大學聯考陳凌考上國立大學醫學系，是當年桃園縣的榜首。她堅持第一志願填臺大獸醫，這個決定震驚全校，主任跟她懇談很久，勸她去當個「人醫」。主任諄諄善誘，舉自己的朋友為例，建議陳凌「先當上醫生再去做自己喜歡的事情」。可是陳凌心裡想的卻是：「這個朋友為什麼那麼可憐。」人生苦短，她堅持要「做自己想做的事」。

大學畢業後，陳凌回到高中母校看老師，老師問她：「當獸醫跟妳想像的一樣嗎？」

陳凌說，那時候她已經不再是十七歲的青少年，而是一個初入社會的青年了。剎時間，種種現實一齊湧現：工時長、待遇低、工作現場壓力山大……陳凌沉默了幾分鐘，然後抬起頭來回答老師：「嗯！跟我想像的差不多。」

她看看我，酷酷地說：「我很適合當獸醫，因為——」

「雖然工作現場情緒壓力很大，可是我不會被身邊發生的事情影響。」

「我不會在工作的現場哭。」

她告訴我，書出版後自己接到一個讀者回饋，「他也是一個獸醫師，可是工作一、兩年後就憂鬱症爆發。」

「（動物的）生命是很脆弱的，六、七歲就已經老了，要注意牠們的身體，有時半天、一天就走了。」

「我們的文化不鼓勵大家去思考（死亡）這件事情，（如果動物死亡）飼主都會很自責。人類比較脆弱，很多人無法承受這份工作。」

每天上班一打卡，陳凌便如同坐上雲霄飛車。

她告訴我「斑斑」的故事。斑斑是一隻四、五歲的虎斑貓，因為腎指數過高而住院。貓咪一旦有腎臟病，很難恢復原本的功能，只能用點滴治療或是洗腎，讓貓咪度過最危險的時刻，等待腎臟逐漸恢復功能。

不過，貓咪洗腎很貴，斑斑的飼主雖非常關心牠，卻拿不出幾萬塊來賭一把（因為也不一定會好）。於是，陳凌只能看著斑斑越來越虛弱、越來越喘。最後醫院通知飼主，飼主趕來抱著斑斑不停流淚，但是還是決定將貓咪留在醫院繼續打點滴。

第二天陳凌來上班時，籠子已經空了——

「斑斑呢？」她問。

夜班助理答：「喔！那隻虎斑貓嗎？半夜喘得很厲害，還癲癇，我們通知飼主，飼主來看牠啊！他們說不希望貓在醫院走掉，也不想讓牠急救受苦，所以就把貓帶回家了。」

「飼主離開醫院的時候，狀況還好嗎？」

「就哭得很厲害啊！」

不知斑斑走的時候是否很痛苦？想到這兒，陳凌覺得自己也好痛苦。

兩個星期後，陳凌接到斑斑主人的電話。

「請問陳醫師在嗎？我是斑斑的飼主，我想幫牠約結石手術。」

「斑斑？哪隻斑斑？」

「牠之前在你們那邊住院啊！還差點死掉耶！」

斑斑！斑斑還活著？

「陳醫師，牠還活著耶！」飼主興高采烈地說：「我們把牠帶回家時，也以為牠一定死定了……可是過了一兩天後，牠突然爬起來了，還吃東西，現在就很正常的樣子。」

更神奇的是，斑斑來醫院檢查，一切指數都恢復正常，連膀胱結石都消失了。牠沒有接受最積極、昂貴的治療，也沒有神醫降臨，卻從垂死掙扎中活過來了。

陳凌說，這是斑斑為我們上的生命課——醫學或有極限，但是生命是無極限的。這個故事使我熱淚盈眶。我相信，斑斑也不想要離開主人溫暖的懷抱吧！人與動物之間的神秘連結，沒有文字語言，永遠在最高的靈性層次。

在醫療現場，陳凌常遇到「相信寵物溝通師超過獸醫師」的飼主。「比如說，我告訴飼主，寵物很危險要開刀，他們可能會回答我，找過寵物溝通師，溝通師告訴他們，寵物只是肚子痛，不想要開刀。」

陳凌笑著告訴我，自詡受過科學訓練，過去是完全不相信寵物溝通的，但是太太呂欣潔改變了她。

那時，她與與呂欣潔剛剛收養阿竹（狗狗），只要她們不在家，阿竹就把家裡搞得天下大亂。呂欣潔買了許多教養幼犬的書，還送阿竹去上犬隻訓練班，用盡手段想要教好阿竹，沒想到最後最有效果的，竟然是「那次很有意思的寵物溝通經驗」，陳凌說。

知道陳凌不喜歡，呂欣潔是偷偷瞞著她去的，但是當陳凌看到溝通師的信，卻對溝通師的叮嚀印象深刻。

溝通師說，她的太太（那時是女友）可能因為生活工作緊湊比較容易焦慮。「動物的狀況都OK，妳（呂欣潔）的狀況反而比較大。」

飼主的焦慮會透過動物的行為問題逐漸蔓延，讓動物無法安心生活。

溝通師給她們的建議是：「嘗試著每天出門、回家、睡覺前都深呼吸幾次，確定『我現在人在這裡，一切都如我所願的進行』，狗貓應對著人類的氣場，也會連帶地趨於平靜和諧。」

「在穩定和諧的情況下，大多數的飼主都有能力與寵物溝通的。」陳凌說。

這，不就是家嗎？提供每個成員穩定的情感支持。

「現在阿竹很好了。」陳凌說。後來，主人們結婚，後來，新的貓咪成員加入這個家庭，他們成為三隻貓一隻狗的六口之家。

我問陳凌，同婚合法後，生活有什麼改變？

她說：「上個星期，我拿著我的身分證去郵局幫太太領信。」抿著嘴微笑：「感覺很好。」

結婚後養家很重要，香港的大學沒有獸醫系，臺大獸醫系畢業生在香港炙手可熱，薪水是臺灣的兩、三倍。二〇一八年，陳凌飄洋過海去香港執業，我問她這一年在香港的情況。陳凌說，這一年反送中的激烈抗爭，讓她想要回家。

「每個週末都有抗爭，我曾在馬路上遇到放催淚彈。」

「我無法在這樣的環境下安心工作，這幾個月來壓力非常大。」

她告訴我，太太、狗狗、貓貓，都在這裡等她回家，「我只是去兩年，很快就回臺灣！」陳凌說。

因為，這裡才是陳凌工作能量的來源——一間屋子，裡面來來去去都是毛茸茸、快樂奔跑的動物，陳凌是這個屋子的主人，照顧大家——這夢中的樂園，就是她和呂欣潔共築的家。是這個家給了陳凌滿滿的豐沛正能量，讓她出門面對那些帶著病痛來到醫院的毛孩子們。

那些孩子們都是陳凌的動物老師，她說，他們每天都在提醒她，永遠莫忘初衷。

莫忘初衷。

出生年：一九八九年
出生地：桃園縣桃園市
婚　姻：已婚
學　歷：國立臺灣大學獸醫學系
經　歷：貝斯特動物醫院主治醫師、國泰動物醫院急診醫師、楓樹動物醫院主治醫師

眷村男孩造飛機

——華錫鈞

周毓和 提供

華錫鈞上將為前空軍黑貓中隊隊員，後至美國攻讀航太博士，返國協助建立空軍航發中心，並任職長達二十五年。期間經歷臺灣自製飛機從無到有的過程，研發經國號戰機，有「IDF之父」之稱。

華錫鈞過世前已不能言語，夫人周毓和天天去醫院看他，從早上七點坐到晚上十點醫院訪客時間結束。她坐在病床前，緊握著丈夫的手，凝視著他的眼睛，直到丈夫的心跳停止，心電圖變成了一直線。

她輕輕地對著丈夫說：「I love you.」

「心電圖又跳了一下，」周毓和看著我，眼裡噙著淚說：「他有聽到。」

「從他過世到現在，我每一天都在想他。」

「我最後悔的是，那時他走的時候，我應該立刻跟他一起走。」

「但是我後來又想，他先走，我還可以處理他的事情，如果我先走……」她搖搖頭，不忍心讓丈夫幫自己辦後事。

華錫鈞將軍過世前，將所有的存款、還有夫妻倆居住的房子，都捐給航空發展基金會了。周毓和現在孑然一身，但是，她仍然留著自己最珍愛的東西。

她佝僂著腰，窸窸窣窣地從抽屜裡取出一疊焦黃的本子，紙張已經發脆，伸手一碰就好像會立時裂開。她輕輕翻開，裡面滿滿手抄的樂譜，用文秀的鋼筆字一筆一畫寫成，下方還有自己畫的插圖：一個年輕的男人從後環抱著美麗的女人。

周毓和的父親是閩系海軍中將周憲章，曾任海軍總部參謀長，原本是海軍總司令的熱門人選。可是在一九五〇年代發生的「海軍白色恐怖事件」中，許多艦隊投共，蔣介石派子弟兵桂永清擔任海軍總司令整肅閩系，閩系軍官也就一蹶不起了。

上海交通大學土木系畢業，英文極佳，擔任過辭典校對的周毓和，隨父母逃難來臺，住在屏東眷村。在那個形勢危懼不安，政治封閉苦悶的年代，她只能以逛舊書攤，閱讀美軍顧問團流出的英文書籍雜誌，翻譯英文小說與文章投稿自娛。隔壁家有個年輕的小飛行員與周毓和的弟弟是好朋友，也喜歡讀英文，常常來請教姐姐英文問題，還與姐姐合資買了一本昂貴的原版英文字典。

飛行是極危險的工作，小飛行員不打麻將不跳舞，個性內向，唯獨喜歡音樂，自己買了一把小提琴來練習。那時樂譜極為難得，於是，姐姐開始為他尋找、抄寫各種樂譜，兩個年輕人就這樣在軍營邊談起姊弟戀。出生入死的日子之外，他們總是安靜地待在自己的小世界裡，練樂器、讀英文小說。

這樣的日子，從小飛行員開著危險的U2偵察機飛黑貓中隊特種任務開始，然後出國唸書，篳路藍縷地在臺灣「造飛機」，直到握著姐姐的手離開世間的那一天，整整六十三年。（當時飛行員二十八歲才能結婚）

「隔壁家姐姐」現在已經九十七歲了，滿頭白髮，整個人萎縮得小小的，可是還是滿臉戀愛的神情。周毓和眨巴著眼睛嗚噎告訴我，那個總是在等待風起，做著飛機大夢的男孩子，「造飛機」的故事。

那個時候臺灣經濟貧苦，華錫鈞有八個弟妹，家庭負擔非常沉重。兩人結婚後，華錫鈞被選派受訓進入黑貓中隊，與美國中情局合作進行高空偵察。周毓和則是憑著優秀的英文能力，擔任美國海軍輔助通訊中心「NACC」（美國中情局在臺機構）主任克萊恩的英文秘書。

她完全沒想到，這份本來只是「幫助家計」的工作，後來卻是幫了華錫鈞一個大忙。

華錫鈞黑貓中隊任務屆滿，選擇赴美公費留學而不是轉任華航機師。只是，他一心攻讀博士，想當造飛機專家，國防部卻僅給予兩年的碩士公費。

當年臺灣施行出國管制，尤其是軍人。若是先生出國，眷屬就要留在臺灣，免得全家一去美國就不回來了。為了讓華錫鈞能把書唸完，周毓和拜託自己的老闆克萊恩向蔣經國請託，她成為空前的眷屬赴美案例。周毓和在抵達美國的兩週內就找到大學助教的工作，靠著她的薪水，華錫鈞最後是花了三年，將航太碩博士一口氣讀完。

這時候，華錫鈞已經四十二歲，周毓和也已經四十五歲了。年輕時心跟著丈夫掛在天上，中年還到美國打工供丈夫讀書。為答謝另一半，華錫鈞做了一件特別的事——他去考了美國的飛機駕駛執照，租架小飛機，帶著周毓和一同飛上天空，想要讓她也感覺一下，當風起之時，人類可以乘著風，化而為鳥，扶搖而上九萬里，這就是他畢生的夢想。

不過夫人並不太欣賞飛行之樂，「震動得很厲害啊。」周毓和說，她再也沒有飛行過了。

擁有U2飛行員經歷及航太博士學位，華錫鈞得到各大美國飛機公司的工作邀請，他選擇到一家製造商用小飛機的公司塞斯那工作，幾乎每天午休時間都到各部門找人交談，外型、氣動、結構設計……把握時間，把飛機製造的流程走一遍。就在這時候，他接到空軍總司令賴名湯的電話，說空軍正籌劃自建航空工業，期望他早日學成返國參加。

那時候臺灣毫無工業基礎，空軍研發經費少得可憐，自建航空工業是天方夜譚。就現實層面來看，國軍最好的待遇尚不及華錫鈞薪水的十分之一，許多與他處境相仿的自費留美軍官，都在申請美國永久居留權，朋友們都要他多想想，別衝動地跑回臺灣。

但是，最了解他的，還是老婆。華錫鈞回家問周毓和的意見，周毓和的回答是：「假如現在不回國，以後（在美國）生活安逸慣了更不願意改變環境，可能就會長久留在美國。」

他的夢不就是為臺灣造飛機嗎？所以才辛辛苦苦地走到這裡。聽完周毓和的「分析」，華錫鈞立刻下了決定，於是，兩人辭去美國的工作，收拾家當飛回臺灣，開始了他「造飛機」的生涯。

不過，滿腔熱血抱負，還是要面對辛苦的現實。

回臺灣後，華錫鈞到臺中的航空研究院工作。那是一棟年久失修的兩層樓房，地磚破裂，走起路來塵土飛揚。營區邊一列平房緊連菜市場，便是歸國學員宿舍，洗浴沒有熱水，他的房間裡唯一的家具就是一張床，床下擺著一個洗面盆。

周毓和從臺北來看他，走進房間看到這困窘的景象，在床沿坐下就開始掉淚。她哭著問華錫鈞，難道這就是他要投注前途的環境嗎？

華錫鈞看著老婆哭哭啼啼——確實這環境是不太好——但是他還是努力地安慰老婆，他對周毓和說：「萊特兄弟在自己的自行車店內做出世界上第一架飛機，現在我們也要在這空屋子裡做出飛機來。」說罷，老婆還是兩眼掛著眼淚，他只好自己笑個兩聲：「哈哈、哈哈。」

於是，中華民國的「造飛機」事業就在這棟「空屋子」裡開始了——

他們首先得到的指令是：「三年半研發製造兩架中型教練機。包括試飛總經費兩千五百餘萬新臺幣。」

當時美國飛機的研發費用至少是生產單價的五十倍，如果飛機用到很多新科技，研發費用甚至可能是一百倍。這兩架中型教練機的總費用甚至無法買到兩架同等級的飛機，何況要做研究。這樣困窘的條件，卻是臺灣空軍飛機工業研發的開始。

一九七一年，渦輪螺旋槳中型教練機「中興號」「克難」生產。當時臺灣毫無航空衛星工業，也無經費向國外訂購專用零件，所以「中興號」的生產，要從「找到國內工廠願意做零件」開始。整整努力了五年，一九七六年才交出首批飛機給空軍官校使用。

那正是臺灣經濟開始起飛的時候，工業快速發展。一九七五年，航發中心接到指示研發高級噴射教練機、輕攻擊機AT－3。這是臺灣自製戰機的前哨，也是首次與美國諾斯諾普公司合作研發。研發進行到一半，傳來晴天霹靂，美國國務院以「會妨礙美國與中華民人共和國正發展中的友好關係」為由，否決了這個合作案。

航發人員自美攜帶相關資料返國後，成立「虹翔研造處」繼續自力研發，核算經費共三億八千元萬元，僅僅是美國諾斯諾普公司估計的八分之一。原型機一九八〇年出廠，這架美國與臺灣斷交後生產出的飛機，承載著臺灣人自立自強的願望，便被命為「自強號」。

它勉強地出生，技術不靠美國，器材補給也不靠美國軍售系統，先天不良，後天困苦，生產初期問題多多，讓使用教練機的空軍官校吃了不少苦頭。華錫鈞曾說，他最感謝當時空軍官校的校長唐飛，「謝謝他體諒自行研製飛機的艱辛，耐心地等它逐步改善。」

雖然一路顛簸，這苦命孩子終於還是長大了，一九八八年自強號獲選為空軍雷虎特技小組使用飛機。這也表示，航發中心終於有能力踏出下一步。一九八六年，國防部要求航發中心開始「超音速戰鬥機」的製作計畫。

那時候華錫鈞已經是副院長了，他指派原擔任戰機外型設計師的邢有光（前漢翔公司董事長）擔任總工程師。邢有光收到這個派令後非常緊張。他告訴我，他匆匆忙忙去面見華錫鈞，苦著臉告訴他，飛機許多次系統非自己的專長，恐怕擔當不了這個重任。

「結果他說，你不會學啊！」邢有光說。

等到要量產了，華錫鈞派邢有光擔任製造廠廠長。製造飛機牽涉大量對美採購，邢有光又去對美採購辦公室……他跟著華錫鈞走完經國號全部製作流程。

關於經國號是怎麼樣飛上天空，怎麼樣在那個斷交後孤獨的年代，激勵了臺灣人的信心，並且迫使老美賣給我們F16，然後在解嚴的前夕，成為朝野攻防的焦點……這些「IDF」的故事，臺灣人都耳熟能詳了。

我問邢有光，那段「造飛機」的時光裡，他對「華老闆」印象最深刻的事情是什麼？

「做IDF時，華錫鈞每個月都來跟我們開一次設計檢討會，每張圖每個細節都拿出來檢討，一開四個小時不停，我們都偷偷輪流去上廁所……」邢有光忍著笑，小聲地說：「大家就開玩笑說，哎，這個果然是開U2的。」（U2為長程偵察機，任務都長達八、九個小時）

那時立法院整天為了IDF是「I don't fly」還是「I do fly」爭吵不休，華錫鈞也需要去備詢，不過他實在是對政治毫無興趣。做了他二十多年參謀的鄭傑嶸告訴我：「大官不是都很喜歡看報紙嗎？可是華將軍報紙看個三分鐘就退出來了，敲門進去一看，就看到他在那裡算數學。」（把設計圖一張張拿出來驗算）

「伍克振摔了，他很難過，自己去把飛機的問題算出來的。」（一九九一年，空

軍上校伍克振駕駛經國號原型機，進行低空高速試飛時墜海身亡）

對政治沒興趣的華錫鈞，最後卻是因為政治而離開航發中心。他在郝柏村任總長任內晉升上將，又主導重大的經國號戰機研發案，身不由己被捲入國民黨主流、非主流鬥爭中，多次成為監察委員要彈劾甚至立法委員要追究的目標。他身兼航發中心主任，讓航發中心倍受責難。華錫鈞後來坦言，他堅持辭職，是因為「航發中心需要一位能受長官信任的主任」。

就在經國號戰機成軍前，華錫鈞離開了他一手帶大的航發中心。他以貴賓的身份應邀觀禮，去看經國號飛上天空，人生最美好的事情不就是看著孩子飛翔嗎？他一生的夢想完成了。

「我從進入空軍幼校開始到退休，五十三年間始終和飛機糾纏在一起，」華錫鈞說：「我真是幸運。」

一九九五年，華錫鈞七十歲，周毓和也七十三歲了，在卸任總統府戰略顧問後，他終於實踐當年對周毓和的承諾，離開飛機回到老婆身邊，帶著周毓和到美國定居，兩人住在老人院裡。

「我怕熱，所以我一直告訴他，老了想去美國住。」周簌和笑著對我說，二十幾歲的心願，竟然七十三歲才完成。

只是，美國住不了幾年，華錫鈞又想回臺灣「搞飛機」了。

「他又開始跟我說，可以做航空基金會啊，鼓勵學生啊，鼓勵中小企業啊……做什麼做什麼……」周簌和微笑著，八十幾歲的老人了，還想賣房子創業呢——哎！她搖搖頭，那個意思像是在說：「隨他吧」。

房子移轉（給航發基金會）了、錢也捐了，人現在長留五指山（國軍公墓）了。現在，周簌和坐在丈夫的書桌前，整理著要給基金會的剪報、照片，「他留好多事情給我啊。」她笑瞇瞇地對我說。好像說著那個在湛藍的屏東天空下，仰望著天空的男孩，他呼嘯而過衝破雲層，這樣活過了夢想的一生。

七萬英呎的寂寞捍衛：黑貓中隊傳奇

——華錫鈞

周毓和女士／李昆翰 攝

「黑貓中隊」——中華民國空軍秘密偵察部隊，前空軍三五中隊，曾經是半個世紀以來的秘密。他們駕駛著有「史上最難駕馭」之名的U2偵察機，在七萬呎以上，與美國中情局合作執行秘密敵後偵測任務。從一九六一年至一九七四年，黑貓中隊二十八名飛行員，十名殉職，兩名被俘。這群中華民國最優秀的飛行員用自己的生命，在那個風雨飄搖的年代，維持了美援，保衛了國家的安全，讓中華民國能生存至今日。華錫鈞上將為黑貓中隊飛行員，退役後赴美取得普渡大學航太博士，返國投入戰機研發，開啟了臺灣「國機國造」之路，成功製造出「經國號」（IDF）戰機，有「IDF之父」之稱。

二〇一八年九月，一個涼爽雨後早晨，我與紀錄片導演楊佈新一同帶著他剛剛完成的「疾風魅影黑貓中隊」紀錄片，前往已故華錫鈞將軍家，專程去放映給他的夫人看。

華將軍去年過世，膝下無子，夫人周毓和現在與一名移工兩人同住臺中。雖說是上將府邸，但是房子並不大。三房兩廳的格局，陳設十分簡單，前後掛著周毓和自己的畫作，只有對著大門的一面水泥牆光輝燦爛，讓來客知道這不是普通人的家——一幅大畫框別滿華錫鈞將軍這一生得到的勳章，下面整整齊齊排著四架模型飛機，都是他所研發的。

華夫人已經九十一歲了，她倚著助行器緩緩地從內室走出來，靠移工攙扶坐定在沙發上，佝僂著，抬頭對我們露齒一笑：一頭耀眼白髮、雪白的肌膚，長睫毛大眼睛高鼻子，一口貝齒整整齊齊，竟是一位樂齡的氣質美人！

年紀大了，她平常總是一會兒就會疲累，但是今天她看到我們來很興奮，一雙大眼睛閃啊閃，說著他們住在桃園「山頂村」（黑貓中隊眷村）的事。

「只要看到大官來了，就知道村子裡有人家出事了。」

她告訴我，華錫鈞只要出任務，她就會在村子口抬頭望著天空，直等到他平安到家為止，這樣心懸在天上的日子過了十幾年。

「後來他退役時，政府問他要不要轉任華航（那時華航剛成立，機師多由空軍轉任），我就堅決反對，不要再飛了……」

周毓和本來在屏東女中教書，因為華錫鈞調桃園（黑貓中隊基地在桃園），所以英文甚佳的她轉至臺北的美軍顧問團上班。為了怕熱愛飛行的華錫鈞改變心意，她親自幫華錫鈞寫申請書、「補習英文」，於是三十八歲的華錫鈞再度背上書包當老學生，赴美念書，拿到普渡大學航太博士。

「他的數學很好。」「周老師」微笑著對我點點頭，對這個「老學生」頗多嘉許。

她告訴我她是怎麼跟華錫鈞認識的。

「我們兩家都住在左營眷村，他是我弟弟的好朋友，常常到我家來。」周毓和含笑。這個男孩子很特別，不像軍人，喜歡讀書喜歡音樂，「他自己學會彈鋼琴、拉小提琴。」

父母十分反對她嫁給空軍，但是擋不住年輕人的愛情，「我們要結婚，華錫鈞賣掉他的小提琴，讓我去買布，我親手縫製自己的新娘禮服。」周毓和說。

那時候兩岸還時有交戰，空軍犧牲慘重，尤其是特種部隊都是死亡過半。我問華夫人：「華將軍要去黑貓中隊有沒有告訴妳呢？」

她仍舊是帶著微笑，搖搖頭：「沒有啊。」

華錫鈞上將是飛機專家，也是超級飛行員，他詳細說明過U2偵察機的特性。

U2偵察機的起源是：「二次世界大戰後，西方民主國家與蘇聯等共產國家對峙，美國軍方委託洛克希德飛機公司設計一種能在高空進行偵照任務的飛機。它可以爬升到一般戰機無法攔截的高度，又可以長程飛行，深入敵境。」

因為美國軍方的急迫需求，設計師凱利強生在八十八天內完成U2原型機設計。「機身十分輕盈，安全性、操控性、座艙舒適性都被犧牲了。」安全性被犧牲，直接導致後來飛行員死亡慘重。

「U2從起飛到降落對飛行員來說都是挑戰。據說U2剛出廠時製造了五十架，美軍在兩、三年間就有十七架失事，十一位飛行員殉職。美軍至今仍視U2為最難駕駛的飛機。」

與華錫鈞情同手足，幼校、官校同班同學，到黑貓中隊又是室友的郄耀華，便是在回航練習重飛時，飛機失控，機毀人亡。

這對華錫鈞是極大的打擊，他說：「有段時間，我只要看著他空著的床位，就想到我們同學共事的往事，我還奉命去臺南告訴他的家人這件事……看到家屬的悲傷，心裡久久不能平靜。」

華錫鈞本人也多次死裡逃生。

第一次是在美國進行夜航訓練，在七萬英呎高空，飛機突然熄火，原來是飛機油管破裂，油全漏光了。在全無燃油亦無塔臺指引的情況下，華錫鈞竟然能安全降落在一個跑道不足五千英呎，位於山谷內的小機場！因為他優異的飛行表現，美國空軍頒給他一座「優異飛行十字章」。

另一次則更為驚險，失去動力的地點，竟然在北京市上空。

在華錫鈞之前，由空軍第六大隊王英欽所駕駛的RB-57就在北京上空被擊落，從此國軍有三年多未曾到此偵察。當天，華錫鈞駕駛著U2再度飛到王英欽殉職的地點，隔著一層雲，他可以看到下面佈滿巡邏敵機造成的凝結尾，就在他慶幸自己沒有遇到防空飛彈，順利地通過北京市抵達張家口，預備返航之時，U2的毛病發作了——飛機熄火、發電機警示燈亮起，電力系統竟然故障！

由張家口回到臺灣還有一千多浬，更不可能迫降，若降低高度重新發動，馬上會成為敵機圍攻的目標。隔著雲層，華錫鈞也無法看到任何地標參考自己的位置，唯一可以指示方向的只剩下羅盤。

U2的高空穩定性極弱，在超速與失速之間的差別只有十浬——超速五浬以上飛機會解體，減速五浬以上則會失速下降——因此，需要自動駕駛幫助維持速度，手動駕駛極為困難。但是此刻華錫鈞只能靠著臂力緊緊抓住駕駛盤，隨著油料越來越少，飛機越來越輕，U2開始往上飄，他緊咬著牙維持「平飄」（因為已經熄火），就這樣飄了兩個多小時。突然，他看到飛機下方似乎有個雲洞，仔細觀察發現，原來飛機已經出海。他趕緊取出地圖比對，下面的島嶼似乎是一江山與大陳島！華錫鈞大膽地打開無線電，與基地取得聯絡，終於在導引下安全返回桃園。

但是，為什麼北京竟然沒有部屬防空飛彈呢？

幾十年後，華錫鈞在美國有機會接觸中共出版的空軍書刊，才解開謎底：原來當年中共因防空飛彈有限，將北京的防空飛彈都移到U2飛機常出沒的航線上，沒有料想到竟有這麼大膽的飛行員敢飛到北京上空來拍照，華錫鈞才沒有在北京上空被飛彈襲擊。

十次任務，華錫鈞都驚險地全身而退，可是，他的好友們就沒有這麼幸運了。

民國五十一年的九月八日，他接獲通知要在隔天擔任陳懷（字懷生）的預備隊員。當天晚上他們兩個一起進駐隊上，第二天清晨，陳懷進行飛行前準備，華錫鈞就去替他檢查飛機。不久，陳懷搭著廂型車來到飛機旁，華錫鈞協助他進入座艙，幫他扣好保險傘、接上氧氣管及各種行前設備，幫陳懷做了最後的艙內檢查。

完成檢查後，華錫鈞看著陳懷，對他說：「God bless you!」圓圓臉的陳懷生笑瞇瞇地咧開嘴回答華錫鈞：「Thank you!」，然後華錫鈞幫他蓋好座艙罩，離開飛機看著這架U2起飛。

沒想到，這竟是陳懷的最後一面、最後的一句話。陳懷因飛機故障，高度下降而被擊落，成為第一個殉職的黑貓隊員。（後來臺北市懷生國中與懷生國小皆為紀念陳懷生所命名）

就在華錫鈞快要完成十次偵測任務，即將離隊時，他的寢室搬來一名新室友，那就是新婚不到一年的葉常棣。

還沒有等到華錫鈞離隊，葉常棣就被飛彈打了下來。華錫鈞說他還記得「葉常棣沒有回來，自己去幫他收拾私人物品」時的情形。只不過，當年他們都以為葉常棣、以及同時期被打下來的張立義都已殉職，沒想到，兩人竟被中共俘虜十八年。

一九八二年，中共終於釋放兩人。可是，當時的總統蔣經國對他們的忠貞有疑慮，不願意讓他們回國。兩人只好在CIA的安排下，轉往美國。之後足足又等了八年，在蔣經國過世兩年後，「黑貓中隊」的事蹟漸漸在臺灣為人所知，兩人終於能夠回到故土，距離當年他們起飛，已經離家二十七年。

他們被俘的過程、家破的辛酸，最後由華錫鈞一一紀錄下來。經過多年政治風霜，他在卸下總統府戰略顧問職位後移居美國，刻意用英文寫下《失落的黑貓》一書在當地出版。

民國一〇三年，華錫鈞回到臺灣，將畢生積蓄一千五百萬元捐給成功大學成立航發基金會，推動臺灣航空工業發展。

我和周毓和一起看著「黑貓中隊」的紀錄片，華錫鈞將軍一身戎裝的大幅照相，與他所研發的那些飛機就圍繞著我們，一同看那些故舊僚友，那些英勇又傷痛的往事……他在照片裡微笑著，是欣慰吧！他想保護的，都好好地在這裡了！我們在此呼吸著自由的空氣。

國防部為「黑貓中隊」做過華錫鈞將軍的口述歷史，在這歷史紀錄的結尾，他是這麼說的：

「我以曾在七萬英呎高空上，為國家效力而感到光榮，我想這也是所有黑貓隊員一致的心聲。」

報國懷壯志，正好乘風飛去。

〈中華民國空軍官校校歌〉

生卒年：一九二五年—二〇一七年

出生地：江蘇省無錫市

配　偶：周毓和

經　歷：U2飛行官、航空工業發展中心主任、中山科學研究院副院長、空軍二級上將、總統府戰略顧問、航空工業發展基金會董事長

輯四

天鵝之歌

用ABC搖滾偏鄉

——廖修霖

蔣銀珊 攝

這是一個退伍老榮民的故事。

南投縣中寮鄉是九二一大地震傷亡最慘重的災區，全鄉傾倒戶數超過八成。許多人搬離傷心地，森林便趁隙而入。二十年過去，如今，草木已經鋪得漫山遍野，一眼望去盡是綠色野林，只偶爾出現一兩片褐色屋頂點綴其中。

九二一地震發生後，鄉民們紛紛離開滿目倉夷的家鄉，當年六十五歲的退休少校廖修霖卻帶著太太以及八歲的小孫子，舉家從臺北搬到中寮來。

「我住在這裡，已經超過十八年了。」人稱「廖爺爺」的廖修霖對我說。他的背後，是一棟綠色外牆的透天厝，門前掛著「瀧林書屋」的招牌。

在中寮鄉，沒有人不認識廖爺爺和廖奶奶，如果這十八年間，你曾在北中寮念過小學的話，你還會上過廖爺爺免費的英文課，甚至在放學後到廖爺爺的瀧林書屋讀書、寫功課、吃飯、吃點心，甚至住過廖爺爺家，或是吃過廖奶奶請人從南投市送來的麥當勞。

八十三歲的廖爺爺一身乾淨整齊的襯衫西褲、素色領帶，戴著帽子，細細的眼睛彎成兩隻上弦月，講起話來永遠充滿耐心、輕聲細語。我看著他滿臉笑容地站在綠色的透天厝門前，完全就是兒童繪本裡畫的，理想中的爺爺啊。

他背後的「中寮鄉第一豪宅」，是全鄉孩子們共用的「書屋」。中寮鄉爽文國中教導主任王政忠（電影「老師，你會不會回來」主角原型）要成立「爽中青年軍」，組織畢業生返鄉擔任志工，這棟房子是「爽中青年軍」的會議和工作場地。爺爺八十歲時出來擔任彰平溪文化藝術協會的理事長，想要做一個中寮鄉的生活交流平臺，這裡又成了他和奶奶的辦公室。

我問爺爺，那你和奶奶住在哪裡？

爺爺微笑著，低頭望著窗戶往後院指指，我伸頭過去一看，原來他們老夫妻是住在隔壁的小房子裡。

今年（二〇一九）國慶，廖爺爺以榮民楷模的身份參加總統府前閱兵大典。他告訴我，自己坐在看臺上，回想這一生——爺爺以前曾經是總統府後面總政戰部的軍官呢，天天到這裡上班——五十年歲月匆匆，卻是恍如隔日。

然後，廖爺爺細細地告訴我，他是如何從總統府走到中寮鄉的山林裡。

「我是南投名間人，政工幹校政治系六期畢業後留校服務擔任隊執官，因為我對英文很有興趣，於是又去念軍官外語學校一年，改任翻譯官。可以說，我的外語能力完全是在軍中培養出來的。」

我問廖爺爺他在「總統府後面」上班的情形，他笑著說，「總政戰部的每一層樓，有一般樓房的兩、三層樓高啊！」「那時候若要迎接貴賓，都要走樓梯下來接他們，然後再帶貴賓上樓，再送貴賓走，每天都這樣上上下下跑啊。」他閉起眼睛，那棟巍峨的大樓房彷彿就在面前，穿越了半世紀的時空。

他以第一個臺籍軍官在總政戰部上班，應該是很有前途，不過，廖爺爺卻另有機緣。他告訴我，他有個朋友的父親那時候在做鞋子外銷，生意做得很大，問他是否有意來做貿易。

「一九七〇年代是臺灣對外貿易起飛的時刻啊！」廖爺爺說，經過一番考慮，他下定決心從商，便以少校軍階退伍，退下軍服，成為一個提著公事包全世界跑透透的業務員。

做了幾年的外銷業務員，廖爺爺被德國客戶挖走，在外商經過一番歷練後，他自行創業開設貿易公司，在臺灣尋找工廠製作日本運動鞋 Tiger（後來改名為 ASICS

亞瑟士），將球鞋外銷日本。

不久，代工廠寶成鞋業併購了廖爺爺的公司，另組新的子公司，廖爺爺繼續負責外銷業務。當時寶成有一個很大的美國客戶，為了服務這個客戶，沒多久廖爺爺就便被派駐美國，待了十年。直到寶成的美國分公司改組，公司希望廖爺爺能夠像過去那樣開疆闢土，給他兩個選擇：一是去越南籌組新工廠，二是去德州的皮革廠。廖爺爺不想去越南，又是佛教徒吃長素，不願意見到殺生。考慮再三，就遞了辭呈。

這中間還有一段人生奇緣，是關於著名的文化學者南懷瑾。

「還沒有去美國前，我曾在臺北市新生南路的『十方禪林』聽南懷瑾講佛學四年。後來我在芝加哥工作，南懷瑾在DC（華盛頓特區）。有一次，一群臺灣的道友到美國去看他，我便接待他們，帶他們去見南懷瑾。」

「南懷瑾就對我說，要我每週末都過去幫忙他一些講學的工作，我就這樣飛了兩個月左右。南懷瑾又開口問我，要不要跟他一起去中國大陸發展。……不過，我因為家庭因素，後來沒有答應。」

雖然沒有跟著南懷瑾去中國，但是廖爺爺的內心，仍然有一塊嚮往著佛教的純淨之地。就在猶豫的當兒，廖爺爺接到父親的電話，要他回臺灣助選！

廖爺爺笑著說：「我們同村的鄰居陳啟吉（當時的省議員）要選縣長，當然所有人都要來幫忙！」

後來，陳啟吉以些微差距落選。「雖然他沒有選上，但是，這一次助選的經驗非常重要！」一直輕聲細語的廖爺爺，突然神情激動起來：「我是一個臺灣人，可是，我從來不認識這裡，可以說，我對臺灣、對南投的認識，都是從那一次的選舉開始的。」

奉獻地方的種子，就在那時候埋下了，雖然是一場不成功的選舉，卻改變了他的一生。

廖爺爺的第一任妻子早已過世，三個兒子都在美國發展。陳啟吉落選後，廖爺爺曾幫助陳啟吉在南部創業沒有成功，心灰意冷地回到臺北，他心裡想：「餘生都奉獻給宗教吧！」

說到這裡，廖爺爺一臉靦腆：「當時我曾經出家，不過修行後發現與我想像中的修行生活並不相同，於是又還俗了。」雖然還俗，可是，廖爺爺持續在佛教團體裡修行。人間的緣分就是這樣奇妙，總在意外時來到，廖爺爺竟在修行時認識了有同樣信仰的廖奶奶。廖奶奶過去也曾有一段不成功的婚姻，兩個人都到了夕陽的年齡才相遇相伴，因此，他們更加珍惜這難得的緣分。

就在廖爺爺以為將與奶奶相伴修行安靜地終老時，命運的手指向他們——九二一大地震發生了！震央在集集，整個南投縣都是災區，「我名間老家的牆倒下來，當場壓死我父親。」

「我父親把母親抱在懷裡，用背樑保護她，母親雖然倖免於難，但是斷了三根肋骨。」那時候，廖爺爺的母親已經高齡八十五歲了。

「我立刻從臺北回南投。妳不能想像，我走在村子裡，路旁每一戶，那景象……」廖爺爺的雙眼露出極大的傷痛，二十年了，那聲聲哀嚎從來沒有離開過他的腦海。

隔年，廖爺爺決心帶著廖奶奶一同回到南投。我問，為什麼選擇中寮？他笑著告訴我，當時到處找適合建屋的地面，尤其是他們老夫妻還帶著剛上小學的孫子，經人介紹和清水國小的校長見了一面，一聊如故，當場決心要搬到中寮來。

那時，中寮的房子倒了超過八成，道路都壞了！我心裡想著，爺爺講得雖然輕鬆，可是，要不是有極大奉獻心的人，是不會來最艱苦的災區參加重建的，而且，還是一對六十多歲的老夫妻！

廖爺爺在這裡開辦「中寮阿嬤手工布工坊」工廠，招募中寮的中高齡婦女來這裡縫製包包、外銷的閣樓墊等等，讓她們有一份收入。至於書屋的起源，他笑著跟我說，這是一個意外！

「這裡沒有英文補習班，也缺乏英文師資，所以我自己教孫子讀英文。他有許多同學，下課後來我家寫功課，我就一起教，人數不斷增加，最高時曾經到達二十九個人。」

本來住在組合屋裡的廖爺爺，開始想要建一棟「豪宅」給這群孩子。說到這兒，本來一直在旁邊安靜地聽爺爺說話的廖奶奶，忍不住開口說：「這房子可是名家設計的唷！」

原來，他們特地去找廖奶奶的義兄，臺北藝大的教授幫忙設計。我細看內部裝潢，全屋內裝都是原木精細打造，整片牆的書櫃裡放著閃亮的新書，中間是上課的大長桌與鐵椅，還有冷氣空調，這樣的高級教室在鄉下是聞所未聞，而這「只」是爺爺想送給小朋友們的一份禮物。

廖爺爺每週二、四晚上在這裡上英文課，前清水國小校長林宜誠夫妻義務在這裡上三個晚上的其他課程。這裡是中寮鄉唯一的補習班，也是孩子們下課後可以去寫功課、吃點心的地方。不久，附近的小學也都開辦了「廖爺爺英文時間」，廖爺爺每週去附近的小學幫全校同學上課，偏鄉小學全校學生不過數十個人，「但是，老師們會跟著一起學，老師最認真。」廖爺爺笑著說。

每次的英文課結束時會有「通關測驗」，凡是過關的孩子，廖奶奶請吃麥當勞。「我打電話向南投市的麥當勞訂餐，麥當勞聽說是中寮的學校，直接問我們，學校裡有多少個老師？老師的份，麥當勞請客！」廖奶奶在旁邊呵呵笑起來。

十八年過去了，廖爺爺的孩子們也長大了，有的念大學、有的念研究所，也有在工作的了，他們開始回到書屋，成為新的生力軍。奶奶說，書屋的大孩子們正為學弟妹們辦暑期活動，這裡成為青年軍活動的場地。

六十五歲投入災區重建，將餘生奉獻給偏鄉兒童，我問廖爺爺，這十八年來的內心感觸。爺爺看著我，認真地說——

很多人稱讚我幫助地方幫助孩子，其實，並不是這樣的。

我最感謝的，就是這裡的小朋友。

他們給我一個奉獻的機會。這十八年來，我的身體雖然老了，可是心境一直都很年輕。

瞇著彎彎的眼睛，滿臉的光彩，說實話，廖爺爺看起來一點兒也不像八十三歲了，比實際年齡起碼年輕至少十八歲，歲月在山林、孩子的笑語聲間凍結了。

我的英文能力，完全是在軍中學習而來，國家栽培的，如今退休了，可以回饋到小朋友的身上——

我很高興，我是在為國家做一點事。

廖爺爺笑瞇瞇地說。他在中寮，實踐了自己一生的願望。

出生年：一九三七年

出生地：南投縣名間鄉

學　歷：政工幹校政治系、軍官外語學院、東海哲學系EMBA

經　歷：總政戰部參謀少校退伍、鞋廠外銷業務、美商駐臺分公司經理

商談室療癒粉絲
熟網美潮爆IG
——月月阿嬤

月月阿嬤 提供

從二〇一七年開始，ＩＧ上出現了一個來自臺灣的神秘網紅「月月仙子」。她每天在網路上分享自己的穿搭與生活：Supreme、BAPE、Converse、Nike、ALT……等各式潮牌出現在她身上，行頭應有盡有；頭頂墨鏡，下踩最夯的球鞋，搭配她收藏的「古著」棉襖旗袍。

這獨特的品味馬上在臺灣的ＩＧ社群爆紅，接著，廠商上門找她拍廣告、當「媽抖」，她的照片遍佈各大社群媒體，追蹤者超過十萬。為了服務廣大粉絲，她還在ＩＧ上開了「月月輔導室」，讓「月粉們」每天來互動。不過，月月的粉絲與一般網紅不太一樣，一般網紅的ＩＧ留言不是來按讚就是來嗆聲，「月粉」們卻在問感情、問事業、問金錢，請月月下凡解救，這裡儼然是ＩＧ上的「月月仙子宮」。

在少年少女天下的ＩＧ紅人堆裡，月月確實已經接近羽化登仙的程度。本名林莊月里，今年九十一歲的月月，是「臺灣九〇後」第一網紅。

九十一歲可以做什麼？是將衰老的身軀擺放在地板上等待風將它吹散，還是拖著孩子們的耳朵，喃喃叨唸著那些無可挽回的往事？

超過了一定的年齡，所謂人生，無非是一個不斷喪失的過程……體能、希望、美夢和理想，或是你所愛的人，這些一樣接著一樣，一個人接著一個人，從你的身邊悄然消逝。

村上春樹《世界末日與冷酷異境》

在「月月仙子宮」裡，我們看到一個不可思議的老人：她永遠是穿著勁爆、大紅大紫，與粉絲們大談美夢與理想。常常臉貼著鏡頭，彷彿就要衝出那個存在於網路上的平行宇宙，到這個世界來與粉絲們逐一握手。

難道網路異境，終於可以顛覆人類的極限，擊潰歲月給予我們的枷鎖嗎？

抱著想與「另一個宇宙」裡的月月握手的願望，我去月月的家拜訪她。

月月住在臺北市一棟老公寓的三樓，我才爬到二樓，就看到她的孫子打開鐵門探頭到樓梯間來察看。

「月月阿嬤自己可以下樓嗎？」我問。

「不行啊，都是姑姑扶著阿嬤。」

姑姑是月月的二女兒，已經七十歲了，消瘦得只剩下一個框子，直挺挺地站在月月的旁邊。姑姑瘦小，月月更瘦小，佝僂坐在藤編的長椅上，背靠著一只豎直的木頭抽屜，瞇起眼睛休息著。

「她背痛。」孫子指著那個木頭抽屜說。在我來之前，月月一直躺在和室房間的地板上，連動一動都不肯，聽說我要來了，才願意走到客廳來。

我環顧四周，十幾坪大的客廳連著飯廳，幾件舊家具靠牆排排站，客廳中間留著空曠的廣場。一張黃色花布權充窗簾掛在窗戶上，風陣陣撲上去，花布張開毛細孔透出光線罩住整間屋子，光裡的一切都是昏黃的。時間在這裡停滯了，彷彿自四十年前月月搬進這房子以來，一切器具便定在那兒，只等著時間大神將它們摧毀。

一件家具吸引我的注意，那是一架斑剝的縫紉機，用一條褪色的花布小心地蓋好。

「阿嬤，這是妳的嗎？」我大聲問她（她的耳朵不太好）。

月月的左眼只能開一半，但是她眨著剩下那隻水亮水亮的右眼，拼命地向我眨眼。

月月的那些老衣服，許多都是她自己做的。她曾是一個大戶人家的媳婦，當年眾媳婦們挑布做衣服時，月月總被稱讚是最有眼光的。只不過，她當年一定料想不到，自己九十一歲時會憑著「穿衣服」當「媽抖」。

「我阿嬤是很保守、很傳統的人。」孫子告訴我。

少年家貧失學的月月，五十多歲時女兒幫她報了識字班。但是，才要學注音符號的「ㄅ」，寫到下面的「那一勾」，她就學不下去了。所以，月月只能聽、講臺語，住在天龍國「國語區」四十多年，月月至今仍然聽不懂國語。

過去對學習新事物這樣排斥的月月，卻在九十歲時當上網紅，而且每天都高興地去拍照！我問孫子，阿嬤是怎麼突破心防的。

「阿嬤本來是很抗拒『當媽抖』的，因為在她的腦裡，『媽抖』就是搞笑藝人。」孫子老實地說：「直到她發現可以賺錢。」

一開始是為了讓阿嬤有個生活寄託，願意起床動一動，所以為她設了一個帳號。後來，有廣告公司找阿嬤拍廣告了，「去簽約的也是她本人，匯款也是匯入她自己的帳號。」孫子說。

每次賺了錢，孫子就把存款簿拿到阿嬤面前給她看。「嗯——」說到自己「九十歲了還能出門賺錢」，月月非常心滿意足地在旁邊噫了一長聲。

我捏著月月的手，吃飯行動都要人幫忙，但是月月的指甲卻是自己修的，她將它們修成漂亮的尖尖半月型，就是這一點還看得出來，她曾經有過的富貴生活。

月月出生在日治時期的苗栗竹南，爸爸是臨時工，一個人要養活父母與十個孩子，家境極為貧困。所以月月八歲就去當「囝仔工」，在甘蔗園割雜草、去海邊牽罟、搓麻線等等。十八歲時經過媒人說媒，嫁入竹南市場開雜貨店的夫家。

那時候夫家的生意做得有聲有色，月月說，以自己家的條件來說，算是高攀了。不過，大家庭的媳婦不好做，一嫁進去，婆婆馬上就來教她「媳婦的規矩」。

月月說，媳婦們的第一個任務是「煮飯」：五個媳婦輪流煮一日三餐，連續煮十天後，再交給下一位。從買菜、備料到下鍋，連同在雜貨店裡打雜的囝仔工，每餐要餵飽幾十個人。

媳婦的次要任務是「糊紙袋」，以便給客人裝採買物品。除此之外，當然還要洗衣、打掃、顧孩子，去雜貨店幫忙生意。夫家在竹南市場賣生鮮也賣乾貨，是知名的大商號，生意非常興隆。

雖然忙碌，卻是月月過過最安定的日子。商號媳婦的穿著自然不能馬虎，月月結婚後才第一次穿上「洋裝」，她會和妯娌們一起去市場的布莊剪布，送去裁縫那裡做衣服。月月說，因為自己很會挑花色，妯娌們都叫她幫忙選布。

後來，月月一共生了兩個兒子、四個女兒，成為六個孩子的媽媽。三十多歲時，各房都添了許多孩子，大家族的房子不夠住，兄弟便分家了。月月的頭家分到房產，便將雜貨店的生意另起爐灶。他們帶著孩子搬到一棟兩層樓的透天厝，一樓開雜貨店，兩樓當作住家，月月成為一個老闆娘。

「早上五點天沒亮，頭家和孩子都還在睡，阮就起身，將店內外打掃乾淨，整理商品，接著做早餐。安頓好孩子後，和店裡的囝仔工，一起去距離雜貨店不遠的冷凍倉庫搬貨。冷凍倉庫裡冷藏著魚頭、鹹魚、乾香菇等貨品，生意好的時候，一天要搬個好幾趟。」

「阮ㄟ頭家負責招呼客人，搬貨這些粗重工作都是我和幾名囝仔工在做。」

從年頭忙到年尾，除了過年，從來沒有休息過一天。這樣辛苦勞作，頭家的手頭漸漸寬裕起來，店面從兩層樓改建成四層樓。

講起「頭家」，月月開始抱怨，「頭家挺逍遙，喜歡四處去拜拜，參加宮廟活動，每天店門一關，他就出去逍遙。」

當時竹南鎮上有一位妖嬌的美髮師，與頭家走得很近，許多鎮民都跑來向她通報，但是月月連問一聲的勇氣都沒有，也不敢與人訴說，只能每晚掉眼淚。

有一天，月月看到一隻黑貓掉進了井裡，她趕緊把木桶丟下去將貓拉上來，從此之後，黑貓每天都來她家捉老鼠，一捉十幾年，在那段傷心的日子，唯一傾聽月月的伙伴，就是這隻黑貓。

雖然難過，但是月月一直相信，女人就是油麻菜籽，風吹到哪裡，就落在哪裡，只能默默忍受命運。只是當時她沒想到，命運給她的考驗竟不只是這些。

民國七十年左右，月月五十多歲的時候，頭家投資生意，後來生意倒閉，所有的股東必須連帶賠償。他們賣掉雜貨店，家產一夕賠光，頭家用剩餘的一點錢買下一個臺北朋友的公寓，便舉家遷往臺北。

來到臺北後，頭家一輩子作老闆，不習慣作別人的員工，索性無所事事，「不是去拜拜，就是去買藥吃。」存款不多，坐吃山空，孩子們也都有各自的家庭負擔，月月只好咬著牙出門找工作。

五十幾歲的月月，從老闆娘成為成衣廠修線頭的女工，女工的薪水不夠生活，她晚上再拿手工回家加工。

我問月月，還記得開雜貨店當老闆娘的日子嗎？

她臉一僵，昂頭閉著眼睛說：「不記得了啦！」

孫子告訴我，直到兩年多前，阿嬤都還是不斷地會唸叨著：「如果當年如何，現在就會如何。」——做了三十幾年的生意，一點點累積努力得來的富貴，一夕之間化為烏有，接著就老了，只留下無盡懊悔，以及對未來的恐懼。

孫子跟我說，他還記得小時候看到阿公與阿嬤就站在飯桌的兩端對罵的場景。

我問月月：「下輩子還要嫁給阿公嗎？」

她舉起右手，對我搖一搖。

阿公七十多歲時得了失智症，月月沒辦法獨自照顧他，所以將阿公送進安養院，最後在安養院裡過世了。月月舉起左手臂，告訴我，因為那時她的手臂受傷了，所以不能去送他。

再多的怨憤，最後，對方都忘了，只剩下自己還記得。

月月最後悔的，就是從來沒有去跟從自己內心的聲音，自己當自己是油麻菜籽，於是就成了油麻菜籽了——一轉眼，一輩子就這麼過了。

月月直到八十八歲，都還拖著菜籃車，在臺北的大街小巷賣菜瓜布。後來家人認為她的視力不好太危險，強力阻止她繼續當街頭小販，她才不得不退休。退休在家生活沒有寄託，月月的身體和腦袋更加不行了，所以前年，孫子替她開了ＩＧ帳號。原本的目的，是希望阿嬤每天有點事情做，即使在家裡也可以與人互動，每天拍拍照片，孫子會唸網友們的留言給阿嬤聽。

沒想到，「月月仙子」竟然一炮而紅！

這些來月月輔導室「問事」的網友們，年紀最大的也比月月小個四十歲，作兒子還有剩！更多的少年少女幾乎可以當她的曾孫了。他們的問題五花八門，有「害怕面對放榜」的高三生，「暗戀男孩不知如何表白」的少女，也有中年失業的五十歲大叔，自行創業後為生意憂愁的。

對這些站在人生十字路口的茫然人，月月給他們的建議都是：

不要怕就去試試看。

如果你明天就要死了，想想你會不會後悔。

這些話，是月月的心裡話——她被命運擺佈了一輩子，後悔得不得了啊！所以她勸年輕人們要把握現在，想做就去做，跌倒了，不過是再站起來而已。

「自從有了IG後，阿嬤就不再抱怨了。」孫子告訴我。我轉頭看著月月，她正笑瞇瞇地告訴我，前些日子，有個外國人到臺灣來看她……（月月IG也有外國粉絲），「還有送小禮物哩！」

在那個手機裡的平行宇宙，月月終於不再遺憾了。

本　名：林莊月里

出生年：一九二九年

出生地：苗栗竹南

經　歷：雜貨店老闆娘、IG網紅「月光仙子」

守護摯愛的麥田捕手

——宋沁

李智為 攝

前年，宋沁透過特殊選才上了清華大學。十六歲離開學校，工作養活自己和阿嬤，「念大學」對她來說，是從來都沒有想到過的機遇。

宋沁興奮地告訴我，自己這一年多來的「學校生活」，滔滔不絕：

一百二十多個學分就可以畢業，可是她想多學些，學習計劃寫了一百五十多個學分，指導老師一直勸她別再增加了，然後，她還報名了一年三百多個小時的華德福師資培訓課程；除此之外，為了生活費與學費，宋沁也擔任老師的研究助理……

忙得不得了，但是宋沁一直精神很好，直到去年某個晚上，她如常熬夜打著電腦報告時，螢幕現出一片花白，右邊眼睛突然看不到了。

「我用眼過度，結果視力急遽衰退，變成近乎零。」她告訴我。

「我很感謝學校幫我申請了一筆急難救助，讓我休息了兩個月。」她兩手交疊擺在桌上，睜著兩顆漆黑的眼珠子看著我，誠懇地說。

聽宋沁講話，左一句「很感謝這個人」，右一句「很感謝那個人」，謝了又謝，謝得我都懷疑起來：臺灣社會的大人們，真的對一個命運多舛的女孩兒有這麼好嗎？

宋沁的臉型圓中帶方，不施脂粉的臉頰紅撲撲的，一對清澈的眼睛如同森林裡的湖水，倒映著高大樹影，偶爾一片落葉飄落在湖面引起圈圈漣漪，隨即化進寧靜的湖心，絲毫不影響森林裡的靜謐；如同大樹般成熟，也如同湖水般安寧，遠遠不止是二十五歲。

那可能是因為宋沁的人生太豐富了，「我的座右銘是，」她告訴我：「人生的痛，最後都會成為你的禮物。」

宋沁，就是那個滿手「禮物」的孩子。

她是臺中豐原人，家中還有一個姊姊、一個弟弟。

「我和弟弟是異卵雙胞胎，」宋沁說：「弟弟從出生後身體就不好，爸爸媽媽為了照顧弟弟，便把我送去外婆家。」

宋沁的爸爸是算命師，工作地點和外婆家不遠，所以童年的宋沁還是經常可以見到父母，直到發生那件意外。

那一年，宋沁只有十歲。

「那時，爸爸媽媽開了兩次飲料店，兩次都倒閉了，欠下幾百萬的債務。」

年紀幼小的她，只記得媽媽每天都心情很不好，一個人躲在牆角，不言不語。大姊十五歲，她和弟弟都只有十歲，「我後來常常想，那是媽媽最需要人幫忙的時候，我們卻沒有人知道要怎麼幫忙她。」宋沁翻來覆去地說著。

長年照顧生病的幼子，加上沈重的經濟壓力，讓這個不幸的母親走上絕路。

「我只記得那一天，我在學校，突然老師匆匆忙忙地跑來告訴我，叫我回家去，我……」她急促地說著事情的經過，眼睛睜得大大地看著我。那個小女孩的臉孔就在湖面下，風一吹，烏雲整個蓋住湖面，只看到女孩睜大的眼睛，驚慌地看著我。

母親過世了，大姊十六歲國中畢業上臺北尋找自己的夢想，而宋沁從此便由外婆、阿姨養育。

「我非常、非常感謝我的外婆、阿姨，我的阿姨是一個約聘公務員，經濟並不寬裕，她們根本沒有義務要養活我，但是她們養育我長大。」

「外婆是我最重要的人。」宋沁告訴我，她和外婆睡在同一張床上，外婆抱著她入睡。老人睡覺會打呼，那呼嚕嚕的聲音就是宋沁的搖籃曲，「聽著外婆打呼的聲音，我才睡得著。」她說。

可以想像，那個驚嚇傷心失去母親的小女孩，是怎樣被外婆呵護著長大。

「我變得非常用功，因為我希望用成績讓外婆、阿姨覺得，她們的犧牲是有價值的。」宋沁說，她的功課變得非常好，國中畢業後透過免試升學，分發到住家附近的豐原高中。

就在宋沁以為自己走出陰霾，要開始迎接亮麗人生時，命運再一次打擊她，開學第二週，外婆發生嚴重車禍，半身癱瘓外加腦中風。

「我不能失去我的外婆！」她說。

宋沁盡一切做她所能做的，「我每天早上六點出門上學，放學後去醫院照顧阿嬤，然後去家教，家教結束後再回醫院寫功課……早上六點再去上學……」

「最痛苦的是，我看著阿嬤痛苦卻不能分擔。」

「護士幫她抽痰，我看著她把管子插進阿嬤的喉嚨裡，阿嬤痛得全身抽動，我趴在阿嬤身上，安慰她、壓住她，等到抽完痰，護士把管子拔出喉嚨，好多好多血噴出來，噴得到處都是……」

「每次結束後，我都會跑出病房外，蹲在角落狂哭，整個崩潰了！」

半年後，宋沁已瘦到不到四十公斤，精神狀況也不好，只好休學。

「休學後，我陷入憂鬱症中，我一直用成績證明自己值得被愛，但是當一切都消失後，我不知道自己是誰。」

「我也自卑，老師、同學傳簡訊打電話來關心我，我告訴她們我很好，其實我一點也不好，但是我不想跟她們見面接觸……」

照顧病人的壓力，失去人生目標的痛苦，生存的經濟壓力，自卑感……整天纏繞著這個十六歲的女孩，「我每天都失眠，天天睜著眼睛到天亮。」

「我有輕生的念頭。」宋沁說。

「死」縈繞著她，每當這念頭浮起，「我告訴自己，我不能跟媽媽一樣！」

「我不能再讓阿嬤傷心了。」她說。

躺在病床上的阿嬤，是支持宋沁活下去的唯一力量。

「其實我也沒辦法頹廢太久，因為有生存問題。」她微笑：「不工作會沒有飯吃。」

在工作與看護阿嬤之餘，宋沁開始流連圖書館，這改變了她的一生，「我很想瞭解自己，讀了非常多心理學的書，像容格理論等等。」雖然，只有國中畢業學歷的她，看起來與大學的距離比天還遠，但是，這些書仍然在宋沁的心裡埋下一個夢想——

「我想讀書，我對讀書還是很有熱情的！」

她看著我，眼神發亮，那是只有知識才能點燃的火光。雖然讀書夢很遠很遠，但是宋沁買高中教材回家自修，取得高中文憑。

不過，回到現實，宋沁的當下之務是顧腹肚。臥床兩年後，阿嬤的體重暴增到八十公斤以上，超過宋沁的照護能力，所以阿姨申請了外籍看護。家教學生的家長介紹了一份在臺北課後輔導班的專職行政工作，這是她人生的轉捩點。

「那個課後輔導班很特別，他們以啟發性的教學方式，嘗試引起孩子們的學習興趣。」宋沁說，這是她第一次接觸到不同的教育方式。在課輔班工作兩年半後，一位帶領高中自學團的朱佳仁老師邀請宋沁一起共創實驗學校「原來學苑」，擔任營運長，負責行政工作。那一年，宋沁二十二歲。

宋沁的辦公桌就在教室裡，孩子們在她面前讀書、打鬧，各種教學現場的狀況都發生在她身上，「我發現我其實是不夠的，」她坦承：「我在教室裡，卻沒有辦法幫助大家。」

比如說，「有個亞斯的孩子，常常來摸我，我需要教他別人的身體與自己的身體的區別。我也看了書，想要學習教他的方法，可是，也許我沒有完全領略書裡的意思，我就是沒有辦法教好他。」

她開始有強烈的動機想要念大學，想要學會「教好這些孩子」的方法。

前年，她以四年的工作經驗，透過特殊選才進入清華大學教育心理與諮商學系。這對宋沁來說是極大的肯定，「我覺得，我終於拿走我身上的標籤了，我不再是一個沒有媽媽的可憐小孩了！」

「我可以去創造自己的生活！我也能創造一個美好的家庭，我可以當一個怎樣（好）的媽媽！我可以照顧我自己，然後我能去照顧自己心愛的人。」她大聲地說。

就在這時候，命運，再度來鍛鍊這個女孩。去年，宋沁的雙胞胎弟弟一度病情轉重，經歷一場十幾個小時的大手術。

宋沁告訴我，從小父母都照顧多病的弟弟，讓她心裡很不平衡。直到經歷了在手術室外焦慮不安等待弟弟的那十幾個小時，她才深深感覺到，那個相連的生命是她最親的親人，也是她要守護的人。

「後來，我寫了一封長信告訴他，我是多麼珍惜他。」她說。

現在宋沁與姐姐住在一起，也有了一段穩定的關係，這些愛他的人，就是她要去守護的人。

宋沁坦白地告訴我：「我二十五歲了，因為年齡、經濟因素的關係，讀大學壓力很大。」

阿姨已經六十歲了，即將退休，宋沁要接棒負擔家計。看得出來，她急著要把自己訓練成「馬上能夠就業」的人。

「我一直都很小心『外界標籤』這件事情。一個人如果太執著於自我標籤，會沉溺。上大學後有一陣子，我覺得自己好像揚眉吐氣，其實，我只是為生活所迫，在找出路而已。」她坦白地說。

如果知識與學校的訓練，是為了讓孩子們長出肌肉來的話，那麼宋沁早就不需要了。我眼前的這個小小的女孩，在這麼多年與生活硬碰硬的較量中，在往上爬的堅持中，早就練出渾身肌肉，足以翻越高原，搬走大山。

講起理想，宋沁的眼睛發出光芒，滔滔不絕：

「我的目標是能夠成為一個獨當一面的教育工作者，我在教育現場看過許多孩子，孩子們的身體健康與他的思考是連結的，所以學習絕不只是智育……」

「我是中輟生，我知道中輟生通常是因為發生變故不得不離開學校，但是離開學校後他們也就掉出這個社會的安全網了。我有阿嬤豐厚的愛接住我，可是許多人沒有……」

同時兼顧讀書與家計確實沈重，我問她是否堅持唸完大學，宋沁肯定地對我點頭：「會！」

「因為，」她頓了一頓，「阿嬤一直希望看到我大學畢業。」

說到這裡，超齡成熟的宋沁終於忍不住笑了出來，露出了小女孩的表情。雖然，長大是這樣的不容易，宋沁，仍然是一個被許多人深深愛著的女孩。

年　齡：一九九五年

出生地：臺中市

學　歷：國立清華大學就學中

經　歷：樹心學堂實習、青醒 Awakening 草創成員、原來學苑草創成員

頂真的機場小小兵

——姜秀蓮

陳沛妤 攝

講起「在機場工作的女孩」，你會想起誰？

網紅空姐？正妹地勤？那些穿著名師設計的制服，成群結隊，迎著各方欣慕的眼神，拉著行李從旅客前面通過的，美麗的女孩們。

姜秀蓮也很年輕、很美麗，老師常常叮嚀她，要維持好的儀表，所以每次要去機場出勤時，她也會記得要穿著整齊的制服，掛著微笑。不過，你大概不會注意到她——秀蓮總是在旅客的身後，一邊清理煙灰缸、收垃圾桶、打掃廁所，一邊練習著老師教她的幾句話：

「廁所在哪裡？直走右手邊。」

「toilet…… toilet……」

她隨時準備著，如果你回頭張望，要尋找幫助了——

秀蓮就會馬上幫助你。

姜秀蓮今年二十六歲，中度智障，領有殘障手冊，透過身心障礙者就業服務單位「美好基金會」介紹，目前在桃園機場擔任清潔工。

我與秀蓮及輔導老師吳梅音約在麥當勞見面，那一天是秀蓮的排休。不過一見面，秀蓮就忙不迭地告訴我，早上六點接到阿姨（機場清潔人員）的電話，「阿姨問可不可以去……我告訴她我有記者會。」然後，她呵呵地笑起來。

每當臨時缺人需要找人代班，秀蓮永遠是最配合加班的人，「剛剛，我給老師看我上個月的薪水條……」她激動地說著，上個月，秀蓮賺了三萬六千元。

三萬六千元！講到這個數字，秀蓮的嘴唇都有點兒發抖了，這對一個正常的孩子來說，可能很普通，但是卻是一個智障孩子難以達到的成就。

「秀蓮不但養活她自己，還養活她的一家人。」吳梅音告訴我。

姜秀蓮的眉眼十分俊秀，兩道濃眉在一張巴掌大的小臉上畫出鮮明的斜線，高瘦的模特兒身段，兩腿細長，及腰的烏黑長髮隨意地綁在腦後，不開口時，也就是個樸素的少女。開口聊天才感覺到她的不同——秀蓮講話費力，所以比旁人用了更大的力氣與更多的表情，每當她一開口，漆黑的眼珠子就在眼眶裡忙碌地滾來滾去。

這頭老師稱讚秀蓮是家裡重要的經濟支柱，那頭秀蓮開始對我抱怨起，出門前已經出嫁的妹妹坐著計程車，帶著孩子回娘家向她要錢，「我就罵她，沒有錢為什麼要坐計程車呢？」

「她……她不工作……先生也不工作，所以沒有錢。她剛剛對我說，能不能借她錢……」秀蓮猛地抬起頭來，眼珠子滾到眼眶邊：「我……我就告訴她，我、我、我也沒有錢！」

「我一回家就快要瘋了！」她憤怒地說：「她、她的小孩，看到我的便當，把我的便當拿去吃！」

秀蓮的父親是工廠的作業員，母親、二妹、她本人都有智能障礙，家中還有一個智能正常的小妹在念書，一個年老的阿嬤。一家六口靠父親與秀蓮微薄的收入共同支撐，本來已經很辛苦了，中度智障的妹妹兩年前意外懷孕，嫁給也同樣有智能障礙的先生生下孩子。兩夫婦都沒有工作，於是妹妹便帶著孩子經常回娘家借錢。

秀蓮對數字沒有什麼概念，妹妹的孩子才一歲多，她卻一直認為已經五、六歲了，「小孩五六歲了，她不讓孩子去讀書。」秀蓮說：「她也不工作。」說到激動處，言語沒辦法跟上情緒，秀蓮緊握雙拳，黑眼珠直直瞪著我。

雖然妹妹被秀蓮批評得一無是處，不過，卻是妹妹改變了秀蓮的人生。

「那時，是妹妹剛從高中的資源班畢業，經過桃園市政府的轉介，交給我們評估適合的工作。」吳梅音回憶，她們去家訪，意外發現，這個女生還有一個同樣領中度智障手冊的姐姐，已經在家待業一年多了，那個姐姐就是秀蓮。

其實，妹妹遇到的事情，秀蓮都遇到過。秀蓮未成年時曾意外懷孕，對於自己為什麼懷孕，又是遇到了什麼兩性糾紛，這些智能障礙的孩子們其實都是講不清的。最後，秀蓮在父親的堅持下拿掉孩子，到金門外婆家住了一段時間，吳梅音遇到秀蓮時，她已經回到臺灣一年多了。

吳梅音告訴我：「許多人以為智障孩子不用工作，其實，智障的孩子更需要工作，因為他們需要外界刺激，需要社會化，這些都會讓他們進步。」

「秀蓮比她的妹妹更適合工作，因為她很外向，很期待與社會互動。」吳梅音說。

本來「機場清潔員」這個工作是準備給秀蓮的妹妹的，就這樣，吳梅音帶了兩個女孩到桃園機場，兩姊妹都進入機場工作。不過，妹妹很快就不想做了，「她就每天靠北。」秀蓮簡潔有力地說。

「她不喜歡煙味，又怕髒不想掃廁所。」

「掃廁所」、「打掃吸煙室」是一個重要的門檻，這是許多人不願意做的工作，可是秀蓮卻非常認真地做這件事。

「她也曾經離開過。」吳梅音告訴我。

秀蓮是一個開朗外向的女孩，渴望與這個社會互動，可是，她能夠互動的對象是非常有限的。只要和她開始談話，很快地就會發現她與一般人不同，所以她是很寂寞的。

「我就在臉書上交朋友。」秀蓮告訴我。

只要沒有工作的時間，秀蓮幾乎都在上臉書、交朋友，「交男朋友。」她喜孜孜地告訴我。

就在她到桃園機場工作一年多後，一位她在臉書上認識的男孩問她：「要不要去臺北？」

單純的秀蓮就這樣和男孩走了。兩個人跑去臺北，在一家便當店找到洗碗的工作。可是便當店老闆看他們好欺負，給他們很低的薪水，洗一個月的碗才領一萬多元。做了一年多，兩個人受不了又回到桃園，秀蓮帶著男朋友來見吳梅音。

「我一看，原來她的男朋友也是智障者啊，」吳梅音搖搖頭：「結果我把兩個人都送去機場當清潔員。」

吳梅音說，他們到外面工作，都被剝削，「秀蓮在金門給人洗車，洗一天領一百五十元，就連去便利商店工作，別人一小時一百三，她卻領六十五元。」「在桃園機場工作，起碼一切都照勞基法，還有我照顧他們。」吳梅音嘆氣。

這樣的女孩，很容易愛上一樣的男孩，因為有共同的話語、共同的喜好，雖然身體是大人了，但是他們一起生活在一個孩童的世界裡。有了穩定的收入後，兩人便搬出各自的家庭租房子同居，徹底地過著兩個兒童的快樂生活。

我問秀蓮和男朋友都去哪裡玩？

「湯姆龍啊！」她害羞地說。

那些給兒童玩的遊戲場，就是他們最喜愛的地方，每次領到薪水，兩個人就大吃大喝，然後跑去兒童遊戲場，換了大把代幣痛快地玩。

他們甚至還一起養了一隻貓，像小孩子養動物那樣，當作伙伴一同生活。

不過，他們的戀情也如同孩子，住在一起不久，秀蓮就覺得不行了。

「他會問東問西，會管我，態度又不好。」秀蓮抱怨，然後，這時候她又在臉書上認識了一個「新男朋友」，於是秀蓮想要分手。

兩個孩子為了「分手」鬧得不可開交，最後只好請吳梅音出來協調。

首先是錢的問題，秀蓮將薪資戶頭的提款卡交給男友管，等到兩人要分手了，秀蓮才發現戶頭裡竟然都沒錢了。兩人的分手糾紛鬧到家長都參與，秀蓮的爸爸揚言要告男孩，把男孩的存摺拿來一看，這才發現男孩的戶頭也只剩下三千元。

「我只好把他們都找來，將他們一個月的花費一筆一筆列出，」吳梅音無奈地說：「他們真的就是吃大餐玩湯姆龍玩掉的啊！」

智能障礙的孩子既沒有看電影，也沒有玩線上遊戲，就是遊戲場、美食、養寵物。但是他們很專注地在這幾件事情上，又沒有金錢觀念，每個月的薪水就這樣花光了。

「後來我要求秀蓮一定要住家裡，而且薪水都要給爸爸管理。」吳梅音說。

另一個重要的事情是，「我每次見到秀蓮就會一再提醒她，」吳梅音嚴肅地說：「千萬不能懷孕。」

關於這件事情，因為秀蓮有親身經驗，所以她會很聽老師的話。但是，她的想法也與一般成年女性不同。

「懷孕會很不方便，」秀蓮回答老師：「就不能在這裡繼續工作了。」

然後開始口沫橫飛地說起她工作的種種。

她是一個著急又求好心切的員工，「我要去收垃圾……還有廚餘，所以我很趕……推著車一直跑……」怕講不清楚，秀蓮急得揮動雙手：「阿姨腳受傷，都是我不好。」

原來，她們這一組在一家一家餐廳收垃圾時，因為秀蓮急著在時間內完成，車子推得太快，年紀大的清潔阿姨一下子跟不上，扭到腳了。

但是她實在是最認真的員工，「有個弟弟（也是智障者）在清潔吸煙室時一直抱怨，督導就打電話給我，要我去跟他談一談……」

接著，秀蓮眉毛一揚，兩隻手掌交握，顯現出一個「前輩」的威風：「我就馬上跑下去，對他說，對他說，你，你怎麼可以這樣對阿姨講話呢？這是你的工作啊！」

她還幫忙教導新進的身心障礙清潔工，「我們有時候會遇到旅客問問題，有時候還有外國人。」秀蓮很得意地搖晃著頭：「我就跟他們講英文。」

「我會教弟弟（新進員工），怎麼回答問題。」

她經常練習幾個常用的英文單字：「像廁所啦……toilet……」

秀蓮是身心障礙者的就業模範，「工作」使她成為一個值得信任的人。

「早上，我給我媽媽五千塊，她給我一千塊。」秀蓮告訴我，她的意思是，現在每次領到錢，就拿給媽媽，媽媽再給她零用錢——她已經是家中重要的經濟支柱。

一個人被信賴、被尊敬的能力，從來就與智力無關。

「喜歡工作嗎？」我問。

秀蓮拼命地對我點頭：「喜歡！喜歡！」，陽光穿透玻璃窗籠罩著這個美麗的女孩，她仰頭哈哈大笑起來。

出生年：一九九六年

出生地：桃園市

經　歷：桃園機場清潔員

「暗黑部隊」守護五〇〇浪浪

——董冠富

張哲偉 攝

董冠富創立的「貓狗一一九」，目前擁有五輛「貓狗救護車」，免費協助貓狗送醫。二〇一四年，他向新北市政府動保處檢舉八里區一處非法養殖場，但動保處稽查認為該養殖場雖環境雜亂、管理不週，但是犬隻未挨餓且無生命危險，沒有強制帶走犬隻的必要。於是他指示三名協會成員破壞門鎖，自行救出養殖場包括柯基犬、臘腸犬等五十隻狗，再自掏腰包照護並植晶片後全部送養，結果遭養殖場林老闆提告。

董冠富在記者訪問他時說：「『非法養殖場』是個可怕的『寵物集中營』。」「養殖場裡面的狗沒有水喝，連大便都發霉了，非常髒亂……」

最後，檢察官將董冠富予以不起訴。但是，林老闆又告民事官司，董冠富以十萬元與林老闆和解。

董冠富「救狗」的爭議還沒熄滅。去年，他又宣布要成立「貓狗一一〇」，用「以暴制暴」的方式，對待虐待貓狗的人。

「我要成立『暗黑部門』，聘用具國軍格鬥戰技的人才。」

「直接給予那些虐狗的、殺狗的、毒狗的一個迎面的痛，終止毛小孩的不幸。」

這幾句話聽起來，是不是很像「漫威英雄電影」裡的臺詞？

有時在法律的裡面，有時在法律的外面，在「公權力」暫時還管轄不到的地方，董冠富自顧自地進行伸張正義的工作，自告奮勇擔任「社區型」超級英雄，援助不幸可憐的動物。

不過，離開了電影，超級英雄會遇到的問題多到觀眾難以想像。

「有時候我人在山上救狗，手機訊號收不到……或者是我剛剛才在這裡救了一隻狗，趕去另一個地方已經過了一個小時，人家就罵我是騙子……我募款，有人在網路上說我詐騙……」董冠富漲紅紫黑面皮，眼睛睜得圓圓的。更不用說衛生局、警察局三不五時就接到附近民眾檢舉他的狗場，經常上門拜訪。

一張紫黑臉皮，胖碩身軀穿著黑色寬鬆T恤，脖子上掛著一尊玉菩薩，一看即知是位江湖豪俠。

「我創立的前幾年，每天晚上都在被子裡哭咧。」

「我們去任何地方都被人家趕，被鄰居投訴，被衛生局稽查，一直搬到這裡來才好些了……」豪俠睜著圓圓的哀戚的黑眼睛，竟也與他養的那些狗狗差不多。

協會位於城市邊緣，面對著一座小山丘，招牌不起眼，全靠門口停著的那臺車身漆成青色的「貓狗救護車」辨識，它的名字叫「小綠」。

「我原本是騎著摩托車救狗的……後來有個朋友借我二十萬買了小綠，我有錢就每次還他五千塊，沒錢他也不會催我。」董冠富說。

白天省電不開燈，從半開的拉門看進去，協會是一片昏黃，只有濃厚的狗味一陣陣飄出來提醒我找對地方了。空曠的磨石子地上躺著一隻壯碩的拉布拉多，幾個小籠子堆在兩側，裡面有隻毛剪得短短的紅貴賓對我汪汪叫。一個庄腳阿伯精神抖擻地坐在門口，準備接受各種陳情，像是一個氣味濃郁的選民服務處。

董冠富的辦公室在二樓，一張大玻璃桌對著塑膠皮沙發椅，陳設簡單但仍然帶著地方豪俠氣息。

他說，自己辭去工作專職開貓狗救護車後：「我爸半年不跟我講話。」「太太（前妻）與我離婚。」

成立「貓狗一一九」時女兒剛剛出生，兒子五歲，兩年後老婆受不了，便帶著兩個孩子離開他，「後來她要嫁人了，孩子又還給我。」董冠富說。

董冠富告訴我，他是怎麼樣走上這條路的。

「我本來是大樓保全。」

那時候網路社團剛開始興起，他便在奇摩家族上用自己的綽號「阿虎」開了「阿虎家族」，在上面交換養狗的心得，漸漸地聚集了一群愛狗人，開始有人會把受虐或流浪狗訊息貼在上面。董冠富晚上當保全，白天便騎著機車四處救狗，「把狗帶去給醫生治療好，再原地放回去。」不過，不是每隻狗都有地方可以放回去，於是董冠富就把牠帶回家養，如此不斷不斷地累積，家裡的狗越來越多。

「那時我在土城當大樓保全，我在一樓當保全，就把這些狗養在二樓。」董冠富說，「我所有的薪水都花在養狗上。」

我問他，那麼狗會叫會打擾住戶嗎？

好像聽到有人批評自己的孩子，董冠富反射性地連連否認：「不會的，牠們很乖的，不吵的……」

但是，最後他還是不得不搬離土城，連工作也沒有了。那時候，董冠富開始想到，要把「救狗」當做自己的正職，成立一個動物保護協會。

這是一個瘋狂的想法，父親和老婆都反對，他告訴我，是網友改變了他。

「我只是一個平凡的保全，沒有認識任何一個有錢的人。」可是，「阿虎家族」的成員們都鼓勵「阿虎」版主出來做這件事。「成立協會需要三十張身分證，我根本不認識那麼多人，最後我只好在版上說對不起，我收集不到那麼多身分證，所以要放棄成立協會了——」說到這兒，董冠富那哀怨的表情突然一掃而空，眼睛閃起來：「竟然有四十幾個人寄他們的身分證影印本給我耶！他們那麼相信我，都不怕我會用他們的身分證去做壞事……」

「阿虎」這一生第一次感覺到自己是這樣被信賴、被賦予了拯救世界的責任。

「這個協會就跟我女兒一樣大，我女兒現在已經念國中了。」他告訴我。

董冠富賣掉了母親留給他的房子來經營流浪狗場，太太很快就受不了，帶著兩個年幼的孩子回娘家去，父親也與他斷絕關係。

這真的是傾家蕩產——我問他為什麼沒辦法放棄這些狗？他看看我，似乎不知道要如何回答我的問題，自言自語地說著：「我是一個男子漢，不能用眼淚解決問題……」

但是他還是紅了眼眶，於是，說起了他傷心的成長過程。

「我的父親是個士官長，他是一個非常苦命的男人。」董冠富告訴我，國小一年級，母親就病故了，他只記得「上課上到一半，教務主任到教室外面叫我出來，告訴我媽媽過世了，要我不要難過」。那時他太小，小到不知道如何反應，就楞在原地。

父親一直沒有再婚，獨自擔負起照顧五歲與七歲兩個孩子的責任。原本在外地的父親調到總統府值勤，「每天中午趕回家做飯給我們吃，看一下我們，下午再回去上班，晚上再回來煮飯……」

母親過世後不久，妹妹生了一場重病，醫生告訴他們，小女孩恐怕保不住了。父親帶著他去母親墳上下跪，求母親：「不要把女兒一起帶走吧！」奇蹟發生了，妹妹的病竟然漸漸好了。

「我妹妹，是個非常囉唆的女孩。」董冠富微笑著回憶：「什麼都要管，跟個小媽媽一樣。」

從小兄妹兩人相依為命長大，感情非常好，哥哥每次出門，妹妹都會一一確認他「有沒有戴安全帽」，「有沒有穿外套」，「有沒有帶雨衣」。如果被她發現有一項不及格，她就會大叫：「爸爸——你看哥哥啦——」

可愛的妹妹，是這個辛苦的小家最甜蜜的部分，直到妹妹十六歲那一年。

董冠富遲疑了一下，告訴我：「妹妹是先天白血球免疫不全。」這樣的孩子缺乏抵抗力，一點點小病就會成大病。雖然父親和他把妹妹捧在手上照顧著，可是「妹妹在高中時還是過世了」。

「爸爸和我都哭了。」

本來對他去搞「救狗」非常反對的爸爸，卻在董冠富與妻子離婚，妻子再嫁後，對他的家庭伸出援手。

「我前妻再嫁後，我爸爸來幫我照顧兩個孩子。」董冠富說，不只是幫他帶孩子，在經濟上給予援助，父親賣掉自己原本住的房子，在協會的附近買了一戶新房子，讓董冠富與兩個孩子能夠有自己的家。現在他們一家人就住在附近。

沈默半晌，董冠富對我說：「我非常、非常感謝我爸爸。」

兩個單親爸爸、兩個孩子、五百隻狗、三十隻貓，組成一個新的家庭。很特別，也很有愛，董冠富打開手機，讓我聽他的兒子錄的一段錄音。男孩子今年去當兵，離家以後非常思念家人，寄了一段錄音給爸爸。

我接過手機，裡面傳來一個年輕男人的聲音：「爸爸，謝謝你……」正如同剛剛董冠富想對父親說的話一樣。

現在董冠富遇到最大的問題，還是經費問題。他告訴我，目前他們在三峽、臺南有三個狗場，「每個月的飼料費就要三十萬元」。為了養活牠們，他不得不讓一些體格大的狗出門當「血狗」，「如果有狗有輸血的需要，醫院會通知我們去配對，配對失敗收兩千五營養費，配對成功收五千元營養費。」他強調，自己非常重視狗狗的健康，「抽一次血，會讓牠們休息一、兩個月。」

接著，他指著匍匐在磨石子地板上的米白色拉布拉多，「牠也是。」

原來是牠在賣血養活同伴們！我蹲下身用雙手捧著牠的臉，牠睜著黑眼珠哀戚地看著我，就和董冠富一模一樣。

「有一隻狗非常懂事……抽血都不用打麻醉了……」

「狗最好的去處就是人類的家，但是還是有這麼多狗是無家可歸的……」董冠富站在牠的身旁，小聲地說。

他們都失去了家，但是還是努力的活著，努力地想要組成一個家庭。

「我也一直在想辦法賺錢，我最近想要設計一款虛擬貨幣……」董冠富喃喃地說。

出生年：一九七五年
出生地：臺北市
學　歷：北市大安高工
經　歷：中華彩色印刷、保全業

出櫃得在午餐後

——徐志雲

鄭宇騏 攝

徐志雲是「同志諮詢熱線」本屆理事長，俗稱「爐主」。我想想自己認識的熱線朋友個個都是漫畫裡走出來的帥哥型男——立馬被徐志雲糾正「刻板印象」——「同志也是多元的，有熊男、美型男……」所以，當然也有「路人」。

「我很『路人』。」他有點不好意思地說：「呂欣潔（婚姻平權大平臺總召）常對我的穿著品味有意見，有時她會替我搭配。」徐志雲看著自己發白的牛仔褲，腳上的登山鞋，「不過這一套並不是她搭配的。」他說。

這種造型的男人在臺灣數量龐大，稍一晃神，他的身影便消失在視線邊緣。隱身人群，這位「路人」卻是無數人的救贖。

徐志雲是離島醫師，是全金門少數幾個精神科醫師。金門醫療資源稀少，徐志雲天天值班，「全金門人可能都要認識我了。」他笑著說。

另一方面，徐志雲在臺大醫院開設全臺灣唯一的同志彩虹諮詢門診，提供「各種多元性別、性傾向、性少數族群與其親友的諮詢」。雖然同性戀不是疾病，但是在這個社會逐步瞭解同志，家人接受同志出櫃（說出性傾向）的過程中，關係的緊繃與拉扯常造成心裡面一道道的傷痕，徐志雲的專業正是收治這些傷口，使它們癒合。

每天幫助別人——徐志雲告訴我，這是他的媽媽可以寬慰自己的原因——在他對父母出櫃後。

「我的父親是個打過古寧頭大捷的老兵，母親在金門的菜市場賣菜。」徐志雲告訴我他的故事。

「從我有印象以來，爸爸就已經退休了，我們一家六口靠他一個月一萬多元的退休金生活。」

父親五十多歲才生他，對這唯一的血脈（哥哥是同母異父），他的愛惜方式極為暴烈。

「我現在想想，很多時候我根本不知道他為什麼要罵我……」

徐志雲頓了一頓，那張總是平和，能夠溫暖病人的臉，突然抖了起來。我看著他驚恐的眼神表情，竟然也感覺到恐怖，好像自己在牆角縮得小小的，有個好大的身影擋在面前舉著棍子，而那個三十多年前的小男孩就要挨打了！

「有一次……我還非常小的時候……還沒有到吃飯時間，我已經肚子餓了，媽媽去賣菜還沒有回來煮飯……我們家是沒有儲糧的，就是除了三餐外沒有別的東西可以吃。我餓得受不了哭起來，爸爸就非常生氣打我……」

停了幾分鐘，徐志雲搖搖頭：「算了，不要講這個，畢竟他已經過世了。」

我可以想像，當了一輩子軍人的爸爸看到兒子為肚子餓而哭，那種擔憂，擔心兒子軟弱，在那個「好漢十個，九個都不善」的價值觀裡，軟弱就是無能。

父親個性暴躁，母親樸素低調，但是他們從來沒懷疑過兒子的性向。

「我也覺得奇怪，難道他們都不覺得我是同性戀嗎？我出櫃後還一再向他們確認。」徐志雲說：「我二十七歲出櫃，在此之前從不曾帶過女朋友回家。」

「但是他們回答真的沒有。我只好解釋為，因為他們身邊沒有這樣的人，金門又是資訊封閉的地方，所以他們不覺得。」

「我國中時金門才有三臺，以前只看得到華視。」他說：「國小六年級時金門開始有第四臺，可是我家的經濟環境不可能去裝。」

「我覺得我的爸媽應該是喜歡閱讀的，但是他們的環境不允許他們閱讀。」

資訊很少，徐志雲第一本讀的「長篇小說」，是「善人助印」發給他家的《觀世音菩薩傳》，「兒童讀物」則是《榮光週刊》、《吾愛吾家》。

「但是我國中就知道『同性戀』這三個字。」

「我不知道我從那裡知道這三個字的。」

「而且，我知道我是。」徐志雲看著我說。

他國中時喜歡過好幾個學弟，不敢告白，但是徐志雲清楚知道自己喜歡他們。

「我那時候甚至可以感覺到，有一個同學跟我一樣，我們常常一起聊天，一起互虧，很聊得來。」

許多同志在成長過程中，經常因為陰柔氣質被罷凌。徐志雲說，他很幸運，「功課好」就是他的護身符，「老師會特別照顧我，同學們也有求於我。」

懵懵懂懂，結果，徐志雲看到的第一本「同志書籍」，是在金門高中圖書館意外發現的，由臺大男同志研究社出的《同性戀邦聯》。

這就是他的「啟蒙之書」。

「我那時候簡直不敢相信，金門會有這本書！」徐志雲向圖書館借了十本書，把「這本書夾帶回家」。

我問徐志雲：「你是怎麼『出櫃』的？」

從到臺北念大學開始，徐志雲就在「同志諮詢熱線」擔任義工，也開始思考向父母出櫃的事。但是因為他的家鄉在金門，天高皇帝遠，父母也沒有逼婚，就這樣一直拖到他當完兵，第二年住院醫師時，才正式向父母出櫃。那時候，他已經二十七歲了。

整整考慮了將近十年。

臨上飛機前，徐志雲還焦慮不已，他唯一想到的方法是，「打電話給朋友、哥哥、姐姐告訴他們自己要出櫃」（他們都早就知道了），因為「越多人知道，自己就越沒有退路」。他還跑去買了一本《親愛的爸媽，我是同志》當「工具書」，就這樣抱著書，提著心，回到老家。

回到家，家裡正等他吃飯，愉快到徐志雲不忍破壞他們的興致。晚餐後，大家圍著電視看金馬獎頒獎，那一年的主持人是蔡康永。

「這是那個同性戀對吧？」

「這個同性戀還蠻厲害，到處主持。」爸爸說。

看到節目結束，徐志雲下的決定是——「還是白天講好了，這樣萬一爸爸中風或是媽媽昏倒送急診比較方便。」（對，他連這個都考慮了。）

最後，他在第二天的午餐後，照著原訂計畫，在父母開始「介紹好對象」的話題中間，冷不防殺出一句：「那些要介紹女生給我的親戚，有沒有人問說我是不是同性戀啊？」

媽媽楞了一下：「沒有耶！沒人會問這個。」

「那如果我是同性戀呢？」

「你是同性戀嗎？」媽媽問。

「對，我喜歡的是男生。」

沒有昏倒、沒有暴怒，任何徐志雲設想過的最壞狀況都沒有發生。

爸爸甚至冒出一句：「鄰居那些沒有結婚的歐巴桑，應該也是同性戀。」

接著，爸爸關心地問起借卵生子、代理孕母等問題，然後，媽媽說：「可是要小心有些人用這個小孩來敲你竹槓。」一再叮嚀他們倆：「千萬不能講。」雖然與他先前的設想完全不同，但就算是結束了徐志雲的「出櫃」。

不過，徐志雲在同志諮詢熱線看過無數的同志父母，他知道這是因為父母還太震驚，還沒有真正消化、接受這個訊息。

第一時間，爸媽考慮的都是現實面問題：傳宗接代、親友壓力。第二天，徐志雲陪媽媽去看房子（因為家裡二十多年來都是租房子，直到徐志雲當醫生後才有能力買屋），媽媽在路上告誡他十多遍：「千萬不要告訴別人。」看完房子後，徐志雲把自己準備好的工具書《親愛的爸媽，我是同志》遞給媽媽，媽媽看了一眼封面，嚇得收在身後：「千萬別讓你爸看見。」

為了瞭解爸爸真實的情況，徐志雲再去問爸爸：「爸，你對我昨天講的事會不會失望，或者生氣？」

爸爸停頓了一會兒，說：「同性戀應該是一種病吧！以後應該還是有方法醫的啦！」就結束了這個話題。

回臺灣的前一天，媽媽來到徐志雲的房間，拿起《親愛的爸媽，我是同志》，戴上老花眼鏡，開始認真的看起來。

媽媽低頭一邊看著書，一邊對徐志雲說：「阿公（外公）那邊，要是以後再問你有沒有女朋友，我就會跟他說：『有啦！他有交過女朋友，可是不適合分手了。後來他去找過算命的，算命的跟他說要晚婚比較好。』」

徐志雲驚訝地看著媽媽，媽媽抬起頭看看他，加了一句：「這樣阿公才不會一直要幫你介紹。」

徐志雲說，母親年輕時經歷許多風浪，可是她真真實實地把哥哥姐姐帶大。如今面對他的出櫃，又再度展現出那種自然而然的堅定和沈穩，根本不需要兒子自以為是的干預指導。

離家前，徐志雲坐在客廳和爸爸一起看電視，到了該出門的時間，他抱了抱八十歲的父親，對父親說了一聲：「謝謝！」

「這聲謝謝，對我來說意義深長……大概是從小討厭父親，一筆一筆記著帳。長大後，我發現他越來越沒有能力被我討厭，這些帳變得無可清償。於是我下意識地背對著對於父親的同情與親暱，保持相敬如賓的距離……」

多少年累積對父親的怨憤，在出櫃後，徐志雲才真實地感覺到父親的愛與包容。做了二十七年父子，他第一次對父親說「謝謝」！

這個出櫃故事似乎不夠戲劇化，沒有哭泣、沒有怒罵，默默的結束了。徐志雲說，父母的想法，孩子永遠是摸不清的。

其實，正因為父母經歷過戰爭、分離、無數人間風浪，他們深深明白對父母來說，孩子只有孝順與不孝順的區別，從來不曾分過「是同性戀還是異性戀」什麼的。哎——可以在孩子送的房子裡終老，哪家的爸媽不是夢中含笑啊！有這般幸福，我相信徐志雲的父母已經滿足了。

兩年後，父親過世了。這些年來徐志雲繼續堅持他的志業，孜孜不倦地在這些資源不足的地方，耐心地縫著同志，以及他們家人的傷口，許許多多心聲淚痕交織。今年（二〇一八），他將若干案例（為保護隱私經過改編）整理出書。他告訴我，這是他多年來的一個願望。

因為他的啟蒙就來自高中圖書館裡的一本書……

「如果有人也和我小時候一樣……」徐志雲眼睛發亮的說，接著，他開始滔滔不絕「婚姻平權」的種種意義：「重點在『平權』，而不是『婚姻』……」

出生年：一九八二年

出生地：桃園市（一歲時移居金門）

學　歷：臺北醫學大學醫學系

經　歷：臺大醫院兒童青少年精神科研修醫師、臺大醫院精神醫學部住院醫師、總醫師、桃園療養院住院醫師

現　職：金門醫院精神科主治醫師、臺大醫院精神醫學部兼任主治醫師

短暫生命的永恆之歌

——柯菲比

張哲偉翻拍自柯媽媽提供照片

張瓊午帶了許多菲比的相片給我看，其中有兩張她和貓咪Oreo的頭貼頭近身照。

第一張照片裡的Oreo還是隻瘦小貓，那時菲比剛剛發病，姐姐特地帶了這隻小貓回家陪伴她，十三歲稚氣未脫的菲比摟著貓咪嘻嘻地笑。

第二張，貓咪已經胖得像個抱枕了，少女也長大了一點，念高中了，更漂亮了，出落得像朵花兒似的。她用左手抱著肥肥大大的貓咪，嘴角上牽，笑容燦爛得彷彿陽光就灑在她的臉上——右邊袖子突兀地從肩膀上突出一截，空空蕩蕩地掛在貓咪的身後。

那時候她已經截肢了，但是還是努力地笑著，像是一朵拼命迎著陽光的小花。

媽媽張瓊午遞給我菲比寫的小詩，那是她十三歲住在高雄長庚醫院進行化療時，在睡不著的晚上畫的，送給治療她的沈醫師：

向日葵小雞

有一隻小雞，它生病了，它身上的毛一天一天地掉。看著身上的毛漸漸地變少，小雞很傷心，也漸漸不敢出門了。陪伴它的媽咪想著要如何讓小雞的心情好一些，於是告訴小雞，可以向天上的神禱告。

有一天，小雞向神禱告：「親愛的神，可以讓我身上的毛長回來嗎？我不想光禿禿的，家人也很擔心。」

禱告完幾天後，小雞的頭上長出了向日葵。從此，小雞決定，要用生命溫暖身邊的人，像向日葵的顏色一樣溫暖，讓這個世界多一點點愛。

旁邊是菲比畫的小雞，朝左張著嘴，光禿禿的，頭上卻開著一支花。

今（二〇一八）年三月十六日，二十一歲的少女柯菲比穿著白紗，戴著長髮，抱著鮮花與深愛她的希臘男孩力恩在病房訂婚，兩天後過世。在她二十一歲的生命裡，大半都是在掙扎著活：永不停止的疼痛、嘔吐的穢物、使人驚駭的外表，連走一步都會難以呼吸。

為生命磨難著，可是，菲比是朵拼命追著陽光的向日葵，這不是個悲傷的故事，這是少女菲比愛的故事——

菲比十三歲那一年手臂酸痛不止，原本以為是因為練鋼琴太勤，後來確診為骨癌。為了進行化療，國小曾經三科跳級的資優生菲比只好休學在家。好不容易療程結束，菲比也在嘔吐與疼痛的折磨裡考上鳳山高中，還在醫院裡學會了寫歌。就在她充滿期待，要進入全新的高中生活時，一個天雷轟地爆響——檢驗報告出來，癌細胞竟然在化療後立刻復發了！

「醫生告訴菲比，少了一隻手，妳還能做很多事，沒有命，就什麼也不能做了……」媽媽張瓊午說。

截肢前一夜，菲比仔細端詳右手好幾個小時，「我的右手是不是先到天堂了？我到天堂時還會再與它重逢嗎？」她傷心地想著，鄭重地，向它說再見。

化療讓她成為光頭，想到自己這個光頭的獨臂女孩要在新學校走動，看著自己空空如也的右臂，菲比流出眼淚，「任誰看到我都會退避三舍吧！」菲比把自己關在廁所裡，哭了好幾個小時。

右手沒有了，但是大腦一直以為它還在，每天都幻想正與砍掉右手的人決鬥。菲比告訴媽媽：「我真的感覺右手在痛，很痛很痛，就像有人把我的右手用力扭折撕扯，而且痛楚與日俱增。」

我以破釜沈舟的心態過每一天，面對徬徨未知的明天，我決定珍惜每個平凡的今天。

菲比在病中的手稿上紀錄著自己的心情。

這隻光禿禿，頭上長著一支向日葵，令路人驚愕的小雞堅持要去上學。戴著假髮，晃盪著空空的右袖，還有痛得不得了「右手」，菲比走出家門。

她積極地參與公益活動，籌劃學校的身心殘障體驗營、擔任伊甸基金會志工、參加飢餓三十體驗營，甚至學習游泳、參加合唱團、參加公益表演、為公益團體寫歌、擔任世大運義工……另一方面，她夢想成為一名醫院的社工師。因為，菲比住院時，得到醫院社工師的許多鼓勵與關心，她希望也能去幫助別人。

「雖然我在醫學上的數據（存活機率）不好，但是——」

菲比說：「我不是機率，我是菲比。」

念鳳山高中時，菲比有位心儀的男孩，菲比知道對方也常常在看著自己，但是直到畢業，男孩都沒有告白。菲比告訴媽媽：「我這個樣子（光頭獨臂），誰會向我告白？」

少女的身體疼痛，心理自卑。張瓊午告訴我：

「她會把自己關在房間裡哭泣，哭很久很久。」

「我向上帝祈禱，祈禱有個天使能夠來安慰菲比。」

這個特別的男孩終於出現了。

菲比參加了一個國際的截肢者支持網站。同為基督徒，來自希臘的男孩力恩是支持者。他寫信給菲比，為她打氣，和她分享生活點滴。兩人這樣隔著十萬八千里通信許久，雖然從不曾見過面，力恩漸漸成為菲比生命的一部份。

菲比十八歲生日的隔週，收到一份來自希臘的生日禮物：一盒巧克力與一張藍色海浪的生日卡片。小船裡放著一張小紙片，上面畫著一顆小小的紅色愛心，以極細的筆觸寫著一行小字：

「You found my heart.」

「他該不會是向我告白吧！」菲比想。

再一轉念想到自己的病，「喜歡我的人，必定是耗費光陰，犧牲了他的歲月。」

菲比又嘆氣。

少女還在忐忑，希臘男孩已經說服父母，飛到臺灣來看菲比。菲比到機場接力恩，站在出口，緊張到閉起眼睛：

「如果力恩沒有出現，我會感謝力恩過去教我的一切，默默步出桃園機場……」

閉著眼睛，她感覺到某個人就在自己的面前。女孩慢慢張開眼睛——希臘男孩正咧著嘴角低頭看著她——一八〇公分高、深邃俊美的五官、陽光燦爛的笑容。男孩給她一個大大的擁抱，女孩也舉起唯一的左臂擁抱他，雖然，這個圓只有四分之三，總是缺了一角。

菲比帶著希臘男孩去環島。旅程第三天，在臺南浪漫的月光下，男孩拿出手鍊與金色的腳鍊親手為菲比戴上，並告訴菲比：「希望我們一直走下去，直到世界的盡頭。」菲比抬起頭，看著男孩，男孩也凝視著菲比的臉，他們接吻了！在菲比千瘡百孔的生命裡，竟能遇見一個真心愛自己的男孩！兩人止不住眼淚，撲簌簌地流下來。

在健康狀況許可的情況下，菲比在隔年升大二的暑假，與媽媽一起飛到希臘拜訪力恩的父母。

這是菲比作夢也沒想過的事情，截肢的自己可以被一個家庭接受、深愛著。自己竟可以擁有一個完好的人生！成為社工師、愛所愛的人……就在菲比再度對生命充滿期待時——某個夜晚，那種熟悉的疼痛又回來了。

再一次，菲比回到榮總九十三病房。

這一次，癌細胞從肩膀，跑進了菲比的心臟。住在醫院進行化療時，兒童癌症基金會邀請她為會歌寫詞，菲比一口答應，與蘇打綠的團長阿福共同寫下了這首歌：

今天就是幸福
生命是無法預測的　用樂觀的角度想
生病的經驗　使我體會到生命的可貴

面對這趟旅程　我知道我和他人有著不一樣的故事
所以我會變得更有勇氣　更堅強

這是菲比的心聲。

力恩從希臘趕來臺灣，帶著一張好大的卡片。事出緊急，他甚至來不及做完這張卡片。他對菲比說，等到菲比復原了，再來一起做完，菲比笑著進入手術房。心臟手術奇蹟般地成功，菲比只在加護病房待了四天就轉普通病房，男孩陪著她欣喜地出院。也許，神給了他們一個前所未有的機會！

力恩租了激勵人心的影集陪著菲比在家看，希望她打起精神。連續看了幾天，還沒看到結局，呼吸困難的菲比不得不再度住院。離開家前，菲比對力恩說：「好可惜，沒有看到結局。」

檢查結果是：腫瘤繼續往上生長，壓迫頸部靜脈。菲比隨時會因為呼吸上不來窒息而死。

醫生告訴他們，菲比已經進入臨終狀態了。

菲比默默地聽著醫生的診斷，心想：「這一生還沒有為社會做出貢獻，就要離開人間，真覺得不甘心。」她當場問：「我想器捐可以嗎？」

醫生說：「妳的肝、腎等器官都被化療藥劑破壞了，能用的只剩眼角膜。」

菲比說：「那就捐眼角膜吧。」她簽署眼角膜捐贈同意書後，捐贈單位贈送他們兩隻小白熊。

力恩對菲比說：「妳要一直握著這隻小白熊，這是我們在天堂相認的信物。」兩個人相視流下眼淚。

他對著瀕死的菲比求婚，「妳看著我！聽我說……妳願意跟我結婚嗎？」

「我願意。」菲比立刻回答，眼淚一顆顆從眼角滑下來，滴在枕頭上。

在病房的婚禮上，力恩抱著菲比，菲比微笑著看著丈夫說：

「我好幸福，我好愛好愛很多人，好感謝很多很多人。」

兩天後，菲比過世了。

當醫護人員把眼角膜摘除完畢，將菲比的大體推出手術室，力恩衝上前去，察看小白熊——女孩用左手緊緊握著。他親吻女孩不再紅潤的臉頰，滿滿熱淚把女孩的臉頰都浸濕了。

「我們一定會再相見！」

力恩帶著一小包菲比的骨灰，坐上往希臘的飛機。他說，他要實現菲比的願望，將她的骨灰灑在愛情海，生生世世互相守候著。

他說，菲比的歌將永遠在他的心裡，那是一首比較短的歌，菲比卻大聲唱到最後。

小學二年級時，班導問大家，將來想過怎麼樣的人生，想要很長卻平淡無奇，或是很短卻很寬，像煙火一樣燦爛……

二十歲的我，已然走過千瘡百孔的挫折路，每天在肉身的沈痛中入夢，在逐夢的盼望中醒來。我要這樣回答自己：

1. 生命的長度是神量好的；寬度是活在每個當下去創造的。

2. 有幾發煙火就放幾發，能燦爛的日子我就不會白過。

3. 如果不能活得長命百歲，我就當自己是一首比較短的歌，還是一樣有藝術價值……

（本文依據柯菲比手稿〈不要說我堅強〉並訪談柯菲比家人而寫成）

生卒年：一九九七—二〇一八年

學　歷：東吳大學英文系肄業

創作歌曲：「其實你可以」、「今天就是幸福」、「不要說我堅強」、「我往哪裡去躲避你的靈」、「更高之地」、「淡淡的幸福」

獲獎記錄：臺灣癌症基金會第十一屆抗癌鬥士、教育部一〇四年特教優質達人、教育部第十三屆文薈獎文學類學生組優等、教育部一〇三年奮發向上優秀學生獎、全國高級中學小論文寫作比賽高二組甲等

熱血移民官　外配「生命線」

——陳允萍

鄭宇騏 攝

這是一個恐怖故事。

故事的主角名叫伊梅莎與彼得，彼得是外事警察，伊梅莎是菲律賓外籍配偶。

有一天，伊梅莎跑到警察局求助，她告訴彼得，婆婆的同居人打她，還威脅要殺了她！

彼得好心地幫她，甚至掛上配鎗去警告對方。可是，彼得能做的有限。

伊梅莎仍然經常遭受家暴，幾乎每個月都會到警察局報案。

她來找彼得，因為只有彼得聽得懂她說的話，每一次都願意幫她。

就這樣，過了許多年……

有一個深夜，伊梅莎又跑來求助彼得。彼得正埋首在公文之中，對伊梅莎揮手說：「妳先回去，我有工作要做……」

伊梅莎就這樣回家了。

伊梅莎從此不曾再來找彼得。

第二天，彼得在去開會的路上接到同事電話，電話那頭急切地說：「彼得，伊梅莎被殺了，身體被折成一半塞進垃圾袋……」

彼得沒辦法聽下去，伊梅莎無助的眼神如在目前，他手握著方向盤，臉上盡是止不住的眼淚。

這是真實的故事，恐怖的故事，同時也是哀傷的故事。

從那一天到今天，十五年來，彼得致力於幫助許多與伊梅莎有相同際遇的移工與外配。他成立了「臺灣司法通譯協會」，教她們法律、讓她們知道自己的權利，讓她們有能力幫助其他在司法上無助的同鄉。他的教學範圍遍及全臺，已經訓練了五百多名東南亞語言的司法通譯。

二〇一八年，彼得以無黨籍身份參選臺東縣議員，在沒有任何競選活動的情況下，靠著網路的口耳相傳得到九八八票。

英文名「彼得」的陳允萍，現在是臺東移民署專員。我去找他時，他正忙著講電話。

這是個冷清的衙門，一位容貌清秀，個子小小的義工媽媽閒閒端坐門口，「我是阿明。」她爽朗地與我打招呼，「我和彼得認識二十多年了，」她指著後面牆上貼著的，來自東南亞各國的義工名單，「她們也都是彼得的老朋友。」

那一頭，陳允萍已經放下電話。他告訴我，有人出車禍腦震盪他需要馬上去看看，於是我又跟著陳允萍到了馬偕醫院。

出車禍的是中配阿月，臺灣的先生早已過世，膝下無子，獨自住在臺灣。阿月瘦瘦小小的，戴著頭套，整張臉腫成麵龜，僅眼睛微微張開兩條縫，裹緊棉被，被獨自擱在角落的病床上。身旁的小桌上空無一物，看來彼得是第一個來看她的人。

阿月拉住彼得的手，像是想要跟他講話的樣子。

彼得趕緊蹲下，耳朵貼近她的臉，阿月扯著腫脹的嘴唇含糊地說：

「彼得，很抱歉你選舉我沒辦法幫忙了！」

接著，轉過頭大吐特吐起來。

彼得在剛剛結束的縣議員選舉中得到九八八票，不過阿月顯然不知道選舉已經結束了。彼得睜著眼睛看她狂吐，「哎！妳怎麼說這個！」他趕快打電話給另一個協會的成員，要她來醫院照顧阿月。

我們一同回到彼得的「競選總部」，也就是他家。他家位處臺東市區巷弄裡，一長溜透天厝中夾著矮矮的一間。紗門後原是個小院子，加上屋頂成了兩、三坪大的迷你會客室。他的競選看板佔據整個牆面，算是迷你型的競選總部。彼得指著看板對我說：「這張照片是以前人家採訪我幫我拍的，向人家借用，沒有花錢。」

他的兩隻狗一黑一灰，高興地跳出來跟他親熱，「牠們就是我的助選員。」他笑著說，他太太給小狗裁製了競選背心，平時穿著在外溜答，也算是助選員。

我問他這場選舉究竟花了多少錢？

「我印了八百張海報——不過只貼出去一部份，做了四件背心——就這樣了。」他呵呵地笑著。

競選幹部都是本地的外配。彼得有位朋友請他與競選幹部「落選聚餐」，我也跟著去參加。我們的桌子是在餐廳的最內側，遠遠就見到五個身材瘦小的女人花枝招展地魚貫走進來，指甲彩繪與假睫毛一項不缺。彼得介紹領頭的大姊給我認識：「這是阿妙，她是臺東所有外配的領導者。」

阿妙的個頭較高，方臉大眼，一看就知道是位女中英豪：「我認識彼得二十三年了，」她對我說：「二十三年來，我的手機從未關過機……」彼得接著說：「我也沒有關過機。」

經常三更半夜，阿妙接到姊妹求救的電話，馬上一通電話打給彼得，彼得就騎著摩托車出門救人。

「我們都認識彼得超過二十年了。」旁邊的女人小聲地說，她們每個人都是在警察局跟彼得認識的，家暴的受害者。濃妝艷抹下，每個人都有一把鼻涕一把眼淚的辛酸往事。

走在最後面，個頭最小的女人急急地說：「我真的很感謝他，他真的幫我們很多忙很多忙……」說著說著，聲音啞了，竟然當場就要哭出來。

彼得的政治支持者，是臺灣絕無僅有的一群政治支持者。她們飄洋過海遠嫁臺灣，每個人都有「被害」的經驗。有的是因語言不通，在辦理證件時吃悶虧，更多的是被家庭成員毆打虐待，個個都是在血污眼淚中遇到彼得。

不過，彼得當警察，其實是人生的一場意外。

彼得的父親是鐵路局的基層員工，在臺東出生，是土生土長的臺東人。十八歲從公東高工畢業後就到臺北的工廠當製圖員，住在公司的小宿舍裡。工作了半年，他覺得自己所學不足，於是和老闆商量要去考二專，租住原來的宿舍，開始在南陽街補習。

「那一天，我照常一早就去補習班，走到路口就看到許多警察一排排帶著盾牌睡在地上。我覺得很訝異，可是還是走進教室。不多久，博愛特區就被封鎖了，我就被封鎖在裡面……」

那一天就是「五二〇」，臺灣歷史上最激烈的社運抗爭。在封鎖區內無處可去，彼得只好隨著同學步行前去位於臺北車站附近的學生宿舍。兩個人穿過南陽街、忠孝西路，爬上跨越忠孝西路的天橋，低頭往下一看，兩個年輕人剎時驚呆了。

「一方是鎮暴警察，另一方是抗議民眾，兩邊都毫無聲音，但是那肅殺的氣氛，把我們都嚇住了。」出於年輕人的好奇心，他倆竟然停下腳步。

「突然，吹起哨子聲，前方鎮暴警察開始推進。警察拿著警棍，見一個打一個，民眾有丟汽油彈的，有放火的，什麼武器都跑出來，整個忠孝西路火海成一片。」

「警察只要落單，就被民眾拖出去打……」彼得告訴我。

「參與五二〇農民抗爭」——即使只是在天橋上圍觀——震撼了這個來自臺東鄉下的少年，深深改變他的一生。

「我感覺到這個社會正在分裂，而我在抗爭的最前線，和這些抗爭的人面對面，體會他們的憤怒。」

「我想我和群眾一樣害怕，心裡想著：究竟是什麼樣的動力支持他們上街頭抗爭？」

這顆可以稱為「社會正義感」的種子，就這樣埋進彼得的血液中。

專二那一年，機械業不景氣。某一天，彼得騎著摩托車在路上，遠遠地看到警專警大招生的廣告，他便直接騎到警察局門口，拿了兩份招生簡章。「警大考試那一天，颱風吹斷臺東的路，所以我只考了警專的考試。」在補習班準備專科考試時，在英文方面下過苦工，所以畢業後便選擇擔任外事警察。

彼得回到故鄉臺東擔任外事警察時，正遇到政府大量引進移工，以及臺灣人前仆後繼迎娶東南亞國籍新娘的熱潮，於是他的工作對象就遇到大量的「移工」、「外配」、「新移民」。

「臺東的非法外勞有八到九成都是我抓的。」彼得說。

人抓來了，彼得卻發現問題嚴重！法院現職通譯語言只有國語、閩南語、客語、英語與日語。但是根據統計，法院開庭使用頻率最高的前三種語言是越南語、印尼語與英語。

法院都如此了，何況是第一線的警務單位。偵辦現場受過專業訓練的通譯人員極度缺乏，有時通譯就是仲介公司，有時外事警察偵辦兼翻譯，程序正義也蕩然無存了。

那裡面，有一件彼得最傷心的往事。

「那是二十多年前的事了。」

「那是一個星期一，我接獲一外勞雇主報案，說他家的外勞瑪麗亞週日被控制行動一晚，而且被性侵了。在當時的臺東鄉下，這是很大的涉外案件，於是我這個外事警察馬上前往雇主家和被害移工訪談，調查事件始末。由於有通報時間壓力，我必須立即處理好，於是就由我這個通曉外語的執法人員來偵訊。」

「我還記得當時訊問筆錄的內容大概是說，她被一個陌生的男孩子用機車強制帶回住處，控制她的行動自由然後性侵得逞。我們知獲上情後，於是指揮員警到案發地點蒐集相關證據，也把正在睡覺，睡眼惺忪的男子小朱帶回去做調查。」

「瑪麗亞當場指認就是這名男子性侵她，而且還穿著她的紅色內褲。我們一檢查，果不其然這男子正穿著她的內褲。這名男子對於他與瑪麗亞發生關係也坦承不諱，但是他堅持他們是你情我願。」

「至此，我們警方認為案情已全部明朗，加害人查獲，相關證物都查扣，就把證據都移送地檢署了。檢察官見警方移送的相關證據亦不疑另有虛實，也依據我的筆錄方向，在重複訊問被害人及加害人、證人等相關證詞，並申請羈押。最後，法官諭令十萬元交保。」

「再過幾天就要去當兵的小朱，父親是退休老兵，家中無論如何籌不出十萬元，最後法官反過來問他究竟能出多少錢？小朱的姐姐才在法庭後方默默地說，他們只有三萬元。最後小朱以三萬元交保候傳。」

「小朱也只有十八歲——害怕的他到了開庭時間沒有出現，所以就被法院通緝了。」

說到這，彼得頓了一頓，嘆了一口氣。

「小朱逃亡期間到處找友人訴苦，都得不到幫助，吃了許多苦頭。我再見到他，是法官收到他喝農藥自殺的消息，要我這個承辦人去醫院確認。」

「我氣勢洶洶地走進加護病房，站在小朱的病床前指責他：『男子漢敢作敢當。這樣是不能解決問題的！』並宣告他已經被通緝。」

「那時他因為中毒內臟纖維化，全身都呈現枯草的顏色，僅靠呼吸器維持性命，全身上下只剩一雙眼睛能動。」

「我還記得我宣告他被通緝時，他看我的眼神，充滿無奈與憤怒，當我轉身離去時，小朱流下了兩行眼淚。」

一個星期後，小朱死了，這個案子也結案了。

兩年後，就在彼得已經逐漸忘記這個案子之時，有一次他到（菲律賓）馬尼拉經濟文化辦事處高雄分處辦理無證移工旅行文件時，巧遇當初來臺東處理本案的簽證官與承辦人。他們告訴彼得，當年瑪麗亞的一些朋友們也在案發現場，當他們要離境時，有人偷偷地告訴辦事處的官員。其實，瑪麗亞和小朱是男女朋友，但是瑪麗亞擔心一夜未歸被遣返，所以才說謊……

「我真的是晴天霹靂！這是我這一生不能抹滅的罪疚……」他抬頭看著我，眼珠子漾著光，一波浪打來在岸礁上擊碎了，另一波浪又打來。

小朱的眼神、伊梅莎的眼神……這位無數外配移工心中救苦救難的英雄，竟在我面前嗚嗚地哭了起來。

「我後來反省，如果我們有遵循程序正義，將司法通譯與偵辦人分開，就可以避免這種情況的發生。」他說。

彼得訓練這些外籍配偶擔任司法通譯。他給我看他的教材，有課本、練習題、VR的法庭現場模擬，他甚至還建立了一個APP。只要你有司法通譯的需求，可以立即上網搜尋附近有沒有經過訓練的通譯人員。

「我已經有五百名會員，超過兩百名經過專業課程訓練，可以上線服務。」他一邊說，一邊順手點開手機上的APP，示範著如何在附近找到一個通印尼語的翻譯。

他是讓逃逸外勞聞風喪膽的彼得，也是外籍配偶們心中的英雄彼得，現在，他是移工外配司法權益的守護者。

「我的座右銘是——」他說：

「有權力，有能力的人，要善用上天所賦予的恩賜，去幫助那些需要幫助的人。如此一來，你的能力及權力才不會被上天所剝奪。」

我問他，下次還會想要出來選舉嗎？

彼得有些遲疑：「我這次出來選，是希望可以有能力幫助更多的人，不過，我現在在想，這可能不是我的戰場……」

出生年：一九六九年

出生地：臺東市

家　庭：已婚，育有兩子

學　歷：國立臺灣警察專科學校、國立中央警察大學外事警察研究所法學碩士

經　歷：臺東縣警察局外事課警員、臺東分局巡官、臺東縣外語通譯協會創會理事長、臺灣司法通譯協會創辦人

現　任：內政部移民署臺東縣服務站專員

著　作：《涉外案件通譯初論》、《我國外事警察處理涉外案件之研究——與日本比較》、《培訓外語通譯人才講習課程內容彙編》、《司法通譯》、《全球化趨勢司法通譯網路社群的設立與使用成效》（共同著作）

婆媳戰隊守護唐寶寶

——余玉蟬與侯淑娟

余玉蟬女士／李智為 攝

冰冷的牛毛雨連續下了好幾天，濕意黏著人的腳跟，爬上脖子，讓人寒意颼颼地抖起來。在這樣一個不「美好」的日子裡，我出發去尋找這對傳說中「美好的婆媳」。照著地址在田野裡七彎八拐，找了許久，終於看到遠離馬路的樹叢間有座工廠。建築物模樣氣派，從大門到廠房口還有著小草皮停車場。兩側紅磚柱上釘著鐵招牌，只是四周生滿鏽斑，字跡也褪色模糊不清了。上班時間，這裡卻冷冷清清，我在空蕩的工廠迴廊裡走著、疑惑著：啊！這裡就是她們「婆媳的教室」嗎？

冷不防，我聽到旁邊水泥房子裡傳來細細的笑聲，探頭進去一看，十來個大大小小的「學員」，有青少年也有中年人。天氣冷，大家都裹著外套，戴著毛線帽，一個個穿得肥肥圓圓有如雪人，在兩張大長桌上湊著頭，起勁地折著紙元寶。

突然間，左邊的一個男人將手上的紙元寶推開，開始不斷地點頭，全身抖動，發出咿咿阿阿的聲音。他旁邊的少年轉過頭對著我，似乎覺得應該向我這個訪客說明一下，結結巴巴地：「我、我是負責看著他的……」一雙眼珠子目不轉睛毫無羞澀，清澄得像是雨過天晴。

「婆婆」余玉蟬穿梭其中，教導學員們摺紙。她告訴我：「在我們這裡，狀況最好的孩子，我們會把他們推出去，推薦公司企業任用，其次的在庇護工場工作。如果庇護工場也沒辦法去，那就留在這裡上一些課程。」

她看著我，講起「孩子們」（她稱呼這裡的學員），喜孜孜地，眼睛如水般透明清澈，和那些「孩子們」是一樣的。「媳婦」侯淑娟立在「婆婆」身後，雙手交疊在微胖的身軀前，也是一臉笑意。

余玉蟬今年七十四歲了，她創立「美好基金會」，擔任董事長，投入身心障礙者服務整整三十四年。侯淑娟是她的媳婦，從特教老師助理、特教老師、就業服務員……跟隨婆婆腳步一路下來，也已經服務身心障礙者家庭二十年了。

她們倆，就是傳說中「美好的憨婆媳」。

余玉蟬也是這間工廠「美好電子」的董娘。「美好電子」曾經是九十年代轟轟烈烈的大工廠，可是在西進浪潮裡轉型失敗，如今一年接不到幾張訂單。儘管如此，我仍然可以從它現在的廠房規模、辦公樓，窺見二十年前生意鮮花著錦，烈火烹油的盛況。

「我剛嫁過來時，家裡的生意作得很大，經常整夜加班到早上。」一旁的媳婦侯淑娟告訴我。如今，從辦公室遠遠望去，寂寥的廠房渺無人聲，只有雨颼颼下個不停。

民國八十五年，余玉蟬成立了「美好基金會」，投入身心障礙者服務工作，拿工廠的盈餘來維持基金會運作。「只要基金會沒辦法發薪水了，我就貼。」余玉蟬坦率地說。

「我朋友說，我把先生的錢都花光了。」她告訴我。

她們家就在工廠旁邊，是一棟兩層樓的房子，寬闊的陽臺中間架著曬衣架，上面掛著兩三件舊衣服，幾隻看門的大狗鎖在籠子裡汪汪叫著。走進客廳，灰暗光線中擱著簡單的家具，桌上擺著幾罐花生米，兩床發黃的緞面起花被子晾在樓梯扶手上，揉著濕冷的空氣，發出一篷蓬淡淡的潮味。

看得出來，主人家把自己僅剩的資源都貢獻給了那些憨頭憨腦的孩子們了，自己過著極為清儉的生活。

「嗨，妳來看！」

余玉蟬招呼我過去，矮牆上擺著一盆手掌大的盆栽，從土裡竄出一節約十公分高的短肥綠色植物。

「這是鬱金香呢。」她笑著對我說：「我很認真地種它，妳看它現在長成這樣。」她憐愛地用手指撥弄它胖胖的葉子。

雖然，沒有開花也沒有結果，但是這「看不出是鬱金香」的植物，奮力地往上長著，仍然得到她的關心與愛。

「我的孩子，就是唐寶寶。」余玉蟬告訴我。

曾經，她也是個貴氣的董娘。民國七十五年，她與先生一同創立「美好電子」，先生做技術，她當會計，搭上臺灣經濟起飛的班車。

「直到我四十歲生下老三子仁。」她回憶。

那時候先生事業正熱絡，公婆都希望她多生幾個孩子，「我生完老二後，公婆在馬路上擺雞酒請人吃。」「年頭生完老二，年尾生老三。」她說。生老二時余玉蟬自知是高齡產婦，跑了兩家醫院做各種檢查，老二出生後身體健康，於是懷老三時，余玉蟬一忙便疏忽了。

「老三出生後僅三天，我和先生就發現他狀況不對。」余玉蟬回憶，夫妻倆匆匆忙忙抱回去給醫生看，接生的醫生只落下一句話：「不會吧！」

老大出生時夫妻正在創業，孩子交給公婆照顧，可是「我們不敢讓公婆知道老三是唐寶寶，怕他們擔心。」余玉蟬小聲地說，所以她回家照顧孩子，「同時帶老二與老三。」

為了教養老三，余玉蟬四處尋求資源，參加了許多團體，「我得一個人拉著兩個孩子（老二、老三），去參加活動，或者是帶老三去上早療課程。」她微笑，後來，余玉蟬乾脆出來擔任「桃園市智障者家長協會理事長」。余玉蟬說，那時「智障者家長協會總會」希望全國各地都能成立基金會，她想成立基金會只要兩百萬，公司正賺錢，便拿出錢成立了「美好基金會」。

九〇年代後，臺灣電子加工業經歷驚天動地大變動，「美好電子」轉型失敗，公司開始萎縮，可是余玉蟬仍然堅持將基金會作下去，甚至越做越大，如今基金會有兩間小作坊、一間庇護工場以及生態農場。

我問她帶大一個唐寶寶，心裡有什麼感受？余玉蟬歪著頭想了一下，臉上浮起一個微笑，講起今天早上發生的事：

「唐寶寶是很可愛的，也很固執的，不想做的事情絕對不做，可是想做的事情就會很主動。」

「今天他（兒子子仁）要去校外教學，參觀家樂福，他一早不用我叫就自己起床，催著我吃早餐。我問他要吃什麼，他就說：『媽媽我要吃水果餐。』

「他會說，他要吃『水果餐』耶！」講起兒子的點滴，余玉蟬呵呵笑起來。

老二、老三同年生，老二如今已經是個三十四歲的男人，可是唐寶寶的老三，卻永遠是個孩子。

「早上我量體重，老三過來看一下，然後對我說：『媽媽妳太胖了要減肥。』」

三十四歲的寶寶，目前只有一個問題，「他跟我說，媽媽我也要結婚。」余玉蟬睜大眼睛，「我只好跟他說，要結婚可以啊，你的女朋友在哪裡？」

「有些唐寶寶女孩的父母跟我說，女兒讓妳帶回家當媳婦吧！」余玉蟬往沙發後面一靠，笑了起來：「我就回答，帶一個已經很累了，我還帶兩個喔。」

隨著老三的成長，從智障孩子的早療、課程，做到就業服務。「美好基金會」的「庇護工場」就是這麼來的，「那時候子仁去外面工作被退回來，每天坐在家裡看電視，身體急遽退化，我們很著急，於是開始做庇護工場。」

余玉蟬也一手將媳婦訓練成出色的社工。

侯淑娟告訴我：「我作夢也沒有想到，自己會走上社工的路。」

「結婚前，我唯一的工作經驗是在餐廳打工。」

「我先生那時剛剛從澳洲唸書回來，到我打工的餐廳工作，他向我告白時，我只有十八歲，剛剛高中畢業。」

「我婆婆是很有威儀的，第一次見到她，她還問我先生：『你確定這個女孩是真的愛你嗎？』」

「那時我很怕她呢。」侯淑娟微笑著說：「所以，婆婆叫我做什麼，我就作什麼。」

一開始，婆婆要她去早療幼兒園幫忙，「為了去早療幼兒園，我去上了一百多個小時的生活輔導員課程。」接著，隨著「美好基金會」的照護範圍不斷擴大，人手不足，侯淑娟的「才能」也不斷擴充。「因為職訓老師離開，所以我去考中餐廚師丙級證照，以便可以教學員。」

為了讓自己更專業，老大念國小時，侯淑娟以甄試考上玄奘大學社福系，帶著孩子去念大學，畢業後還繼續念完研究所。

「我本來是一個很內向、不會講話的人，我在電話開發時（她們需要詢問公司行號願不願讓學員去工作），都要打草稿，看著草稿念。」

做著做著，一開始那個「怕婆婆」的動機，不知道什麼時候，竟然被自己強烈的服務慾望取代了。

我問她，那是什麼力量？

她想了一下，慢慢地告訴我：

「有個個案，原本是健康正常的人，但是當兵時在浴室跌倒，傷到腦子，從此只要一遇到壓力，就會亂罵。」侯淑娟為他找到工作，可是他工作時情緒不穩，便拿侯淑娟出氣，不斷用簡訊傳極難聽的話來罵她。

「那一晚，我失眠了。」她說。

第二天早上，侯淑娟去找他母親談話，沒想到「他媽媽一看到我，便哭得一場糊塗，說他受傷後一直在家裡無法工作，時好時壞，把家裡的東西都砸壞了……」

「我才發現，我不只是要照顧個案，我也需要去安慰他的家人。」

就這樣，侯淑娟一肩扛起了許許多多的家庭。

「有個老榮民，娶了智障的太太，生下健康的哥哥與智障的弟弟。」

「哥哥與父親衝突後被趕出家門，於是老人擔負起照顧智障的妻子與幼子的工作。雖然有榮家照顧，可是還是生活很艱辛。我去他家拜訪，打開冰箱一看，所有食物都發霉了，爸爸每天隨身帶著錢和存摺……」

「我先是找到慈濟，願意去幫他們打掃。後來，我覺得弟弟是可以去工作的，我訓練他，為他找到工作。老榮民過世後，哥哥也回家了，現在他們兄弟與媽媽同住，一家人過得很好。」

「我很高興很高興……」侯淑娟說。

說到這兒，她一時頓住，漲紅了臉，停了兩分鐘，才想到一句描述自己心情的話。

她說：「我改變了他們的家庭！」（其實，是改變了他們的生命。）

當年畏畏縮縮走進這個家門的少女，現在是無數家庭的支柱，也是一個讓婆婆驕傲的媳婦。

有一天，我和余玉蟬聊天時聊到侯淑娟，她壓低聲音：「我這媳婦，非常乖。」

「而且，帶著小孩，唸完大學，還念研究所喔。」她得意地說。

冷雨，不停地下在這個叫做「美好」的地方。這裡有一間瀕臨倒閉的工廠，一群無處可去的智障者，一對為身心障礙者家庭服務傾家蕩產的憨人婆媳。

我和她們聊天，聊到工廠與基金會的未來，侯淑娟說：「工廠應該再貼（補基金會）就要倒閉了吧！」她自嘲地笑了一聲。

不過，無論如何基金會還是要繼續下去，余玉蟬興奮地說起她的新計畫，她未來要給孩子們蓋「庇護農場」，因為「做農場雖然比工廠辛苦，但是身體會比較好」。

我問余玉蟬，投身服務三十四年的心情，她哈哈大笑：「我覺得我變年輕了。」

「因為他們智商就是這麼低，所以，我也永遠跟他們一樣，像個孩子。」

說著說著，她們婆媳倆相對呵呵笑起來。

是啊！「美好」的人生不過就是——

心上一字敢，面對我的夢，甘願來做憨人。

余玉嬋

出生年：一九四五年

出生地：新竹縣關西鎮

學　歷：淡江大學行政管理班

現　職：桃園市美好社會福利基金會董事長、中華民國唐氏症基金會常務董事、中華民國唐氏症關愛者協會監事、桃園市啟智工作推廣協會理事

侯淑娟

出生年：一九七六年

出生地：雲林縣

學　歷：玄奘大學社會福利與社會工作所

現　職：美好基金會社會發展部主任

寶島暖實力

在臺灣真切活著的36顆心

作　　者／陳德愉
社　　長／林宜澐
總 編 輯／廖志墭
編　　輯／潘翰德
書籍設計／Bianco tsai
內文排版／藍天圖物宣字社
照片提供／上報Up Media

出　　版／蔚藍文化出版股份有限公司
地址：110台北市信義區基隆路一段176號5樓之1
電話：02-2243-1897
臉書：https://www.facebook.com/AZUREPUBLISH/
讀者服務信箱：azurebks@gmail.com

總 經 銷／大和書報圖書股份有限公司
地址：24890新北市新莊市五工五路2號
電話：02-8990-2588

法律顧問／眾律國際法律事務所　著作權律師／范國華律師
電話：02-2759-5585 網站：www.zoomlaw.net

印　　刷／世和印製企業有限公司
定　　價／新臺幣420元
初版一刷／2020年8月
初版二刷／2021年2月
I S B N／978-986-5504-16-8

國家圖書館出版品預行編目（CIP）資料

寶島暖實力：在臺灣真切活著的 36 顆心 / 陳德愉著 . -- 初版 . -- 臺北市：蔚藍文化 , 2020.08

面；　公分

ISBN 978-986-5504-16-8（平裝）

1. 人物志　2. 臺灣傳記

783.31　　　　109009660